第一章　伟大的传统

秦和汉

秦朝是公元前221年由秦始皇建立的中国第一个庞大帝国，然而它仅维持了短短十五年，取而代之的是汉王朝一统天下。自公元前202年至公元220年，汉朝维持了四百多年的统治，尽管其间也出现过短暂的中断。

秦、汉两大王朝的创始人秦始皇（公元前221—前210年在位）和汉高祖（公元前202—前195年在位），以及创造了汉王朝最繁荣昌盛时期的汉武帝（公元前141—前87年在位），及功绩稍逊一筹的东汉光武帝（公元25—57年在位）等人，都是历代君王中广受后世敬仰的代表性人物。秦始皇所描绘的建立统一帝国的大业，最终在汉武帝时期得以完成。无论在政治还是文化方面，其后两千多年的中国的根基，可以说基本上都是在这个时代构筑而成的。

　　说到中国的疆域，其大致轮廓也基本上是在秦王朝的时候形成的。尽管只有短短的十五年，但秦王朝的出现仍然给周边各民族带来了巨大的影响，以至于秦朝灭亡之后，他们仍然习惯称中国为"秦"。这种称呼由西北各民族经中亚传至西方，并且传入印度。所以，今天无论英语中所说的"China"，还是法语的"Chine"，其实都来源于此。可以说，"秦"作为中国统一的代名词，时至今日依然具有很强的生命力。（"支那"一词也是"秦"这一国名通过印度佛经传入日本的。）

　　然而，在中国的代名词这个问题上，无论中国还是日本，都更为普遍地认为"汉"才是中国的代表。究其原因，并不仅仅是因为汉王朝的统治时间超过秦王朝二十多倍，还因为在中国的历史上，汉王朝创造了最辉煌的时代，为后世中国文化的形成做出了巨大的贡献。从汉字、汉文、汉学到汉土、汉民族等，此类词语不胜枚举，意义可见一斑。而且，当今中国人称自己为汉族，以自己是汉文化的继承人为豪。对于热爱历史的中国人来说，汉王朝的确充满了超强的魅力，是他们心灵的乌托邦。

　　但是，"汉"这个字里所蕴含的并不只是辉煌光荣的历史。人们也常常会说到恶汉、暴汉、无赖汉，甚至痴汉这些词语。这些表示令人生厌之人的说法中也时常出现"汉"这个字，这究竟又是为什么呢？

　　汉王朝灭亡一百多年后，大约公元四世纪，北方的游牧民族侵占了中国。自五胡十六国至南北朝的近三个世纪里，他们视中原人为手下败将，轻蔑地称其为"汉子"（意即"汉人", 我们很难体会其意, 但据说在当时是相当蔑视人的一种说法）。"汉"被当作令人生厌之人的代名词, 其用法即源于这段历史。所以说, 这个汉字从另一个侧面也隐含着汉人的一段苦难历史。

秦汉王朝与日本

东汉时期的人们了解到在丝绸之路的西端有一个叫大秦的国家, 据传, 那里拥有与中国相媲美的完整的国家制度, 而且那里的人们容貌与中国人十分相似。这个国家在西方历史中被称为东罗马帝国, 中国称其为大秦, 充分显示了亲近的感觉。

在朝鲜半岛南端的辰韩, 也流传着有关秦人的传说。据《后汉书·东夷列传》记载, 曾有秦人因不堪苦役而逃亡至辰韩, 并在此扎根生活, 于是把这里也称为"秦韩"。辰韩即是后来的新罗, 我们不能依此简单地认为这里早在秦王朝时期就和中国有着直接的关系。不过, 四五世纪, 从新罗来日本归化的朝鲜人中, 很多人自称是秦移民的子孙。

从朝鲜来日本的移民中, 与秦人实力相当的还有汉人, 前者被称为"hatahito", 后者被称为"ayahito"。他们的出生地大多不是中国, 而是朝鲜的南部。至于其称谓的由来, 自古就有很多传说, 但其实"hata"是新罗语中大海一词的发音, 据说这个词是用来表示来自大海彼岸的人们; 而"aya"据说是源于伽罗（位于朝鲜半岛南部小国的总称, 相当于日本史中所说的"任那"）诸国中最有实力的安罗国的国名。不管怎样,在日本，借用中国的代表性王朝的名称来称呼这些外来人口为"秦汉人"，这一点颇为有趣。对于这些外来人口来说，这一称谓应该很不错。

秦人和汉人因为掌握新技术而受到重用，逐步巩固了势力。他们的纺织技术尤为突出，织机（hata）、绫罗（aya）等表示纺织技术或纺织品名称的词语均取自对他们的称谓，便足以证明这一点。古希腊人和古罗马人把中国的特产丝绸称为"sericum"，由此也把中国称为"Serica"。（把中国人称为"Seres"，据说是由汉语丝绸的"丝"的发音而来，英语的"silk"一词也源于此。）而与此相反，日本人则以朝鲜语为媒介把"秦"这个国名读作"hata"，并且把丝绸的织机也叫作"hata"。

于是，秦氏后代和汉氏后代分别把秦始皇和汉朝的各个皇帝视为自己的祖先，认祖归宗，其中，认东汉灵帝为祖的尤为多见。一时间崇拜中国文化之风高涨，秦氏、汉氏以外的其他氏族也纷纷效仿。据说我祖父家的宗谱里，列在第一代的就是汉高祖刘邦。

抛开这样虚构的话题不谈，秦汉王朝的建立对日本的影响也是相当巨大的。随着疆域不断扩大，中国文化以惊人之势影响到周边的各个民族，并通过朝鲜传入日本。日本由此觉醒，并主动经由朝鲜直接与中国交流，这时候正好是公元前后。秦汉帝国为日本提供了首次登上历史舞台的机会。

第二章　秦始皇

质子

　　战国时期，日本也曾经盛行互换人质。德川家康六岁的时候，作为人质在前往今川义元①领地的途中，被敌方俘获并被送往织田家，到十三岁时，他又被今川义元抢回，其间饱尝酸苦的故事早已广为人知。

　　秦始皇（这是他死后人们对他的称呼，但由于它便于理解，所以本书从一开始就采用此称呼）的父亲庄襄王（公元前250—前247年在位）幼年时期曾作为人质前往赵国，居住在当时赵国的都城邯郸，时常哀叹命不如人。当时，弱国为了得到强国的支持，一般要将王子或者重臣作为人质送往强国，这一点自不必说，就连势均力敌的两个国家为了保障安全，也会

①　今川义元（1519—1560年），日本战国时代的大名。——译者

相互交换人质。即便是强国，为了获得弱国的信任，送人质去往弱国的情况也不少见。当时秦国和赵国的情况，大概要算实力相当。

庄襄王原名为异人。由于其祖父秦昭王（公元前307—前251年在位）仍然健在，所以其父安国君当时还是太子。安国君有二十多个子女，而且异人的母亲并非正室，所以异人就被选为质子。一方面，从秦国送来的月供并不充足，另一方面，由于秦国屡次违约侵犯赵国领土，所以，异人在赵国时常遭到冷遇。

然而，一位富商的出现改变了这一切，他对这位身处逆境的王子给予了诸多照顾。此人名为吕不韦，是韩国阳翟人。（阳翟位于今河南省禹县〔已更为禹州市——编者〕，韩国都城，当时作为交通要塞，商业繁盛，是一座相当繁华的城市。）他在各国的大城市都有生意，倒运大量物资积累了无数财产，邯郸也有他的宅邸。他甚至对秦国的内幕也了如指掌，当他偶然遇到这位秦国王子时，便心中窃喜："此奇货可居。"也就是说，他认为要趁现在的机会对此人投资，若是此人将来登上王位，那他就能获得无限的利益。

此时的秦昭王年事已高，而太子安国君的正室华阳夫人膝下无子。吕不韦鼓励王子说："窃闻安国君爱幸华阳夫人，华阳夫人无子，能立适嗣者独华阳夫人耳。……不韦虽贫，请以千金为子西游，事安国君及华阳夫人，立子为适嗣。"①

---

① 本书所有出自《史记》之类的古典文献史料，文言文原文均为译者还原。在日文原书中没有文言文原文，仅有现代日文翻译。——编者

异人究竟是否真心相信此话不得而知，但吕不韦已经耗费重金，准备好了稀世珍宝朝西方的秦国出发了。

到达秦国后，他通过自己的门路见到了华阳夫人的姐姐，并经其引见接近华阳夫人。呈上礼物后，他自然少不了费尽口舌夸赞王子的贤明。不久，吕不韦的费心运作开始奏效，安国君和华阳夫人双双同意，决定将在赵国做质子的王子收为嫡子，并且拜托吕不韦好好照顾王子。据说，王子将名字由异人改为子楚，就是听取了华阳夫人的意见，因为华阳夫人出身楚国。

始皇出世

从此，子楚王子的周围便开始环绕着之前无法想象的光明和希望。有了吕不韦在经济上的资助，子楚总算过上了王子应有的生活，在诸侯之间也开始声名鹊起。他时常前往吕不韦家中赴宴，席间对吕不韦的情人——一位绝色舞女一见倾心，并强烈恳求吕不韦将此女赠送给他。听闻此言，吕不韦立刻怒火中烧，但他不愧是商人，他意识到若是现在为此事生气，那么自己之前的辛苦投资就等于白费，于是他决定将那个舞女献给子楚。非但为此，他这么做其实还有更深一层的意图。

事实上，那个舞女当时已经怀有吕不韦的孩子，而他隐瞒了这个消息。一年后，一个男孩出生了。因为孩子出生于秦昭王四十八年（公元前259年）正月，故取名为"政"。（也称"正"。虽然通常称其为"政"，但因为出生在正月，所以也有一种观点认为"正"才是正确的。）此孩子不是别人，正是秦始

汉代舞女（东汉）

皇。如此说来，其父不就是吕不韦吗？ 可是子楚王子对此却一无所知，他迫不及待地将那个舞女扶为正室。

虽然这个故事十分离奇，但是，在距离当时最近的汉代，人们似乎坚信事实就是如此。《史记·吕不韦列传》中几乎毫不怀疑地将此事写得清清楚楚。

从政出生的两三年前开始，秦国对赵国的攻势逐渐加大。秦昭王四十七年（公元前260年），将军白起在长平大败赵军，活埋了四十多万俘虏，给赵国带来了致命的打击。（长平位于山西晋城北。赵国中了秦国的离间之计导致最终失败，这是战国时期规模最大的战争之一。）秦国乘势而上，一举逼向赵国都城邯郸，到了秦昭王五十年（公元前257年），将军王龁对邯郸展开围攻之势。一旦出现最糟糕的情况，那么在城内作人质的子楚王子必将遭遇杀身之祸。这使得吕不韦惊慌不已，他急忙花费重金收买了看管王子的人，并趁着夜色偷偷将子楚送出城外。

于是，子楚在秦军的护卫下被送往后方，终于回到了自己的国家。而他刚满三岁、天真可爱的儿子政，以及他的夫人则依然留在赵国。六年后，秦昭王结束了长达五十六年的统治，与世长辞。之后自然出太子安国君继位，也就是孝文王，而子楚也理所当然地成为太子。听闻此事后，赵国派人从老百姓家里找到了隐姓埋名多年的子楚之妻和九岁的儿子政，并专程将他们护送回了秦国。

然而，第二年（公元前250年），孝文王在举行正式即位礼后的第三天却突然去世，死因不明。子楚便在一片混乱中继位，时年三十二岁，即庄襄王。庄襄王立刻尊养母为华阳太后，尊生母夏姬为夏太后，自然也立自己的夫人为后，立当时十岁的儿子政为太子。

为了报答吕不韦的恩情，庄襄王任命他为宰相，相当于日本的总理大臣，并且封他为文信侯，将洛阳十万户的租税作为俸禄赏赐与他。吕不韦所描绘的宏伟蓝图得以圆满实现，他成为秦国拥有最强实力的人。

吕不韦

对于吕不韦而言，很难说此乃幸抑或不幸。庄襄王在登基后的第四年（公元前247年）去世，太子政继位，这便是秦始皇。当时他只是一个十三岁的孩子，朝廷政务自然交由吕不韦和太后处理，吕不韦因代行父亲之职而被称为"仲父"。

太后很自然地再次成为吕不韦的情人。而秦王政是他们的亲生儿子这个秘密，除了他们自己便无人知晓。

吕不韦接手主持政局的时候，秦国的势力已经超过了东边的六个国家。庄襄王在位时，从讨伐东周歼灭天子起，秦国相继从韩、魏、赵三国夺取了广阔的领土。庄襄王临死前，魏国信陵君再也无法忍气吞声下去，他求助于燕、赵、韩、楚四国，组成五国联军，将秦军逼出了函谷关（当时的关口位于今河南灵宝西南，是进入陕西的要道，据说公元前114年，汉武帝时期才移至现在的新安东北）。但是，秦国丝毫没有放弃入侵东方诸国的企图，秦王政五年（公元前242年），秦国领土的东部边界终于与齐国接壤。秦国将这部分新的疆域命名为"东郡"（今河南省东北部，其中心为濮阳，本是卫国的领土）。这可谓是一次划时代的事件，它使得秦国东部诸国不再可能联合抗秦。次年，赵、韩、魏、燕、楚五国再次组成联军向秦国进发，却轻易败北，联盟抗秦运动就此宣告结束。

然而，对吕不韦来说，源于秦国传统法家思想的各项政策让他完全无法认同。自一百年前秦孝公任用商鞅变法以来，秦国打破贵族制度，致力于建立一个百姓与君主直接相关联的中央集权制国家。秦国将土地从贵族占有中解放出来，承认自由买卖，提高农民的生产积极性，改变贵族世袭的阶级制度，根据战功授予官爵等等，推行的完全是一种实力至上的政策。以此为基础，秦国将地方改为中央直属的行政组织"县"，由国家派遣官吏实行统治。另外，秦国还极力排斥商人的商业扩张，禁止商人从农民手中获取中间利益。法家政策中强烈主张"抑商"，其原因就在于此。

作为一个大商人，吕不韦势必想要修改这项政策。他早先之所以斥巨资资助庄襄王，就是为了能从中获得巨大的利润。据说，当时他的生意遍布全国，拥有家僮数万人。这些奴仆有的在吕不韦的手工作坊中从事手工业，有的奔走于全国各地到处经商。吕不韦是个生意人，自然想保全自身的经济利益，但同时他也想维持宰相应有的体面，于是，他堂而皇之地展开了政策理论斗争。

一直以来，吕不韦非常羡慕魏国的信陵君、楚国的春申君、赵国的平原君和齐国的孟尝君，因为他们能够拥有众多食客，闻名于诸国，广受爱戴。因此，吕不韦也广招天下俊才，不问专业、学派，任人唯贤，号称拥有三千食客。他命令门客辩论各派学说，并将其著书立说，整理成了一部思想巨著。书中巧妙地融合了道家、儒家、兵家、墨家等学说，并结合阴阳五行学说，形成了一套完整的理论体系。而当时在秦国，儒家思想尚不为人所知。

就这样，吕不韦系统地汇集了法家以外各种代表思想的精髓，欲与法家相抗衡。此书名为《吕氏春秋》，于秦王政八年（公元前239年）问世，至今完整地留存了下来。所谓"吕氏春秋"，是指此乃吕氏学说之大成的意思。孔子的著作《春秋》作为道德规范、政策原理，在儒家学派中备受推崇。而吕不韦同样取这个名字，足见其野心之大。

《吕氏春秋》问世之初，吕不韦命人将此书置于秦都咸阳城中最热闹的集市门口，悬赏千金以求批评。告示上写着"有能增损一字者，予千金"，然而，据说没有一个人能对书上的

文字加以改动。（比喻文辞精妙之意的"一字千金"就出自此
故事。《吕氏春秋》共二十六卷，是了解战国时期学术思想极
其珍贵的著作。）于是，《吕氏春秋》得到了百姓的公认，基本
上等同于成文法律了。吕不韦将此书作为指导秦国政治的唯一
政策原理，并打算进一步将其推崇为统一天下的指导性理论。

秦始皇亲政

　　尽管吕不韦抱有如此远大的理想，但他与太后通奸这一
丑闻，还是不知不觉地扩散开来。而且，随着年龄的增长，太
后的淫欲愈发旺盛。吕不韦唯恐秦王嬴政有朝一日察觉此事，
便向太后推荐了一个叫嫪毐的人，借以代替自己。史书上记载
嫪毐是一个"大阴人"，他在性能力方面一定有超常之处。因
为性器完整的男人不可能侍奉于太后左右，所以，吕不韦故意
降罪于嫪毐，使其假受宫刑之罪。

　　而另一方面，太后在吕不韦的授意下，收买了行刑的宫
人，假装为嫪毐实施宫刑，其实只拔去了眉毛和胡须（因为受
过宫刑就不再是男人，脸部和手、脚的毛发会逐渐减少，皮肤
也会渐渐如女性一般光滑），然后将嫪毐以宦官的身份送到自
己的身边。自此，嫪毐深受太后宠爱，不久太后怀孕了。为了
避人耳目，太后移居秦国的旧都雍城（位于今陕西省凤翔县
南。自秦德公时起，至秦献公迁都栎阳为止，一直是秦国的都
城。秦献公之子秦孝公迁都咸阳）。嫪毐身为宦官，自然跟随
太后一同前往。太后虽然掌管朝政，但因为身怀六甲不便在人
前露面。于是，嫪毐便逐渐取代了太后，开始全盘执掌朝政。

太后愈发信任他，不久便封其为长信侯，赐给他广阔的封地。据说其家僮已达数千人，向他求官求仕的食客超过千人。吕不韦做梦也没有想到，不知不觉中培植了一个竞争对手。

秦王政九年（公元前238年），嫪毐的势力达到了顶峰。这时有人向秦王嬴政告发道："嫪毐实非宦者，常与太后私乱，生子二人，皆匿之。与太后谋曰'王即薨，以子为后'。"秦王嬴政听闻此事，虽然内心大受打击，但暂时按捺了情绪，不动声色。

之所以如此，是因为此时秦王嬴政已年满二十二岁，即将行冠礼，标志着他已经成年。行冠礼之后，就可以成为真正独当一面的国王，亲临国政。时年四月，秦王嬴政从都城咸阳前往太后所在的雍城，行冠礼之后在蕲年宫留宿一晚。嫪毐深知一旦嬴政亲政，自己将万事休矣，所以很早就开始策划谋反了。而他认为此时乃绝佳的时机，便伪造太后的指令，召集军队企图包围蕲年宫。

然而，秦王嬴政先发制人，先其一步调集军队，反攻嫪毐的叛军，在咸阳大获全胜。随即，秦王嬴政对战功卓著的将士加官晋爵，并悬赏搜捕逃犯嫪毐，显示出他雷厉风行的指挥才能。不久，嫪毐被捕，被施以车裂极刑。太后的两个孩子也被处死，嫪毐党羽中的主要人物均遭斩首示众。

秦王嬴政经过调查，得知此事与吕不韦不无干系，但是念及吕不韦的仲父之功，不忍心下令惩罚他。况且，还有相当多的人为吕不韦辩护。不过，次年（公元前237年），秦王嬴政还是下令免去了吕不韦的丞相之职，并命其退隐封地洛阳。

但即便如此，时隔一年后吕不韦家依旧门庭若市，各地诸侯派往他家拜访的宾客、使者络绎不绝。

秦王嬴政唯恐嫪毐之乱重演，于秦王政十二年（公元前235年）将吕不韦之乱党一网打尽，并命其迁往远离都城的蜀地居住。不久后，吕不韦自觉在劫难逃，服毒自尽。（《史记·吕不韦列传》中虽有吕不韦的详细记载，但其生年不详。食客们偷偷将吕不韦遗骸下葬，并因此被驱逐至国外。）

秦王嬴政十分纠结，不知该如何处置自己的生母。最终，他还是决定对过去的事情既往不咎，迎接太后回甘泉宫居住。聪明的嬴政可能早已知晓了自己的身世和错综离奇的家事，随着自己逐渐长大成人，他无疑希望尽早根除这些可恶的丑闻之源，落得一人清静。嫪毐和吕不韦之死一下子解决了他这些烦恼。但是，最后他只落得成了一个连自己的生身母亲都无法信任的孤家寡人。秦王政十九年（公元前228年），太后仙逝，秦王嬴政赐予其帝太后之名，并将其与庄襄王合葬。之所以这样做，或许是因为这对他自己也是一丝慰藉。

秦王嬴政从未体味过家庭的温暖，内心的孤独促使他在一统天下、唯我独尊的王者之路上义无反顾地前行。

谋略政治

吕不韦失势直至去世以后，与其政见相悖的传统法家思想较之从前更加汹涌澎湃地涌现出来。恰逢此时，一个叫李斯的人出现在秦王嬴政的面前，他深深触动了嬴政的心，开始全面推行自己的政策。（《史记·李斯列传》中有非常详细的记载，

荀子

其中收录了李斯在狱中上书秦二世胡亥，自鸣冤屈的名篇。）

虽然李斯是著名人物荀子（战国时期儒家学派，主张性恶论）的弟子，但他本人却与法家学说产生了极大的共鸣。他在秦国游说，希望获得一官半职。当时的秦国恰逢庄襄王逝世，于是李斯依附于如日中天的丞相吕不韦，并在其安排下侍奉于秦王嬴政左右。据说李斯迫不及待地向秦王嬴政谏言法家一统天下的策略，但事实真是如此吗？在吕不韦稳坐政权宝座的时期，也许李斯将自己的才能隐藏起来了。

吕不韦因失势而被罢免丞相一职后，秦国骤然间兴起了一场国粹运动。秦国人认为自己国家的国政被吕不韦这样的他国人把持，那些来自其他各国的食客也都摆出一副当家做主人的模样，这使得秦国人异常反感。那一年，秦国国内进行了大范围搜查，并颁发了逐客令（驱逐他国人的命令），李斯自然也在被驱逐之列。他慌忙向秦王嬴政上书，表示对此举的反对意见，这就是著名的《谏逐客书》。其内容大概是说，秦国历来任人唯贤，任用外国的贤者充实了国力，现在如果放弃这种传统政策，而将现任的能者都驱逐出境，势必会助长他国的势力。李斯的谏言打动了秦王嬴政，秦国立刻收回了逐客令。

魏国都城大梁（今河南开封，是当时中原地区首屈一指的大都市）有一位法家学者名缭，他在逐客令收回后不久便来到秦国游说。身为商鞅思想的继承者，此人舌灿莲花，很快就把秦王嬴政唬住了：

"以秦之疆，诸侯譬如郡县之君，臣但恐诸侯合从，翕而出不意，此乃智伯、夫差、湣王之所以亡也。愿大王勿爱财物，赂其豪臣，以乱其谋，不过亡三十万金，则诸侯可尽。"

听闻此言，秦王嬴政喜笑颜开，对缭言听计从。相传，秦王嬴政对缭恩宠有加，完全不把他看作臣子，而让他享受与自己一样的衣服和饮食，两人同吃同住，共商一统天下的大计。但是，在缭看来，秦王嬴政面相冷酷，残暴无情。他觉得即使目前平安无事，可一旦秦王得到天下，势必会与自己翻脸，所以他计划逃出秦国。然而，他的出逃计划以失败告终，后来秦王嬴政任命他为最高军事长官——尉，后人因此称其为尉缭。（《尉缭子》是一部收录了二十四篇兵法的兵书，据传为缭所著，但真伪不详。）

举荐尉缭并实施尉缭计划的，不是别人，正是李斯。大概就是在这个时候，他担任了长史，即丞相辅佐官一职。此计划的具体做法是，首先派谋士携金银财宝去各诸侯国游说，对于诸侯手下的名士如果可以收买的，就不惜钱财结好，若是不为所动者，就将其刺杀。这样做的目的就是要离间敌国的君臣关系。如果计划顺利实施，接下来就将进入派兵攻打的阶段。

间谍战

当时，在六国当中，首先将要面临秦国侵略的就是韩国和魏国这两个小国。正因为如此，这两个国家对秦国的风吹草动都十分警觉，他们时常派遣间谍和密探前往秦国窃取机密。这与日本战国时代的情形如出一辙，不过，中国的间谍活动规模更大。

有个非常有名的故事，说的是韩国对秦国的攻势已经招架不住，便将一位名叫郑国的水利专家派往秦国，韩国让他向秦王嬴政谏言开凿大规模的水利工程。此工程计划在渭河以北的泾河和洛河之间开凿一条150公里的大渠，引水灌溉四万余顷（当时的一顷约为4.7公顷）田地。当时，秦国粮食产量不足，所以立刻开始着手实施这个计划。如此大规模的工程一旦开工，秦国要动用所有青壮年劳力，耗费大量财力和精力，便无暇顾及对外征讨作战，韩国就是想趁此机会恢复国力。（这好像是一个编造的故事。这个故事不仅反映了秦国大力发展本国经济的情况，同时也让我们看到了当时间谍活动的猖獗。）但是，当工程进展到一半的时候，韩国的这个阴谋被秦国识破，水工郑国面临着被处死的险境。这时，他终于喊出了自己的心声：

"始臣为间，然渠成亦秦之利也。臣为韩延数岁之命，而为秦建万世之功。"

于是，秦王嬴政赦免了郑国的死刑，要求他继续修完水渠。工程完工后，果然效果显著，秦国粮食产量不足的窘况一去不复返。这条水渠被命名为郑国渠，后来在秦国的农业生产中发挥了重要的作用。

著名的韩非子也是从韩国派往秦国的间谍。韩非子原本是荀子的弟子，他不仅发展了恩师儒家学派性恶论的学说，还从理论层面完成了法家学说。他的头脑非常敏锐，据说李斯作为他的同门，就时常自叹不如，说自己无法与韩非相提并论。身为韩国人，韩非子无法忍受自己的国家日渐衰弱，他屡次向韩王谏言富国强兵之策，但是每次都不被采纳。他因为天生口吃而缺乏雄辩的自信，便将自己的学说用文字著成了《韩非子》一书（共二十卷，是现存的法家代表著作。不过，其中也收录了非他本人著述，而由其他法家学派所写的文章）。

不知是谁把这本书带到了秦国，秦王嬴政看到此书激动不已，表示如果能见到作者，便死而无憾。当秦王嬴政从李斯那里听闻此乃韩非之作时，便立即下令攻打韩国。或许嬴政是想通过此举迫使韩国就范，从而派韩非来秦国游说求和。韩王以前对韩非的谏言一直充耳不闻，可是随着战事愈演愈烈，他想起韩非与李斯同为荀子的学生，于是派韩非前往秦国开展间谍活动。他这样做就是为了使秦国改变方针，而将侵略的矛头转向赵国。

在此之前，秦国曾派李斯前往韩国商讨领土割让之事，但韩王根本没把李斯放在眼里，拒绝见面。据说此事是韩非从中作梗，所以李斯一直怀恨在心，而且他还担心韩非因受到秦王政的恩宠而担任要职。于是，他开始诋毁韩非，编造罪名使其入狱，并且趁秦王嬴政回心转意之前，赐毒药命韩非自杀。虽然秦王政怜惜韩非的才能，后来想要赦免于他，但已为时晚矣。那一年是秦王政十四年（公元前233年）。

韩、赵首先灭亡

秦王政十七年（公元前230年），秦国消灭了六国中最弱小的韩国，接着矛头一转，直指北部相邻的赵国。秦国事先早已做好了灭赵的各项间谍工作。灭韩的前一年，赵国将守卫北部边境的名将李牧召回，命其抵御秦国入侵，收效显著。然而，边防守卫亦不能薄弱，于是赵国打算再次起用逃亡至魏国的老将廉颇（令秦国闻风丧胆的一名将军）来代替李牧。而此时，赵国的重臣郭开被秦国收买，由于他的极力反对，起用老将廉颇的方案未能实现。尽管赵国已经联合齐国开始"合纵"，但最终也因为秦国在齐国安排的间谍活动而以失败收场。

由此一来，赵国的机密被郭开泄露，在他的引导作用下赵国从内部开始分崩瓦解，这使得秦国的灭赵行动极为轻松。秦王政十八年（公元前229年），嬴政将大军兵分山西、河北两路，同时派出游击军队准备一举攻向赵国的都城邯郸。但是，李牧不愧为名将，他踏实稳健，向各城下达命令要求加固防御，抵挡住了秦军的入侵，使战事陷入了长达一年的胶着状态。（李牧在对付匈奴入侵方面同样坚持防御第一的原则，他对敌人不主动出击，看准敌人的空当出其不意，攻其不备，最终取得胜利。）

　　秦国慌忙唆使郭开，让他在赵国散布李牧企图谋反的谣言。于是李牧立即被免职，并且不能辩解，在前线即被斩首示众了。这件事使李牧的部下军心动摇，他们对赵王产生了极度的反感，赵国军队面临着全军溃败的危机。最后，军队被撤回邯郸，赵国决定守城不出。然而，秦军立刻采取严密包围的态势对其进行猛攻。城内之人完全失去了战斗意识，在郭开的怂恿下，赵王不顾强硬派的反对，最终出城投降。

　　秦王政十九年（公元前228年），嬴政亲自前往邯郸举行庆祝胜利的仪式。邯郸是秦王嬴政的出生之地，这片土地养育他直到九岁。他三岁的时候，父亲逃离赵国独自回到了秦国，从此他便只能与母亲相依为命地继续待在赵国。而此次再次回到这里，不知他是以怎样的心境来回忆这段往事？ 据说，当时他将母亲家里曾经苛待过他的人全部找出来，活埋坑杀，宣泄仇恨之情。如前所述，嬴政的母亲也在这一年去世。赵国的遗臣们守护着赵王之弟公子嘉，逃往代城（位于今河北省北部的蔚县），公子嘉自立为代王，维持了一段时间的独立。

刺客之仁义

　　赵国灭亡后（秦灭赵后，以邯郸为中心设置巨鹿郡），其北部的燕国深感下一个灭亡的国家将会是自己，于是自上而下惴惴不安。然而，形式日益严峻，燕国已无计可施，不得不采取非常手段。

　　燕国的太子丹儿时曾被送往赵国充当人质，正巧秦王嬴政当时也在赵国，是太子丹的亲密玩伴。嬴政回国后即位成为秦王，太子丹又被送往秦国充当人质。两人曾经同为人质，境遇相同，而如今，年近三十岁的两人处境却已有天壤之别。太子丹满怀着与儿时玩伴重逢的热情来到了秦国，然而秦王嬴政对待他的态度却出乎意料地冷淡。太子丹羞愧难当，设计逃回了燕国。当时恰逢秦国全力讨伐赵国无暇顾及其他，所以并没有追杀太子丹。然而，眼看着赵国即将灭亡，秦国的势力正逐步逼近燕国的南部边境，太子丹越发坐立不安。

　　前文曾提到秦国向各国大量派遣刺客之事，燕国亦欲效仿秦国。话说当时燕国（燕国以蓟〔今北京〕为上都，在易县附近设下都。下都的遗址今日尚存，当时太子丹就住在这里）有一位智勇双全的勇士名叫田光，在民间颇有声望。太子丹对他以礼相迎，将刺杀秦王的预定计划坦白地告诉了他，并请求他的援助。田光以年事已高有心无力为由，向太子丹推荐了一名叫荆轲（有关荆轲的情况在《史记·刺客列传》中有详细记载）的刺客。据说田光离开时，太子丹还专门告诫他："丹所报，先生所言者，国大事也，愿先生勿泄也！"

　　田光俯首微笑，答曰"诺"，便告辞了。接着，他径直赶往了荆轲的住处。荆轲听闻此事后，承诺将亲自拜访太子丹。田光郑重地说："光闻长者之行，不使人疑之，今太子约光曰'所言者，国之大事也，愿先生勿泄也'，是太子疑光也。夫为行使人疑之，非节侠士也，愿足下急过太子，言光已死，明不言也！"话音刚落，田光毅然拔刀自刎，据说他想以此来激励荆轲。显然，太子丹的做法有些欠妥，他一方面将国家大事告知田光并请求其协助，另一方面却又表现出对他的不信任。

而对于满心想要报答太子丹知遇之恩，为燕国奉献一己之力的田光来说，这一定是非常令人懊恼的。宁可舍弃生命，也不愿为人所疑的这种侠义风范或许是权贵们难以理解的。这种不惜以死保全节操的风骨，无论是在日本的武士道精神中，还是在中国的侠客仁义精神中都一直传承着。

荆轲登场

可以想象，当太子丹听到荆轲向他禀报田光自刎的消息后是何等震惊。也正因为如此，太子丹在后来对待荆轲的态度上极其用心。荆轲本是被秦所灭的卫国的遗民，他喜好读书和剑术，但是气量较小，一旦与人发生争执，便不想再与之相交。来到燕国后，他与擅长击筑（一种乐器，用竹子击弦而发声）的高渐离及狗屠夫结交，每日在街市饮酒作乐，放声高歌，没过一会儿又开始大声哭泣。但他不管去哪个国家，交往的都是当地的一流人物。据说在燕国，田光认定荆轲并非普通凡人，所以对他处处关照。

燕国的太子丹盘算着寻得一名天下的勇士，将其作为使者派往秦国。他认为只要送上非同一般的见面礼，贪得无厌的秦王嬴政必定会召见他派去的使者，届时，这个使者就可以当场胁迫秦王，命其答应将迄今为止强取豪夺的领土归还给各国。春秋初年，鲁庄公会齐桓公于柯，鲁国的勇士曹沫用匕首劫持齐桓公，逼迫他在众人面前答应退还侵占的鲁国土地。后来，齐桓公企图违背盟约，管仲向他谏言说如果不履行承诺，将会失信于天下，于是齐桓公打消了违约的想法。太子丹的计划就是效仿这一典故，如若秦王执意不从，便立即将其杀掉，迫使秦国陷入混乱。

因为这是一项极其可怕的任务，所以连荆轲起初也显得畏畏缩缩，但他又难违太子所愿，最终还是答应了。太子丹十分开心，给予荆轲超出所有食客的最高礼遇，民间甚至流传着许多瞎编乱造的传说。比如，荆轲和太子丹在东宫的御苑里游玩时，荆轲捡了一块瓦片准备扔向池塘里的乌龟，太子丹马上拿来黄金弹丸让他扔。再比如，荆轲和太子丹一起骑千里马远行时，荆轲随口说了一句"闻千里马肝味美"，太子丹便毫不犹豫地将马杀死，取马的肝脏做成美食供荆轲享用。另外，在一次宴会上，荆轲看到美人抚琴，不禁感叹"好手琴者！但爱其手耳"，于是太子丹当即将美人的手砍断，盛放在玉盘之上赐予荆轲。

然而，要想去秦国面见秦王，就必须带去让嬴政满意的东西才行。荆轲认为只有提前预备好两样见面礼，他才有信心前往秦国完成此项任务，其一便是秦王最想得到的燕国督亢的地图，其二就是目前潜逃在燕国的秦国人樊於期的首级。樊於期是秦国的将军，他曾在伐赵时因败于李牧大军而不得返回秦国，便寄身于燕国的太子丹身边。秦王不仅下令将樊於期在秦国的家人满门抄斩，还承诺如若有人取得樊於期首级，将奖赏千金、封邑万户。督亢的地图姑且不论，太子丹无论如何也不忍心将寄身于自己的樊於期斩首，因此他让荆轲重新考虑此事。

荆轲无计可施，只好亲自去拜访樊将军。荆轲向他陈述了自己的使命以及目前的艰难处境，并告诉他要想拯救即将灭亡的燕国，要想报灭门之仇，只有杀死秦王这一条路，现在就等他下决心了。樊於期听后猛然醒悟，说道："此臣日夜切齿拊心也，乃今得闻教！"话毕，随即自刎。闻讯赶来的太子丹扶着樊於期的遗体放声大哭。随后，樊於期的首级被密封在箱子里。接下来，需要寻求一把极其锋利的匕首（太子丹求得韩国徐夫人所持有的名刀，价值百金），并将毒药煮炼于刀刃之上。无论是谁，只要被这把匕首刺出一滴血，就会立即气绝身亡。不用说，这把匕首是为荆轲刺秦王准备的。

秦始皇死里逃生

眼看启程的日期将近，太子丹为荆轲挑选了一名副手，即生于燕国的青年秦舞阳。秦舞阳十三岁时就曾杀过人。但是，荆轲心中其实早有自己的预备人选，只不过那个人恰巧出远门在外，所以荆轲想等他回来后一同前往秦国。太子丹对此并不知情，他怀疑荆轲想要反悔。于是，太子对荆轲说："日以尽矣，荆卿岂无意哉？丹请先遣秦舞阳。"（时至今日，太子丹仍然不信任他人，之前田光自杀的原因也在于此。他完全不懂刺客的仁义。）荆轲听罢异常愤怒，他言辞激烈地回复道："今日往而不反者，竖子也！今提一匕首入不测之彊秦，仆所以留者，待吾客与俱。今太子迟之，请辞决矣！"

太子丹和一部分知晓此事的食客身穿白色丧服，将荆轲和秦舞阳送至易水河畔，他们深知这将是一次无法生还的赴死之旅。荆轲的好友高渐离（这之后，听说秦王嬴政喜欢"筑"

这种乐器，此人便以演奏家的身份接近秦王，结果被识破身份，导致刺杀失败被弄瞎了双眼）敲着筑，荆轲和着节拍唱歌，众宾客听得泪流满面。华北的秋风寒冷刺骨，当他唱道"风萧萧兮易水寒，壮士一去兮不复还！"这句慷慨激昂的歌词时，众宾客怒目圆睁，头发直竖，把帽子都顶了起来。

接着，荆轲上车离开，始终连头也不回，策马扬鞭飞奔而去。

话说荆轲到达秦国后，先给秦王嬴政的亲信送去厚礼，请他帮忙向秦王传达来意。秦王得到禀报后喜不自胜，亲自换上礼服以示威严，并且下令在咸阳宫接待燕国的使者。

当日，荆轲捧着装有樊於期头颅的盒子走在前面，秦舞阳则捧着装有督亢地图的匣子跟在后边。当他们走到通往大殿的台阶时，秦舞阳突然变得脸色苍白，全身开始颤抖。（果然不出荆轲所料，秦舞阳彻头彻尾就是一个无用之人。从汉代画像石上不难看出秦舞阳当时异常恐惧、俯身颤抖的模样。）在座的秦国群臣面面相觑，于是，荆轲回转头故意对秦舞阳微微一笑，上前替他向秦王谢罪说："北蛮夷之鄙人，未尝见天子，故振慑，愿大王少假借之，使毕使于前。"听闻此言，秦王嬴政略感安心，对荆轲说："起，取舞阳所持图！"

荆轲马上拿出地图卷轴，恭恭敬敬地献到秦王面前。秦王嬴政展开地图一看，闪闪发亮的匕首就露了出来。荆轲旋即右手持匕首，左手抓住秦王的衣袖，猛然一刺，可惜未能刺中身体。秦王嬴政惊骇无比，用力想要抽开身子，以致挣断了衣袖。秦王欲拔剑反抗，怎奈宝剑太长，他单手持握剑鞘，越慌

乱越拔不出来。而荆轲此时步步紧逼，无奈之下秦王只能绕着
梁柱躲闪逃命。

由于事发突然，秦国的群臣全都惊慌失措。按照秦国的
法律，大臣们在大殿侍立时，不能携带任何兵器；而宫廷护卫
虽然被允许手持兵器，但他们只能列队于殿外，没有君王的指
令不得入殿。无奈，大臣们只能赤手空拳地和荆轲搏击。突
然，一位名叫夏无且的御医用力将药袋扔向荆轲。就在这个空
当，秦王听到群臣对他大声喊道："王负剑！ 王负剑！"于是，
他把剑推到背后，拔出宝剑，砍断了荆轲的左腿。

荆轲左腿被砍，轰然倒地。他就势拼尽全力将匕首投向
秦王嬴政，但是并未击中秦王，而是击中了铜柱，火花迸射。
秦王再次刺向荆轲，致其浑身上下负伤八处。

荆轲自知大势已去，刺秦计划全面失败，于是他倚着柱
子大笑，盘着两条腿坐在地上骂道："事所以不成者，乃欲以
生劫之，必得约契以报太子也。"荆轲当场被杀，那一年是秦
王政二十年（公元前227年）。

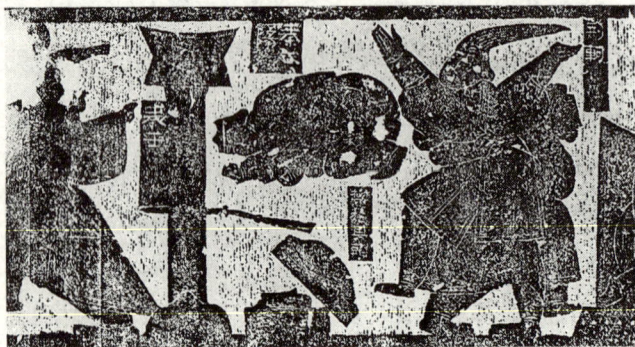

荆轲刺秦失败（汉代画像石）

这一事件令秦国举国震惊，《史记》中对其有详细、生动的记载。秦国御医夏无且曾将此事一五一十地讲述给董仲舒（西汉儒学家〔约公元前176—前104年〕，受汉武帝重用，将儒学推崇为汉朝的官方学问，并因此实现了思想统一）等人，司马迁则是通过董仲舒等人间接听到这个故事的。此事件在汉朝家喻户晓，十分有名。

秦王嬴政因为这次事件而恼羞成怒，他派遣曾经灭赵的将军王翦出征，并逐渐增派军队，于次年（公元前226年）攻陷燕国都城蓟。燕王和太子丹率领残兵败将逃往辽东，不断遭到秦军追击。其后，太子丹首先被秦军杀死，接下来在逃亡的第五年，燕王被俘。至此，燕国彻底灭亡。

第三章 统一天下

灭六国

秦王政二十二年（公元前225年），秦王嬴政派王翦将军之子王贲讨伐魏国。魏国都城大梁的城池异常坚固，而且守城将士奋勇抵抗，秦军只好将连接黄河的一处运河——鸿沟的大堤凿破，采用水攻的方法破城。据说大梁陷落时的情景极其凄惨，作为战国时期首屈一指的大都市，这里从此变成了一片废墟。

次年，秦国开始伐楚。起初，少将李信率二十万大军出战，却不敌楚国名将项燕（项羽的祖父）而惨败，并在撤兵途中遭到围追堵截，损失惨重。不仅如此，楚国还攻占了秦国南郡（今湖北江陵一带，楚国旧都郢所在地），并在此拥立昌平君为楚王。南郡本来就是楚国建都之地，收复失地自然是楚国国民的共同愿望。然而，秦王嬴政不甘心失败，他罢免了李

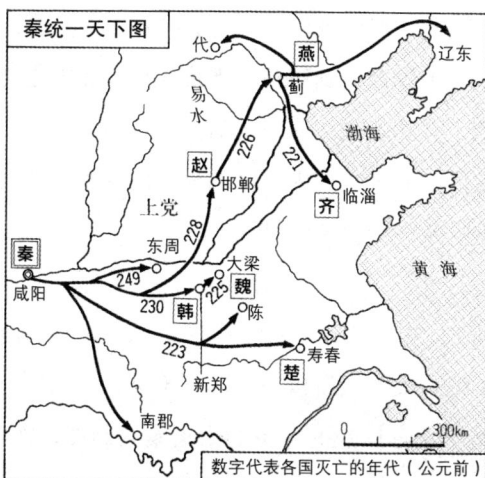

面对如波涛般汹
涌而来的秦军，楚军节节败退，昌平君被杀，项燕自觉难辞其
咎也自杀身亡，楚国都城寿春沦陷，楚王被俘。[1]这一年是秦
王政二十四年（公元前223年）。

秦王政二十五年（公元前222年），秦王嬴政派王贲赴辽
东（今东北辽河以东区域，以今辽阳为中心。中原人自战国时
期起开始出入此地）追捕在逃的燕王，并顺带抓住了在代城称
王的赵王之弟赵嘉。次年，王贲并未返回秦国，而是直接从燕
国横渡黄河，向齐国进军。

当时，齐国宰相后胜已被秦国收买，秦军对齐国的情况

---

[1] 《史记》中对于楚王负刍被俘、项燕死、立昌平君为王的时间顺序的记载
有矛盾之处，《秦始皇本纪》记载楚王被俘后，项燕立昌平君为楚王，于淮南
继续反秦；《六国年表》记载项燕先死，然后楚王被俘，没有立昌平君为王的
记载。本书将矛盾之言载入，故有逻辑不通之处。——编者

了如指掌。因此，对付齐国，没有必要像讨伐楚国时那样派出重兵。秦军几乎没有遭到齐军的抵抗，如入无人之境一般畅通无阻地来到了齐都临淄。齐王听信后胜的谗言，向王贲大军投降，当即被俘。对于六国中幸存到最后的这个东方大国——齐国来说，这真是一个潦草的结局。

自灭韩以来，这一年正好是第十个年头。嬴政在二十六年（公元前221年）终于结束了中国长年分裂割据的局面，统一天下。统一大业之所以得以顺利推进，说到底是因为秦国拥有一套基于法家思想的完备的中央集权制度，而与之相反，其他六国则是贵族势力强大，中央统治未能完全推动下去。贵族制度下对人才的录用自然会受到各种限制，而秦国重视个人实力、不断任用他国人才的做法也是其获得成功的原因之一。另外，秦国压制商业，避免商人从中牟利，将盐、铁等重要产业归为国有，由政府掌握战争和生产的必需品——铁，这也是一个不容忽视的原因。

最早的古代帝国

就这样，中国历史上最早的一个大帝国建立了起来。秦始皇统领的"秦"这个国家的名字不断扩展，逐渐覆盖了整片国土。不久后，秦将领土向南北进一步延伸，形成了后来中国本土（这里指清朝时期的本部十八省。秦的领土北至内蒙古自治区的一部分地区，南至越南北部）的基本轮廓。这不仅对中国历史，甚至对世界历史也具有相当重要的意义。

当时，西方的亚历山大帝国分裂成了数个国家，希腊文化传播至各地，逐步成为后世西方文化的基础。其中埃及的托勒密王国尤为繁荣，成为文化的中心。

新兴的罗马统一了意大利半岛，在第一次布匿战争中夺取了西西里岛等众多领土，日趋繁盛。秦始皇统一全国是在公元前221年，那一年，罗马的仇敌迦太基的军事将领哈斯德鲁巴遭到暗杀，继而汉尼拔在二十五岁时成为将军。不言而喻，三年后的第二次布匿战争就是由他带兵出征的。

让我们再来看看东方的情况，当时在亚洲西部的伊朗高原，帕提亚人迅速壮大，建立了阿尔萨克王朝，并致力于排斥希腊势力。而在伊朗高原东部，巴克特里亚王国也从希腊化国家的塞琉古王朝中独立出来，不断巩固其在中亚地区的势力。在印度，当时正处于孔雀帝国末期，最初完成印度统一的阿育王死后，其国逐步分裂并走向衰亡。

目前，似乎还没有足够的证据能证明秦始皇与以上国家有过直接的接触。但是，正如下文所述，秦始皇的丰功伟绩中有不少方面可以说是受到了西方的影响（国道、石刻等在秦朝以前尚未出现），这一点不容忽视。当时，尽管丝绸之路被北方游牧民族匈奴所占领，但是通过这条路径，西方的文物以及思想可能或多或少还是传播到了中国。或者，秦也绝对有可能经由海路与东南亚、印度等地进行过交流。

如今，西方人称中国为"China"（英语）、"Chine"（法语）等，事实上可以认为这些名称都是由"秦"这一国名演变而来的。随着中国将国名统一为"秦"，周边的其他民族也夹杂着口音将中国称为"qin""xin""qi na"等，甚至在秦灭亡后，这个称呼仍被沿用下来。这个名称传到西方后，在伊朗被称为"qi ni si tan"（音），在印度的梵语中被称为"qi na si ta na"（音），之后逐步进入西方各国的语言中。（用汉字表示的"支那"，是后来中国在翻译佛教典籍时，将印度语音译后而形成的词汇。这种称呼起初也是通过佛教典籍传到日本的。）

朕乃皇帝

前文中为了方便表述，使用了"秦始皇"这一称呼，而事实上这个名称是他统一了全国之后才确定下来的。在此之前，他只不过是"秦王"而已。诸如殷汤王、周武王等这种王的称谓，原本是用来称呼那些统领全国的君主的，而在周的封建体制中，诸侯按等级分为公、侯、伯、子、男五个爵位。进入战国时期后，周王的权势衰落，有实力的诸侯纷纷自封为王。秦始皇的曾祖父昭王执政之际，不满足于"王"这个称号，于是和齐国商定，称秦为西帝、齐为东帝。

然而，统一全国的大业完成后，秦王嬴政深感有必要想出一个与自己相匹配的永久君主的称号。群臣们为此绞尽脑汁：古代虽有五帝这样伟大的天子，但其疆域狭窄，不可与今日之大秦相提并论，如果"帝"这一称号略显不足的话，那么五帝前还有天皇、地皇、泰皇的三皇时代，其中泰皇位处最尊，因此群臣便得出了采用泰皇作为尊号的结论。除此之外，群臣还建议：君主的"命令"使用"制命"和"诏令"，君主自称为"朕"，且这些说法只能天子专用，等等。接着"泰皇"这一称号又被废弃，君主改称"皇帝"。"朕"这个字原本是谁

秦始皇像

都可以使用的第一人称，而从此时起皇帝之外的任何人便都不能再使用了。

另外，秦始皇废除了谥号制。（在日本，天皇也有谥号，如神武天皇、孝明天皇等。明治以后，基本上改为使用当政时期的年号来称呼天皇。）谥号是人去世以后，人们根据他生前的功绩而给予他的称号，周文王、周武王便是谥号。秦始皇认为这种制度是子议父、臣议君，不合礼法，所以理应废除。于是，他决定称自己为"始皇帝"，这样自己死后，后代就成为二世、三世，直至万世，永世流传。

皇帝之下又设有最高行政负责人丞相、最高中央军事指挥官太尉，以及掌管文武百官监察的御史大夫。以此三公为最高职位，秦王朝形成了完善的官僚组织机构，皇帝的命令（"命"是指天子所言成了制度，而"令"则仅仅是天子的吩咐。

因此，一般来说"命"重而"令"轻）甚至可以从中央传达到地方的最低一级。这种把国家大权一分为三的做法，是为了避免权势集中在特定的大臣手中，从而达到权力集中于天子的目的。秦始皇励精图治，所有政务都亲力亲为，据说他每天浏览的奏折如果用秤来称，多达一石（秦制一百二十斤，相当于现在的三十千克）。

当时的奏折几乎都是用木头或竹片，即木简或竹简制成，即便如此其重量也可达三十千克，由此可见秦始皇精力之旺盛。而且，据说秦始皇早晚都严格制订计划，不按时完成决不休息。

"六"字魔术

秦始皇一方面贯彻可谓具备近代化色彩的官僚制度，另一方面又迷信于五行学说，并将其作为建国立业之本。五行学说是战国末期齐国的学者邹衍提倡的一种学说，他认为宇宙间所有事物都分属于水、火、金、木、土这五行，宇宙万象皆因五行的运行而变迁移动，因此，可以用它预测未来。

以水、火、金、木、土为序的五行，即为五行相胜说（除相胜说，还有以木、火、土、金、水为序的五行相生说，后世一般倾向于认可后者。在当今日本，五行相生说仍被运用在一些领域），水克火，火克金，金克木，木克土，转一个轮回后土又克水。王朝的更迭也是据此而运行：黄帝是土，夏禹是木，殷是金，周是由于上天赋予火德才得以建国，因此，能够将周取代的国家必须具备水德。这就是所谓的"五德终始学

秦代虎符
（从中一分为二，右半部分在中央，左半部分在地方，只有二者合二为一，方
可调动地方军队）

说"。秦始皇信奉此学说，认为秦是拥有水德的国家。总之，
他积极主张秦是因为上天的旨意而拥有水德，是正统神圣的
王朝。

根据这个原理，秦始皇决心大力改革各项制度。如前所
述，五行与万物相对应（在相胜说中，五时分别对应冬、夏、
秋、春、土用；五方分别对应北、南、西、东、中央；五色分
别对应黑、红、白、青、黄；五味分别对应咸、苦、辣、酸、
甜；五数分别对应六、七、九、八、五），水行对应的季节为
冬季，颜色为黑色，数字为六。由此，秦始皇认为首先应将冬
季作为一年的开始，而一年中的冬季为十、十一和十二这三个
月，于是他定十月一日为元旦，并让百官在这一天举行朝贺。
其次，他将衣服、战旗等均改为黑色。接下来，他又以"六"
为基准数字，规定符契以及仪式用的帽子长度为六寸，轿子的
高度为六尺，六尺为一步，马车用六匹马牵引等。秦始皇将黄
河改称为德水，因为，他认为黄河正是水德的象征。

可以说，"六"这个数字拥有惊人的魔力。仔细想一下，

阿房宫的瓦当

（瓦当上有"维天降灵，延元万年，天下康宁"字样，一句四个字，三句十二
个字，十二为六的倍数）

与秦相关的事物中，含六的倍数的事项真是不少，接下来我们
就具体说一说：秦最早将全国划分为三十六个郡县，即为六的
平方；秦始皇在各地巡游时，各地所立的石刻篆文都是四字为
一句，三句为一韵，也就是说是以六的两倍，即十二字为一个
单位。这样的事例数不胜数。日本的传统计量系统"尺贯法"
中六尺为一间，六十间为一町，三十六町为一里，要是追根溯
源的话，恐怕也可以追溯到秦朝了吧。

前文介绍的这些都还好，下面要说的思想则让人感到十
分费解，那就是秦是被赋予水德的国家，因此在政治上各方面
的施政都必须像冰水一般冷酷无情。

于是，秦王朝丝毫不考虑恩义和仁爱，规定诸事均应依
据法律严格执行，这样才算是顺应上天赋予的水德之道。

郡县制

秦统一全国后，对于地方行政制度应该何去何从，一直

众说纷纭。统一前，列国割据，各国纷纷在都城修建了厚重的城墙，在边境也修筑了长城。（魏、齐、鲁、楚在国都周边和相互的国境线处都修筑了长城。秦、赵、燕在与少数民族交界处修建屏障，后来成为万里长城。）但秦统一全国后，便立即下令将各国修建的屏障全部拆毁。另外，在水利方面，各国也都修建了有利于自身的堤防设施，但缺乏统一的规划治理。秦统一后，从国家整体出发对水利设施进行了重新规划和修建。然而，在统一各项制度之初，由于传统思想的影响尚未完全消除，想要强行实现政治统一困难重重。于是，当时的大臣多数都主张在地方设立诸侯，实行分封制，适当地推行自治。但是，大臣李斯对此坚决反对。秦始皇最终采纳李斯的建议，在全国推行郡县制。依照李斯的想法，分封制下皇帝分封其子为各地诸侯，随着时间的流逝，各诸侯之间相互疏远，最终势必会出现如周朝一般列国割据的情况。秦始皇历经千辛万苦才得以平定天下，同样认为分封诸侯不利于统治，于是他十分支持李斯的主张。

秦朝的郡县制与日本明治维新后的制度不同，郡为大的行政区划，郡统辖数县。而且，郡与县的起源不同。县早在春秋时期便已出现，是以征伐或拓荒等手段获得的中央直属领地，其大小不一，管理方式也不尽相同。在贵族势力较强的国家，县被作为封地赐予贵族并可以被世袭；相反，在国君势力强大的地方，县无论何时都属于国君的直属领地，并由国君自主派遣官员进行管理。秦国的做法属于后者，通过不断增设县来加强中央集权。

郡出现在战国时期，当时各国不断拓展边境，土地增多，为了防止少数民族的入侵，各国纷纷在边境设郡。因此，郡的长官称为"守"，由拥有军事权力的武官担任。不过，后来随着人口的增加和经济的发展，为了便于管理，各国又在郡下分设了若干县。秦国也是在边境设郡，但是在兼并六国的战争开始之后，占领了广阔的土地，于是在兼并的土地上也设郡并驻扎了大批军队。由此一来，秦国便将此前已设的县置于郡的管理之下，逐渐形成了郡县两级地方行政组织。

尽管在秦完成统一大业的同时，全国基本上都已实行了郡县制，但统一之后，秦始皇又进一步全面、彻底地确立了郡县制。起初秦始皇将全国分为三十六郡（据《史记》记载，秦始皇于二十六年在全国设三十六郡，但此内容已遭人质疑，时至今日，秦始皇实际上在全国设郡的数量仍尚不明确），关于各个郡的名称自古以来有各种说法，至今尚无定论。但可以确定的是，从此以后，秦不断向南北扩张领土，并设郡进行管理，最后将郡增至四十多个。

郡作为地方行政单位，仿照中央政府的设置，设郡守掌管行政，郡尉掌管军事，郡监掌管监察事务。郡下设县，满一万户的县设县令，不满一万户的县设县长，县令、县长之下设县丞作为行政辅佐，设县尉作为军事官员。县的面积大休上以百里四方（一里约为五百米，此处指边长为五十公里的正方形土地）为基准。县下设乡，由县派遣下级官员负责乡的征税、治安管理等项事务。乡下设里，里为秦朝最基层的行政单位，一般一百户组成一里，中央允许其进行自治管理。里的负责人为里正，他既是里的最高权力者，又是中央政权的代言人。（秦朝这种从中央到地方的政权组织形式一直延续到汉代，尤其是这种地方行政制度成为后世中国的典范，没怎么发生变更。）

巩固统治

秦兼并六国后，秦始皇为了显示全国统一、天下太平的和平景象，下令没收民间的兵器。日本的丰臣秀吉也曾颁布过著名的刀狩令。[1]秦将没收来的兵器汇集到都城咸阳，将其熔解后改铸成十二尊铜像，称为"钟鐻金人"。据说每个铜人重达千石（三十吨），它们一字排列于宫殿之中，作为摆放巨型大钟的台座。由此可见，当时的武器多由青铜炼制而成。当然，为了加强防御，政府所需的大量武器自然是被保存下来，并没有遭到销毁。

秦在全国范围实行统一的法令，理由不言而喻。战国时期各国的律令各不相同，秦统一律令的举措确实具有划时代的意义。度量衡（度是计量长短的器具；量是测定容积的器具；衡是测量轻重的器具，"权"是测量轻重时使用的秤砣）是经济生活的基础，但战国时期各国的度量衡标准也是各不相同，秦统一后，秦始皇将秦国实行的度量衡标准推行至全国。当时所发行的国家标准的"量"和"权"，数量众多，直到现在，各地仍留存不少当时的文物，上面还刻有秦始皇二十六年所颁布

---

[1]　1588年，丰臣秀吉发布刀狩令，没收农民手中的武器以达到兵农分离的目的，并将兵器铸造成建造京都东山大佛殿的钉子。——译者

秦始皇规定的量（国家标准的带柄容器）

的诏书中的字句。

同时，秦始皇还统一了货币。战国时期，各国自铸青铜货币，有仿照农具犁的样式制造成的货币"布"，有仿照小刀的形状制作而成的货币"刀"，还有圆形货币等，形状各异，种类繁多。秦国主要使用的是圆形货币，统一全国后，秦始皇将这种圆形方孔钱规定为秦朝的标准货币，其重量以半两为单位，方孔两侧铸有"半两"二字。后来，这种半两钱也成为中国乃至东亚各国的标准货币。

另外，秦始皇还统一了车轨，即车辆两轮之间的距离。统一车轨与建设全国性的道路网络密切相关。战国时期各国因作战的需要，修建了宽窄不同的道路。秦统一后，在统一道路的同时也统一了车轨，其目的自然不言而喻。但此举对后世的影响似乎并不十分深远。

秦始皇在文化方面的重要举措是统一了文字。从战国时期的文物中可以清楚地发现，不同地域的文字无论书写还是发音都各不相同。为了统一文字，秦始皇命令大臣李斯简化文字，将秦国一直以来沿用的字体较为复杂的大篆加以简化，创造出新的字体，即小篆。小篆也叫秦篆，就是今天我们刻印时常用的篆书。但篆书仍然较为复杂，后来又创造出更为简单的隶书。（秦朝的监狱事务繁多，对奴隶来说，篆书不仅书写困难，而且实用性低，于是当时之人创造出奴隶专用的文字。）隶书后来成为汉代的一般通用文字。

据说作为一项传统政策，秦始皇一直致力于打压商人和控制商业。在秦兼并六国的过程中，一旦攻占了各国的大城市，很多时候，他就会让居住在那里的贵族和商人迁徙到边境新开拓的土地上。另一方面，他又十分重视保护农民的利益，当农民移居到未开垦的土地上时，就会长期免征其税收。相反，商人就如同囚犯一般，会被发配至边境或是充当劳役。秦统一后，秦始皇曾让全国的十二万户富豪搬迁至咸阳，此举的意义在于不仅可以促进都城的繁荣，同时也便于朝廷对这些富豪进行监控。

万里长城

中亚游牧民族擅长骑马作战，骑术在公元前五世纪至四世纪时传播到蒙古高原。这不仅提高了蒙古高原游牧民族的行动能力，也促使他们形成了前所未有的强大集团，不断开始侵扰中原地区的北部边境。

根据不同的居住地，这些游牧民族在中原地区的称呼也不尽相同，但他们一般都被称为"胡"。当时，秦、赵、燕三国与这些游牧民族为邻，经常遭受他们的侵扰，因此，为了防止游牧民族马队的侵扰，三国均在西北边境修筑长城，驻兵防守。公元前四世纪末，赵武灵王为了抵御游牧民族，甚至命人穿胡服，学习游牧民族的骑马战术。受赵武灵王的影响，骑马作战在中原地区也逐渐盛行起来。因此，赵国在开拓北方领土方面曾处于领先地位，还曾将国境延至黄河北岸和阴山山脉一线，在那里修筑了长城。东部与其相邻的燕国也将势力范围扩展到东北，并修筑长城以守卫东北地区的新领土。

但是，战国末年，匈奴日益强大，几乎统治了蒙古高原的全部地区。匈奴的首领头曼单于（单于的意思是匈奴的首领，头曼单于是已知的匈奴历史上第一位单于，公元前109年被其子冒顿单于杀害）趁秦国和赵国交战之际，不断南下，入侵黄河以南的赵国领土。如前文所述，赵国名将李牧戍守北部边境期间，匈奴不敢来犯，但是在赵国调遣李牧南下抗秦后不久，匈奴便伺机越过长城进行反击。因此，收复北部疆土可以说是秦统一后首先要解决的历史遗留问题。

据说秦始皇三十二年（公元前215年），秦始皇第四次巡游天下，当他视察完北部边境返回宫中后，深得其信任的方士卢生便向他禀告说神灵传达了"亡秦者，胡也"的旨意。秦始皇听后非常震惊，立刻派遣蒙恬将军统率三十万大军征讨胡（即匈奴），命其收复黄河南部地区（今陕西省北部，以及西、北、东三面被黄河环绕的河套地区。游牧民族一旦占领这一地区，将会大大威胁中原地区的安全）。翌年，秦始皇在黄河以东直至阴山山脉地区新增设了三十三个县，将中原地区的犯人大批迁徙至此开垦荒地。有趣的是，当时的人们却以为这里是秦的新拓疆土，而将此地称为"新秦"。

为了守卫这片重新收复的领土，秦在黄河沿岸修筑了要塞。而秦始皇对此并不满足，他又命令蒙恬攻占了黄河以北地

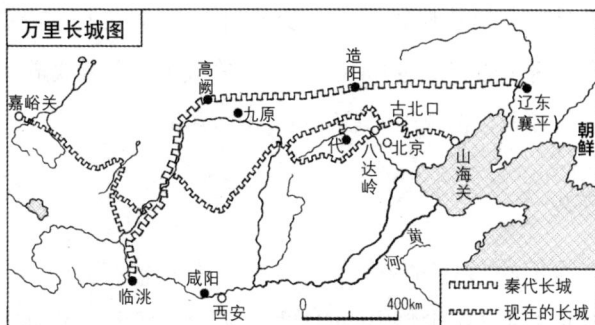

万里长城图

区。至此，秦终于收复了赵武灵王时期的全部领土。万里长城大约是在秦始皇三十三年（公元前214年）修建而成的，它西起黄河以西的临洮，沿黄河北部延伸，经阴山山脉，越过兴安岭东至辽东地区。万里长城是在秦长城的基础上，将燕、赵两国修筑的长城相连而成的。（西部起点临洮位于今甘肃兰州的南部地区，东部终点则一般认为是今辽宁辽阳，但也有一种说法是东至朝鲜半岛。）因此，虽然万里长城全长达一万余里，但并不全是同一个时期修建的。

即便如此，将自战国末年起一直荒废的长城全部重新修葺并增建，其工程规模也是超乎想象的。司马迁曾经视察长城，在惊叹其雄壮巍峨的同时，也对那些因修筑长城而备受奴役的劳动人民深表同情。当时的长城远比今天的万里长城更加靠近北部，之所以现在我们看到的长城比较靠南，其原因是游牧民族直至五六世纪，仍然一直向中原地区扩张。

尽管长城的位置曾经或多或少出现过一些变化，但是万里长城作为界定中原地区与游牧民族世界的一个标记，其意义延续至今。

另外，蒙恬还修建了一条从黄河南部地区直达咸阳的专用通道。这条通道经过开山填谷，被修成了一条直线道路，作为连接长城和首都咸阳的最近距离的军用通道。

征伐南越

越族是人们对居住在今中国浙江、福建、广东、广西以至越南北部地区的少数民族的总称。春秋末年，与吴国相争的越国，由于在地理位置上最靠近北部，所以最先被汉化。根据地域的不同越族被冠以不同的称呼加以区分，其中，浙江南部为东瓯，福建一带为闽越，再往南部还有南越、西瓯等。由于地形复杂，划分细致，这些地方也称"百越"。

秦王政二十四年（公元前223年），秦灭楚，次年降服了楚国旧领地内的越族，并就此设立会稽郡。公元前221年，即秦始皇统一天下的那一年，秦又征服了东瓯和闽越，并设立闽中郡（今浙江省南部至福建省一带。关于究竟是否设立了闽中郡这一点尚存疑问，即便是设置了闽中郡，应该也与中原地区所说的郡不同）。秦始皇三十三年（公元前214年），秦终于向南越进军。同年，蒙恬率军渡过黄河征讨匈奴，秦开始在南北两地同时作战。

秦五十万大军兵分五路南下，其中一路军队攻破了南越的抵抗，越过南岭山脉，到达今广州地区。其结果，秦在广东和广西设置了桂林、象郡、南海三郡。然而，秦军的大部却未能从南岭山脉继续向前，而是遭到了顽强抵抗，战事陷入胶着状态。南越族的军队隐藏在南岭山脉的山林中，采用游击战术，使秦军备受困扰。

为了减少战争造成的损失，秦军做好了长期作战的准备，在南岭山脉的山脚下修筑阵地进行驻守。与修建长城时使用石头和土坯不同，这里的阵地主要是用木头搭建而成的。由于南方的气候条件恶劣，参与南方作战的役卒所承受的痛苦，甚至超过了修筑北方长城的苦役。（南岭山脉也称五岭山脉，当时的人们用"北有长城之役，南有五岭之戍"来形容参与南北两面作战的百姓的痛苦。）虽然苦难重重，但他们最终打通了南岭山脉，为了由北向南遣送军队，运输物资，他们还修建了运河，这成为历史上不可忽略的重要一笔。另外，他们还修建了灵渠，沟通了湘江上游和桂江上游。时至今日，灵渠在贯通长江流域和珠江流域方面仍发挥着重要的作用。

至此，秦的领土得到进一步扩大，秦拥有超出今天中国本土的疆域，并开始实行全面统一的政治统治。

宏伟建筑

从秦国开始兼并六国时起，秦始皇每灭掉一个诸侯国，就会命人将其宫殿描画下来，并且仿照其样式在咸阳附近建造宫殿。据说渭水北岸宫殿林立，建筑群倒映水中，异常雄伟壮观。统一后的第二年，秦始皇在渭水南又修建了信宫，这座宫殿是模仿赵国都城邯郸的宫殿修建而成的，因为秦始皇年幼时曾在邯郸生活过。

秦始皇三十五年（公元前212年），秦始皇认为咸阳的宫殿规模太小，决定在渭水南岸的上林苑庭园中建造一座更大规模的朝宫。其作用非常重要，秦始皇将在此召见百官，商议政事，或者举行各种仪式和典礼。那一年，前殿首先建成，其东西宽达五百步（约七百米，一步为六尺），南北长为五十丈（约一百二十米，秦汉时期的一尺约为二十三厘米）。据说，宫殿内可容纳一万余人，可立起五丈高的旗杆。前文曾提及秦始皇把全国的武器熔化后做成十二尊"钟镶金人"铜像的事情，那十二个铜人其实就是放在这座宫殿的前面，这便是著名的阿房宫。

　　"阿"是指屋顶的四个角，"房"指房屋。据传，由于这座建筑的屋角部分宽大如房屋一般，体现了"四阿旁广"的风格，便临时称之为"阿房"（也有一种观点认为此名称并不是因其建筑特点而得，而是由地名而来），准备待完工后再正式起名。阿房宫的周围建有双层的走廊环绕；正南方也有同样风格的走廊并直通南山之巅，在山顶处设有供人出入的门楼；后方有双重道路[1]横跨渭水，直通咸阳，可利用此通道自由往返于阿房宫和咸阳之间。如今，阿房宫遗址位于西安市西郊十多公里处，仅残存着一些人工修建的夯土台，很难再让人联想到当时恢宏壮观的景象。

　　秦始皇的骊山陵与阿房宫齐名，位于西安市以东的临潼附近，时至今日仍蔚为壮观。骊山陵是一座底边长五百米的正方形陵墓，高达一百余米，建成之初其规模更为宏大。

　　嬴政即位后不久，便命人开始为其建造陵墓。一统天下

---

[1] 《史记》原文为"为复道，自阿房渡渭，属之咸阳"，对"复道"一词的解释历来存在争议，其中一种解释认为"复道"即是"阁道"。——编者

后，他更将七十余万囚犯调至此地加紧建造骊山陵。据说，墓穴深至地下水层，内壁由铜建成，墓中建有宫殿，设百官席位，宫中珍藏的珍奇异宝皆被搬运至此作为陪葬品，由此可见墓室规模之大。另外，为了防止盗墓者侵入，墓室内还设置了防盗机弩，如有盗墓者接近墓室便会自动发射弓箭。

不仅如此，墓室的地板上还凿刻着黄河、长江等河川江海，以水银为水，利用机械装置，使其自动环绕流淌，宛如将中国的版图模型放入墓穴中一般。墓室屋顶上镶有玉石，化作日月星辰，同样是利用机器装置使其斗转星移。上有天文下有地理，秦始皇希望他死后也可以继续如生前一般生活。除此之外，据说秦始皇为了使死后的世界依然明亮，命人在墓穴内点亮油灯，这种油灯是用人鱼（一种奇怪的人形鱼，在浙江、福建附近捕获，有四脚，长约三十厘米，皮如鲛鱼般坚硬，但其真相不明）的鱼油做成，灯火可以永不熄灭。

巡游天下

秦始皇在统一天下后的第二年（公元前220年），便开始进行大规模的全国巡游。为了便于巡游，他首先以都城咸阳为中心修建了驰道，即皇帝的专用通道。据有关记载，驰道遍及全国，甚至修到了边境地区。从秦始皇数次巡游的范围来看，此记载应该内容属实。

据说驰道修建得非常气派，道路表面用金属锤夯筑得十分厚实，路宽五十步（约七十米），驰道高于地面，道路两边每隔三丈（约七米）栽有一棵松树。

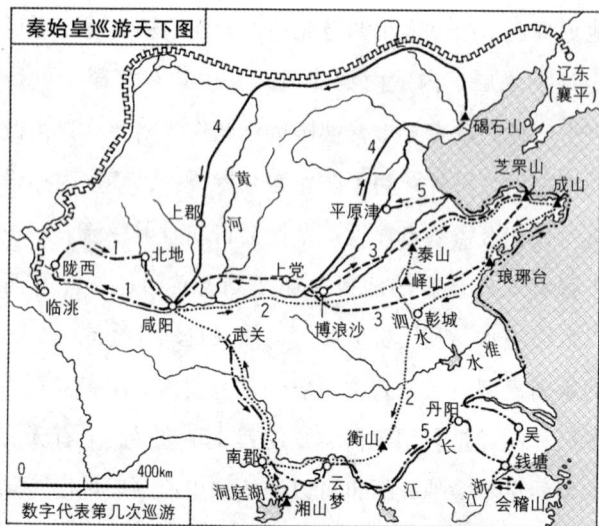

秦始皇二十七年（公元前216年），秦始皇开始第一次巡游，视察了西北地区。统一六国前，那里一直是秦国的领土。第二年，秦始皇又进行了第二次巡游，其目的是显示国威，他首先视察的地方是齐国的故地。他登上山东的名山峄山和泰山，在山上立石并将歌颂自己功绩的韵文刻于碑上。秦始皇听说此地自古盛行山岳信仰，过去的统治者均在泰山祭拜过天神，于是他立即举行了封禅大典。"封"是指在泰山顶上堆土设坛，祭祀天神；"禅"则是指在泰山脚下一座叫梁父的小山上取土祭祀土地神。随后，秦始皇又出海登上芝罘山，沿海岸至琅琊台，在此也同样刻碑撰文，立石颂功。

接着，他又顺道视察了旧楚国的领土。据说在彭城，当秦始皇听说象征周朝天子的一座宝鼎沉没于附近一条叫泗水的河川后，便立刻命令一千余名潜水手进行搜索，但并未找到。

（这是一个很有名的传说，汉代画像石中就有源于此故事的作品。）随后，秦始皇渡淮水，登衡山（并非今湖南省的衡山，而是安徽省的霍山），又顺长江逆流而上进入洞庭湖，但终因遭遇大风而未能抵达目的地湘山岛。当时，听说大风是由尧帝的女儿，即后来成为舜帝之妻的湘神作乱而成，秦始皇大怒，派三千囚徒将湘山岛上的树木全部砍光，使湘山岛变成了一座秃山。

第三次巡游是在二十九年（公元前218年），目的地仍是山东沿海地区。但是秦始皇在途经博浪沙（位于今河南省阳原县东南，黄河北岸附近）时，遭遇了韩国旧臣张良（之后成为汉高祖刘邦的谋臣，建功立业，是汉初三杰之一）所派遣的刺客袭击。这位勇士埋伏于小山之上，准备待秦始皇一行车队从此经过时，瞄准秦始皇乘坐的马车，投下重达一百二十斤的大铁锤。然而，大铁锤只砸中了秦始皇的随行车辆，刺杀行动以失败告终。秦始皇对此事十分恼怒，命手下进行了长达十天的大规模缉捕，但最终未能找到犯人和主谋，只好不了了之。随后，秦始皇再次登上芝罘山，立下两块纪念碑，接着又到琅琊台，后经河北、山西回到都城咸阳。

第四次巡游是在三年后的秦始皇三十二年（公元前215年），秦始皇到达了今山海关附近的碣石，在此立碑著撰后，经北部边境返回都城。第五次巡游是在三十七年（公元前210年），秦始皇之子胡亥随同参加。他们首先前往洞庭湖，向南遥望九嶷山祭祀舜帝。接着顺长江而下，从今南京附近出发前往浙江，渡过钱塘江登上会稽山，在此祭拜大禹，并立下纪念碑。随后又从会稽出发经吴，顺长江而下出海，再次到达琅琊台。一行人沿海岸前进，行至平原津（山东省德县〔今已撤销更名——编者〕以南的黄河渡口）时，秦始皇患病。

第五次巡游，是秦始皇的最后一次巡游。巡游期间在六处地方立下的石碑均由随行的李斯亲笔书写，且字体为李斯本人所创造的小篆。如今只有泰山和琅琊山残留着一部分石刻，但却都不是秦始皇巡游时所刻，而是秦始皇之子秦二世胡亥追随父亲的脚步巡游时，在秦始皇所立石碑的遗迹上追加的。一般普遍认为这些石碑上的文字也都是李斯亲笔所书。

秦始皇是中国历史上立石颂功的第一人，他想以此方式使自己流芳百世。

第四章　长生不老药无处可寻

求仙

　　秦始皇之所以曾几度东游琅琊和芝罘，是有其特殊缘由的。据说战国时期，在燕国、齐国等沿海地区，流传着一种迷信传说，人们都相信在遥远的东方之海居住着长生不老的仙人。如果能顺利找寻到这位仙人，并随其修炼特殊的法术，或者有幸得到神仙所赐的灵药，就能够长生不老。这种思想就是所谓的神仙论（即人们相信有神仙居住在大海中某个神奇的岛屿上。据说这种想法多是起源于山东省临海地区时常出现的海市蜃楼现象）。宣扬神仙学说的人称为方士，他们对一些离奇古怪的方术和药方颇有研究，并且吸收五行学说的思想，四处散布各种预言。

　　此时的秦始皇已年过四十，人到中年，渐渐开始感觉身心疲惫，而方士的预言对他来说则充满了极大的诱惑。二十八

年（公元前219年），秦始皇第二次巡游期间，齐国一位名叫
"徐福"（《史记》中的记载虽为"徐芾"，但日本人更喜爱"徐
福"这个名字）的方士上书称：大海中有蓬莱、方丈、瀛洲三
座神山，其间有仙人居住，自己愿意亲自去斋戒参拜。秦始皇
立即下令准备大量船只，派徐福率领童男童女数千人入海求
仙。而在此之前，燕、齐两国的国君也曾经听信方士之言，多
次派人下海赴三座神山寻找仙人，但均以失败告终。徐福自然
也是无功而返，虽然他已经接近了目的地，但终被海风吹得
返航。

三十二年（公元前215年），第四次巡游时，秦始皇到达
碣石后，又派燕国方士卢生寻找传说中的羡门、高誓两位神
仙，随即又命令韩终、侯公、石生三位方士（也有一种说法是
韩终侯、公石生两名方士）去寻找长生不老的灵药。卢生在秦
始皇返回都城后不久便从海上返航，并给秦始皇献上了一份离
奇古怪的预言。关于这一内容，本书在前文中也曾提及。

三年后，卢生将长生不老药迟迟难以得手的责任归于秦
始皇，他请求秦始皇不要将自己身处何地告知诸位大臣，并且
要求秦始皇绝对不能和群臣接触；他告诉秦始皇如若不能无
欲恬淡地生活，神仙便不会降临，也就不可能得到灵丹妙药。
（如此一来，不被世人知道自己身居何处，除去污秽之气达到
无欲无求的境界，就能修成真人。秦始皇对此深信不疑，认真
执行。）于是，秦始皇下令在咸阳城附近的二百七十座宫殿之
间修建复道或封闭的道路，将所有宫殿连接起来。这样一来，
无论他从哪条道路去往哪座行宫都不会被人发现。他还命令各

宫殿将日常器具登记在册，不允许擅自移动各种布置。如果有人说出皇帝的行踪，就立即处死。

话说一日，秦始皇去往梁山宫，从山上无意中看到丞相李斯的车队气势过于浩大，便心生不悦，随口冒出了几句不高兴的话。哪知皇帝身边的宦官立即将这一情况报告了李斯，李斯随后便减少了车骑的规模。秦始皇得知此事后，认定是宫中侍从泄露了他说的话，便进行审讯，但却无人招供。一怒之下，秦始皇将当时身边的所有侍从全部处死。从此以后，再也没有大臣知道秦始皇的行踪了，而所有与政务有关的决策，也都只通过咸阳宫向外传出。

焚书坑儒

焚书和坑儒作为秦始皇对文化的两大破坏行径，遭到后世学者的强烈抨击，但其实这两者并没有紧密的联系。秦统一天下后，除法家学派的学者，也起用了包括原齐国和鲁国儒家学派在内的众多学派的学者，任用他们为博士官，作为皇帝的智囊和参谋。据说当时博士官的人数多达七十人，其中包括一些比较有权威的方士。

然而，执政者和博士官之间，时而会发生一些纷争。秦始皇三十四年（公元前213年），秦始皇设宴招待群臣，席间，就发生了关于郡县制与分封制的争论。秦始皇征求李斯的意见，李斯便阐述了自己的观点，断然否定了儒家的封建主张，认为应该彻底打压那些对秦王朝统治持反对意见的人。他主要阐述了以下观点：

"提起儒家思想，那是五帝至夏、商、周三代的一股思潮，如此老旧的思想已完全不适应今天这样的时代。如今天下一统，法令出自陛下一人，百姓应当安家乐业，致力于农工生产；读书人应当学习法令，不做违法的事情即可。而现如今的读书人非但没有庆幸自己生在当世，反而以古非今，诽谤当朝，此乃蛊惑民心。如果任由如此扰乱民心的事态发展下去，则官学将被废弃，私学（并非私立学校之意，是指非官方的'黑'学问）逐渐盛行，如此一来将会影响到国家统治的稳定，所以必须严厉取缔。"（参见《资治通鉴·秦纪·秦纪二》——编者）

李斯的提议得到了秦始皇的认同，这才出现了历史上著名的焚书事件。下面让我们来看看焚书的详细内容。

除记载秦朝历史的《秦记》（简要记载秦国历代祖先事迹的史籍，其中一部分作为附记，收录于《史记·秦始皇本纪》后面），所有史书统统烧毁。除博士官的工作需要，其他个人所收藏的《诗》《书》以及诸子百家的各类书籍等，均要上交郡守集中销毁。不过，医药、占卜以及农业书籍不在禁毁之列。此令下达三十日内，百姓中如有藏匿不销毁者，受黥刑，罚作城旦；胆敢聚众谈论《诗》《书》者一律处死；有胆敢以古非今者，灭其九族；官员知情不报者，同罪处罚。欲学学问者，除法令别无他学，应该以官吏为师，跟着官员学习。

这就是著名的焚书令，这些法令在彻底贯彻法家思想的基础上，完全镇压了学术的自由。秦始皇想要全面贯彻其思想和方针，巩固政权，因此，走到这一步也是势在必然。然而，学术的进步却因此遭到阻碍，先秦的大批文献古籍被付之一炬，确实给中国文化造成了难以挽回的巨大损失。

坑儒事件发生在次年，即秦始皇三十五年（公元前212年）。正如前文所述，这一年秦始皇对卢生的预言深信不疑，为了不让别人知道自己的住处而用尽了各种手段。秦始皇越是热衷于此事，卢生等人也就越发感到不安，因为他们从一开始就知道根本不存在所谓长生不老的灵药。最后，他们只得趁机逃离了都城。

秦始皇得知此事后龙颜大怒，同时也感到十分失望，他终于明白卢生所言纯属无稽之谈。他认为不仅方士，就连学者们也十分可恶，于是命御史审问诸生。儒生们经不起皮肉之苦，互相揭发借以开脱自身。最后皇帝以妖言惑乱的罪名，将四百六十余人活埋，以惩戒后世。（秦有严格的法令，无论是学者还是方士，禁止散布与事实不符的妖言以蛊惑百姓，如有违反，予以重罚。）这一事件，虽然起因是秦始皇震怒于方士们的言行，事实上却导致众多反对法家思想的儒家学者被杀害，其结果与焚书一样，对学术和思想造成了严重的破坏。

秦始皇的长子扶苏对儒家学者抱有同情之心，对于秦始皇的暴行，他多次上书劝谏，但都没有奏效。由于其屡次劝谏而触怒了秦始皇，他甚至被派往万里长城协助蒙恬将军戍边。

徐福与日本

据说方士徐福侥幸逃过活埋之刑，巧妙地躲藏了起来。秦始皇三十七年（公元前210年），秦始皇第五次巡游时，仍然不放弃寻找长生不老药的念头，带着一丝侥幸再次来到琅琊海岸。徐福假借求取仙药之名，数年来领取了大笔费用，可到头来却一事无成。他唯恐骗局被戳穿，于是胆战心惊地对秦始皇说："蓬莱药可得，然常为大鲛鱼所苦，故不得至，愿请善射与俱，见则以连弩射之。"秦始皇听后当晚就做了一个梦，梦见自己与化为人形的海神作战。占梦的博士解梦说："水神不可见，以大鱼蛟龙为候。今上祷祠备谨，而有此恶神，当除去，而善神可致。"

于是，秦始皇下令准备好下海捕捞大鱼的工具，并准备用连攻弩亲自射杀大鲛。但是，自琅琊台至北部的成山，都没有发现大鲛鱼的踪影。随后，秦始皇又到了芝罘（今山东烟台），果然看到一条大鲛，他亲自将其射死。他以为这样就再无后顾之忧，便继续沿海岸进发，未料到达平原津后就沉疴不起了。

至于后来徐福的去向，史书上并未记载。据说他东渡到日本，安稳地度过了自己的一生。

我在这里顺便提一下，中国人可能并不太了解，在日本和歌山县南部以及新宫市偏南的地方都建有徐福墓和徐福庙。这里位于纪伊半岛的顶部，中国船只的确有可能漂流至此。徐福在这里被供奉为祈雨之神和其他几种神仙，受到当地人们的敬仰。有趣的是，当地自古捕鲸业发达，徐福被尊为捕鲸业的开创者，成为当地渔民的守护神。这自然是从秦始皇射杀海神大鲛鱼的故事联想而来的。（完全是空想，可能是江户时期的学者创造出来的。不过，在关于中国华侨的历史记载中，徐福的确被当作在日华侨第一人。）

秦始皇之死

很少有人像秦始皇那样赤裸裸地表现出惧怕死亡的心理，也鲜有皇帝像他一样屡遭行刺。一统天下前曾有荆轲行刺，统一全国后又有博浪沙刺秦，这些事件都让秦始皇险些丧生。博浪沙之灾过去两年后，即秦始皇三十一年（公元前216年）某晚，秦始皇带着四名武士随从在咸阳又遭到了贼人的袭击。所幸随从杀死了贼人，秦始皇才获得平安。秦始皇对此大发雷霆，下令大范围搜捕，甚至导致交通断绝，物价暴涨。

秦始皇如此渴望长生不老，而他晚年却屡遭不幸。秦始皇三十六年（公元前211年），有一块陨石坠落于东郡，不知何人在上面刻字写道"始皇帝死而地分"。秦始皇听闻后，立即派御史去逐个询问，想一查究竟，但并无人招供。最终他命人将居住在陨石附近的百姓全部杀害，连石头也烧了。即便如此也无法平息秦始皇的愤怒，他又命令博士官创作了《仙真人诗》，让人们在自己曾经巡游过的地方和着音乐吟唱。同年秋天的一个夜晚，一名使者从东方归来，此人从一个神秘人物手中得到了一块玉璧，上面写着一则不祥的预言："今年祖龙死。"

翌年，即秦始皇三十七年（公元前210年），秦始皇在旅行途中罹病。（郭沫若在短篇小说《秦始皇之死》中判断秦始皇患有癫痫，因结核性脑膜炎而死。）尽管病情日渐恶化，但因为秦始皇比任何人都厌忌死亡，所以没有人敢对他言及此事。一行随从对生病之事绝口不提，只是缓慢地驾驶着车辆前行。不过，秦始皇或许还是意识到死神就要降临，所以，他把宦官赵高召集到身边，给在北方战场上的长子扶苏写了一封信。信中说道："以兵属蒙恬，与丧会咸阳而葬。"可是，别有用心的赵高并没有火速派使者送信，而是把书信原封不动地搁置一旁。

秦始皇最后在沙丘平台（今河北省平乡县东北，此地也曾是赵武灵王当年被关押饿死的地方）气绝身亡，享年仅五十岁。据说他逝世时正值七月酷暑，当天乃丙寅之日。提到沙丘平台，那里曾是殷纣王游乐之地，也是周国被灭的不祥之地。

独裁者一旦逝去，国家就会迅速崩溃。秦始皇膝下有皇子二十余人，但此时尚未拥立太子。丞相李斯认为将皇帝驾崩之事公之于众，则极有可能导致举国上下一片混乱，于是决定隐瞒秦始皇的死讯，暂且返回咸阳。所幸了解内情的只有李斯、赵高以及曾经侍奉在皇帝身边的五六个宦官，还有当时随行的皇子胡亥。秦始皇的棺材被放在辒辌车上，由宦官陪同。这是一种可以通过车窗的开关来调节温度的车辆。銮驾所到之处仍有人献上餐饭，百官也一如既往地上奏皇上，皇上的指示由宦官从车中传达。所以，大家都还以为秦始皇仍然活着。

赵高的阴谋

然而，赵高在秦始皇驾崩的那一瞬间，立刻就想到了一件大事。事实上，皇子胡亥从小是由赵高看护长大，并由他传授书法、律令等知识，因此，两人都比较了解对方的脾气秉性。秦始皇虽然也十分疼爱胡亥，但他还是立下遗书，让扶苏继承皇位。赵高对此甚为不满，于是他扣留了这封遗书，同时说服胡亥去胁迫李斯，逼迫李斯参与到这场推举胡亥登基做皇帝的阴谋中来。

赵高迅速将秦始皇写给扶苏的遗书销毁，同时胁迫丞相李斯伪造了一份秦始皇的遗书，并以此为证立胡亥为太子。另外他还伪造了写给扶苏和蒙恬的书信，分别对他们冠以不孝、不忠的罪名，并下令让他们自杀。扶苏不明真相，对伪造信信以为真，悲痛欲绝，含泪自杀。而蒙恬由于不服从皇帝的命令被逮捕入狱。

秦始皇虽已驾鹤西去，但他的巡游随行队伍继续从河北穿过太行山脉，经由山西进入了陕西北部。当时正值酷暑，天气炎热，无论如何也掩盖不了车中散发出的尸体腐臭。赵高心知，继续这样下去，秦始皇暴毙的消息怕是会不胫而走，于是假传皇帝圣旨，购置了一石（三十千克）鲍鱼（并非现在的鲍鱼，是指腌过的鱼，或者特指腐烂发臭的鱼）放于车上，以此鱼的臭味来掩盖尸体散发出的恶臭。车队一行匆匆由陕西北部抄近路直奔咸阳，到达咸阳后便宣布了秦始皇的死讯，并由胡亥继承皇位，这便是秦二世。

九月，秦始皇的遗骸葬于骊山陵。当时，按照秦二世的命令，先帝后宫中除有子嗣的妃子，其余众妃由于不能出宫，便全部为先皇殉葬。而关于秦始皇身边女性的记载仅有这些内容，甚至连扶苏之母、胡亥之母的名字也无从查起。这样一位精力充沛、渴望长生不老的皇帝却没有留下什么风流韵事或丑闻，真是让人感到不可思议。

然而，很少有人像秦始皇那样遭到后人唾弃。正如迫害基督教的罗马皇帝尼禄被称为暴君一样，秦始皇也是一位不折不扣的暴君，因为他通过焚书坑儒的暴行来镇压儒教。可无论被怎样诟病，秦始皇的功绩仍为中国历代王朝的典范。就算人们讨厌秦始皇，也无法否认他创造皇帝称谓、设立郡县制度、修筑万里长城等丰功伟绩，这一点毋庸置疑。尤其是近几年，在中国，人们对秦始皇的评价似乎很高。人们对他的重新评价是：秦始皇打破了古代贵族制度，统一了国家，顺应了时代的发展，是中国历史上为当今中国奠定了基础的英雄人物。

秦二世

胡亥二十岁登基，在他即位的第二年（公元前209年），赵高就被任命为其亲信中最高的职位——郎中令。自此，朝廷的所有政务均由赵高独断裁决。丞相李斯三十多年来曾一直是秦始皇的心腹，现如今却因为赵高得势而很快失去了势力。

同年春天，秦二世为了向天下显示新天子的威严，也像先帝秦始皇一样巡游东海岸。自北部的碣石至南部的会稽，在先帝所立的石碑上，秦二世都让随行的李斯谱写新篇刻于其碑文之后。这样一来，不仅表明先帝所立之碑的来龙去脉，自己的功绩也可以被后世代代相传。返程途中，秦二世甚至还移驾前往秦始皇从前未曾去过的辽东地区。

由于秦二世不顾众位皇兄弟的态度擅自继承了皇位，因此招致诸多不满，大臣当中也弥漫着不稳定的情绪。巡游一结

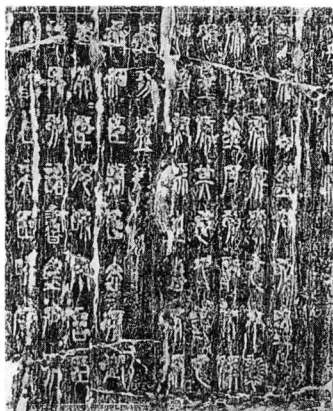

琅琊台石刻（拓本）
此石刻为李斯所写的小篆（真品由北京历史博物馆收藏）

束，赵高首先考虑的就是要严肃法纪，并以此为由，将不满朝政之人定罪处刑。第一个成为牺牲品的人就是蒙恬的弟弟——大臣蒙毅，身在狱中的蒙恬（此人虽为武夫，但自古以来却因发明了毛笔而闻名。战国时期的毛笔已经在长沙出土，因此蒙恬很可能只是改良者）也被逼自杀。最终，十二名皇子、十名皇女陆陆续续被处死，其财产也全部被朝廷没收，受牵连被处死的人更是不计其数。其中一名叫将闾的皇子和他的三位皇弟辩无可辩，仰天大呼三次，喊道"天乎！ 吾无罪"，说完便含泪拔剑自杀。公子高自知会连累族人，便选择了自行了断，道："先帝无恙时，臣入则赐食，出则乘舆。御府之衣，臣得赐之；中厩之宝马，臣得赐之。臣当从死而不能，为人子不孝，为人臣不忠。不忠者无名以立于世，臣请从死，愿葬郦山之足。唯上幸哀怜之。"说完便自缢而亡。听说赵高已将自己的敌人全部除尽，秦二世喜不自胜。而此时，皇族们却是恐惧不堪，大臣们也如惊弓之鸟一般害怕遭到报复，全都一味讨好赵高等人。

秦始皇去世时，阿房宫尚未竣工，但为了突击修建陵墓，秦二世调集所有劳力去修骊山陵，日夜不停地赶工。在骊山陵好不容易接近完工时，秦二世又觉得搁置阿房宫工程有违先帝的遗志，于是又将工匠们悉数召回阿房宫，强行命令他们再次施工。

后文中还会做详细说明，其实陈胜吴广发动起义就是在这一年（公元前209年）七月。深受秦朝暴政之苦的人民纷纷响应，在各地组织起义，六国的旧臣们也开始拥护主君的遗族，相继独立。而在咸阳，如果有人上报叛乱的消息，秦二世就会以散播谣言之罪将其打入大牢。因此，咸阳城内几乎听不到关于叛乱的消息。

然而同年冬天，陈胜突然派遣数十万大军逼近咸阳（周章率领数十万兵马到达咸阳附近的戏，被秦国将军章邯击退），秦二世狼狈至极，开始征兵于众，但已为时晚矣。情急之下，秦二世赦免了在骊山陵修建陵墓的囚犯，发给他们武器，让他们冲锋作战。一时间，朝廷的军队充分发威，将曾经占据优势的叛军击退至东方。

即使发生了这么大的叛乱，赵高心里所想的仍然只是自己在朝廷内部树敌太多，他担心有朝一日遭到问责，于是将皇帝与一切大臣隔离开来。即使秦二世出入朝廷，也没有机会与大臣碰面，大部分时间只能待在宫中听取赵高一人的意见。（赵高说："今陛下富于春秋，初即位，奈何与公卿廷决事？

事即有误，示群臣短也。天子称朕，固不闻声。"）

李斯被处刑

　　狡猾的赵高接下来要考虑的便是离间李斯和秦二世的关系。赵高听闻李斯对秦二世近来的行为举止不满，就抢先一步对李斯说道："关东群盗多，今上急益发繇治阿房宫，聚狗马无用之物。臣欲谏，为位贱。此真君侯之事，君何不谏？"

　　李斯完全不知已中圈套，回答说："固也，吾欲言之久矣。今时上不坐朝廷，上居深宫，吾有所言者，不可传也，欲见无间。"

　　等在一旁的赵高又说道："君诚能谏，请为君候上间语君。"于是，赵高故意瞅准秦二世正在寻欢作乐的时候，告知李斯说："上方间，可奏事。"

　　李斯迅速来到宫殿门口，请求觐见。通报了三次，秦二世大怒，对赵高说道："吾常多闲日，丞相不来。吾方燕私，丞相辄来请事。丞相岂少我哉？且固我哉？"一切都在赵高的计划之中。赵高借机向秦二世禀告，煞有介事地说李斯暗中有阴谋，还加入了叛军。（赵高说李斯不满足于现在的地位，企图称王，其子李由跟叛军吴广有联系等，捏造了一些莫须有的罪名。）

　　秦二世听后，本想立即逮捕李斯，但最后还是决定待查明真相后再说。李斯察觉到形势不妙，便上书给秦二世揭露赵高的恶行。可是，秦二世对赵高绝对信任，他反而怀疑李斯反咬一口，企图铲除赵高，于是将李斯逮捕，命令赵高对其进行审讯。

李斯入狱后坚信秦二世终有一天会明白是非曲直，所以即便他听到族人、食客都已被捕的消息，即便遭到赵高严刑拷打，他都一直咬牙忍耐。因为他对秦二世并无半点谋反之心，这是事实。他想要辩明的其实只有这一点，于是他绞尽脑汁写了一篇文章来袒露自己的赤诚之心。（李斯献给秦二世的《狱中上书》被收录在《史记·李斯列传》中，成为天下名篇，广为流传。）但是这封上书在交给秦二世之前就被赵高毁掉了。后来，秦二世再次派人前来审讯，李斯意识到无论怎样反抗都毫无意义，于是他心灰意冷地在伪造的罪状上画押认罪。秦二世听到这个消息，高兴地说道："微赵君，几为丞相所卖。"

秦二世登基的第二年（公元前208年）七月，李斯在咸阳的集市上被当众处斩。从监狱前往刑场的路上，其次子跟他一路同行。李斯回转头对着儿子说："吾欲与若复牵黄犬，俱出上蔡东门，逐狡兔，岂可得乎？"

说完，父子二人一同哭泣，李斯一族全部被杀。

指鹿为马

秦二世三年（公元前207年），赵高担任丞相。正如一开始所说，赵高是个宦官，宦官正因为待在皇帝身边才能如此乱来。与此相比，李斯身为丞相，一人之下万人之上，功绩无数，最终的下场却如此悲惨。只因为他当初赞成秦二世继位，一直到最后都被人牢牢抓住了这个把柄。在中国历史上，这样的例子还有不少，而其中作恶多端的头号宦官就是赵高。

赵高想要试探一下一旦出现风吹草动，朝廷内部究竟有多少人会支持自己。（秦二世三年八月，项羽率兵打败了秦国将军章邯，刘邦逼近关中，赵高陷入不利的境地，策划谋反。）当时，他当众给秦二世进献了一只鹿，却禀告说是马。秦二世笑着环视群臣，问道："此乃鹿也？"群臣中有的不知所措沉默不语，有的则为了讨好赵高说是马，也有的毅然决然说是鹿。赵高记住了说鹿的那些人，随后就给他们全部定了罪。总之，当时指鹿为马的人似乎占大多数，这令秦二世颇为震惊，他还以为是自己的脑袋出了问题，甚至请来了占卜师为自己看病。占卜师告诉秦二世最好去上林苑斋戒一段时间，放松一下心情。

日语中将智力有缺陷的人称为"馬鹿"（日语音"baka"），这个词来源于梵文中的"moha"或者"mahailaka"。而关于为什么要用汉字"馬鹿"来对应这个词，却没有明确的定论，但是其由来无疑与指鹿为马的故事有关。

秦二世在上林苑终日狩猎游玩，一不小心射杀了御苑的一个下人。于是，赵高便与当时任咸阳令一职的女婿（赵高身为宦官却有女婿，这一点很是奇怪，姑且认为是其养女的丈夫吧）阎乐密谋，指责秦二世杀害无罪之人，太过荒唐，强行将秦二世禁闭于望夷宫内。随后，赵高又散播消息，宣称有盗贼潜入望夷宫，阎乐便带兵冲入了宫中。宫廷内立刻发生了巨大的骚动，其中也有宦官抵抗，但是秦二世身边的最高侍官郎中令已经被赵高收买，因此，秦二世很快便陷入孤立无援的境地。

当时，秦二世身边只有一名宦官陪伴其左右，他问那名宦官："公何不蚤告我？乃至于此！"宦官回答道："臣不敢言，故得全。使臣蚤言，皆已诛，安得至今？"

秦二世被逼自杀

阎乐走到秦二世面前，劝他自杀以承担天下大乱的罪责。进退两难的秦二世心存侥幸，问道："丞相可得见否？"阎乐对其不予理睬。不仅如此，秦二世还不断哀求道"吾愿得一郡为王""愿为万户侯"，甚至"愿与妻子为黔首，比诸公子"，但都无济于事。无奈秦二世只得拔剑自杀，时年二十三岁。此前方士卢生给秦始皇呈上的预言信中曾写道"亡秦者，胡也"，当时大家都认为胡指的是匈奴。不过，事到如今，人们这才意识到胡其实指的是秦二世的名字胡亥。

赵高似乎有过自己称帝的打算（无论怎样可恶的宦官，他想亲自称帝这件事最终都不会公之于世），但他从周围的情形判断这一点不大可能实现，于是他改立秦二世哥哥的儿子子婴为皇帝。

赵高想逼子婴在太庙里交出天子的玉玺，便劝他去那里斋戒，然而，子婴并没有听从。子婴早已知道赵高与叛军串通，想在关中（秦的都城所在区域，以今西安为中心，因四周被关卡包围，故名为关中）称王，而且子婴早已识破赵高要在太庙杀死自己的计划。当天，子婴称病没有去太庙，赵高便亲自前来邀请，子婴算准时机当场刺死赵高，随后，诛灭赵高三族。

虽说恶贯满盈的赵高已经被消灭，但是秦朝所剩的时日已并不太多。当时，叛军中行动最快的是后来的汉高祖刘邦，他最早进入关中，以破竹之势进兵咸阳。十五年前，秦始皇怀着远大的抱负开创了大秦帝国，希望作为始皇帝流芳百世，可惜的是这个帝国只经历了短短两代多一点就彻底倾覆了。

第五章 项羽和刘邦

陈胜和吴广

秦始皇死后，秦二世即位后的第二年（公元前209年）七月，以陈胜和吴广为首的农民起义军在今安徽省揭竿而起。这一消息给人们带来了巨大的冲击，秦朝暴政积压下的不满终于爆发了出来。这次起义仅仅是冰山一角，它如同被点燃的一根导火索，使反抗秦王朝的烽火迅速燃遍全国。

陈胜和吴广都是今河南省之人。陈胜，字涉，阳城人（今河南登封）。吴广，字叔，阳夏人（今河南省太康县）。吴广的家乡要更靠南，曾经属于楚国。陈胜家境十分贫寒，年轻的时候给人当雇农耕田。一天，陈胜干活累了便坐在田埂上休息，他沉思了一会儿后，抬头望着雇主说："苟富贵，无相忘。"雇主觉得很可笑，就说："若为佣耕，何富贵也？"听罢此言，陈胜深深地叹了口气，说道："嗟乎，燕雀安知鸿鹄之志哉！"可

耕田的百姓（出土于四川的汉代画像砖）

见那时陈胜虽然贫穷，但是并不甘心屈居人下。

　　后来陈胜和吴广同时被征入伍，与九百名戍卒一起前往位于长城一带的渔阳驻防，二人都担任屯长，即小队长。当队伍行至大泽乡（今安徽省宿县〔已更为宿州市——编者〕以西，近年建有农民起义遗址纪念公园）时遇到连绵阴雨，大雨阻断了道路，无法前行。按照当时秦朝的法律，如果不能按期抵达则会被全部处死。陈胜、吴广二人思前想后："今亡亦死，举大计亦死；等死，死国可乎？"于是，陈胜想出了一个主意，决定假冒秦公子扶苏和楚将军项燕的名义举旗造反。之所以这样做是因为扶苏在民间评价颇高，而人们并不知道此时他已不在人世；而项燕作为名将也声誉卓著，当时传言他逃亡在外。（其实扶苏已被赵高逼迫自尽，项燕也在楚国灭亡之前自杀了。）陈胜、吴广认为如果声称此二人依然在世，必将获得天下人的广泛支持。

　　接着，在占卜师的建议下，他们又设计让众人以为起兵造反乃是天意。他们先用朱砂在一块白绸子上写下"陈胜王"

三个字，塞进鱼肚里。戍卒将鱼买回，做饭时发现了鱼肚中的帛书，惊恐万分。当天夜里，吴广又到驻地附近一座草木丛生的古庙里点燃篝火，模仿狐狸的叫声大喊道："大楚兴，陈胜王。"第二天早晨，戍卒们议论纷纷，大家都看着陈胜指指点点。

起义风起云涌

此时，军中人心日益不稳。一天，押送队伍的校尉喝醉了酒，吴广趁机故意多次扬言要逃跑，在激怒校尉的同时也想挑起戍卒们的不满。恼怒的校尉欲鞭打吴广，当他要拔出佩剑的一刹那，吴广奋起夺剑，杀死了那个校尉。陈胜在一旁拔刀相助，将另一名校尉也杀死了。

陈胜和吴广随即召集属下，鼓动大家说："公等遇雨，皆已失期，失期当斩。藉弟令毋斩，而戍死者固十六七。且壮士不死即已，死即举大名耳，王侯将相宁有种乎！"

最后这句名言准确地反映出当时的社会现象。战国末期，旧贵族逐渐衰落，有能力的人可以尽情地发挥自己的才能。秦朝尤其推崇唯才是举，除皇帝外不存在特权阶层，"王侯将相宁有种乎"这样的话或许是人们都喜欢听到的。

吴广一向关心别人，戍卒中很多人愿为他效力。看到吴广站出来提刀造反，大家也都没有什么怨言，心甘情愿听凭差遣。大家露出右臂作为标志（按照当时的一般习惯，询问大家同意与否的时候，就会要求其露出右臂，或者露出左臂），齐声高呼"大楚"；又筑起高台宣誓结盟，用校尉的首级当作祭品祭神拜天。陈胜任命自己为将军，吴广为都尉。

起义军从一开始就斗志高昂，可是他们手中没有一件武器，只有铁锹、锄头和竹棒。但起义军势如破竹，先攻占了大泽乡，接着攻克了蕲县（今安徽省宿县），随后朝陈县（今河南省淮阳县）进发。这时起义军已壮大成为一支强大的部队，拥有兵车六七百辆、骑兵一千名、步卒数万人。陈县是楚国被秦国灭亡前的都城。占领陈县后，起义军把这里作为根据地安定下来，并下令召集掌管教化的三老和地方豪杰一同议事。

大家意见一致，都认为应该称王。陈胜喜出望外，自立为王，国号为"张楚"，意为扩张楚国。得到这个消息后，各郡县纷纷杀死官吏，积极响应陈胜。

秦兵反击

陈胜派遣将领平定各地，封吴广为假王（临时大王），命其率领精锐部队攻打荥阳（今河南省郑州东部）。这里是水路运输的重要路段，秦朝政府在此修建仓库，囤积了大批粮食。但是，李斯的儿子李由严防死守，吴广无论如何也未能攻破。众将领中有一位将军叫周章，此人曾在项燕手下谋事，也曾经作为武将辅佐过春申君，勇猛善战，取得过丰硕的战果。他带兵向西挺进，攻破函谷关，率领战车千辆、兵卒数十万浩浩荡荡逼近咸阳附近的戏亭（今西安以东，西安与临潼之间的地区），让秦朝廷上下闻风丧胆。

秦只好赦免了在骊山陵服苦役的几十万囚犯，命令章邯率领这批囚犯进行反击。楚军兵败而退，临时退出函谷关欲作休整。然而，秦军乘胜追击，楚军在渑池战败，周章自杀身亡。由此可见，楚军之所以如此不堪一击，除了武器不敌秦军，缺乏战斗力是楚军失败的最大原因，整个军队无非就是集合了乌合之众的杂牌军而已。这次失败对陈胜一方来说可谓一次重创。章邯率领的秦军继续东进，导致包围荥阳的楚军开始从内部瓦解，吴广被杀。

此时，陈胜派往各地的将领也纷纷宣布独立，不再按照陈胜的指令行事。年底，章邯的部队逼近陈胜，陈胜虽殊死抵抗，但已无济于事。他不得已弃城而逃，却在途中遭马车夫背叛杀害。（陈胜为人极度刻薄。他称王以后有一个朋友来找他叙旧，说起了一些过去的事情，陈胜对此心存不满，遂将其杀害。此事使陈胜失去了民心。）

至此，一度轰轰烈烈抵抗秦军、力图推翻秦朝统治的农民起义就此夭折，只能依靠后人来成就此项伟业了。但陈胜、吴广二人作为农民起义的先驱，发挥了重要的作用，他们更是被认定为中国历史上最早的农民起义领导者，并因此备受瞩目。

项羽其人

项氏一族乃楚国名门，代代均为楚将，由于其封地位于今河南省南部名为"项"的地方，故而以项为姓。项羽自幼跟随叔父项梁长大，项梁的父亲就是家喻户晓的楚国名将项燕。项燕因被秦将王翦击败而含恨自杀，所以项氏一族对秦王朝恨之入骨。

关于项羽，有一个家喻户晓的故事。项羽小的时候，项梁教给他读书写字的本领，可惜他没有学成就放弃了，于是项梁又教授给他剑术武艺，可他还是没有学成。叔父项梁很是生气，批评项羽，可项羽却辩解道："书足，以记名姓而已。剑一人敌，不足学，学万人敌。"项梁发现项羽是一个非同寻常的小子，便开始传授他军事学知识。项羽起初很喜欢学习兵法，可是当他大致了解兵法的要领后，又不肯继续深入学习了。

项梁因为杀了人，害怕仇家报复，便带着项羽躲到了吴中。吴中即为现在的苏州，当时是会稽郡的郡府所在地。项梁不愧是名门之后，学识渊博，当地的有识之士很快便为其所用。每当有大规模徭役劳作或丧葬事宜时，经常由项梁主持事务，妥善办理。他总能灵活运用一些兵法常识，合理安排现场的门客和子弟，并且暗中观察，了解每个人的能力。他无疑是想通过平日的观察了解所有人，以便万一之时可以灵活应对。

大约在秦始皇三十七年（公元前210年），秦始皇游览会稽郡，这应该是在他最后一次巡游的途中。当秦始皇渡浙江（今钱塘江）时，项羽和叔父项梁一同前往观看。突然，项羽大声喊道："彼可取而代也！"项梁吃惊不已，急忙捂住项羽的嘴，说道："毋妄言，族矣！"这件事如果是事实的话，当时的项羽应该是二十三岁。（刘邦也曾观看过秦始皇巡游，当时他感慨："嗟乎，大丈夫当如此也！"可见，与刘邦相比，项羽的性格显然十分鲁莽。）虽然项梁被吓出了一身冷汗，但这件事后他认为项羽胆识过人，不同凡俗。项羽不仅身高远超常人，才能、勇气也非同一般，吴中当地的年轻人都很敬畏他。

项氏举兵

听说陈胜、吴广举兵起义，各地纷纷举起抗秦大旗后，会稽的郡守开始坐立难安。同年九月，郡守召来项梁，对他说："江西皆反，此亦天亡秦之时也。吾闻先即制人，后则为人所制。吾欲发兵，使公及桓楚将。"

听闻此言，项梁心里想的却是自己必须要先发制人。正好当时桓楚逃亡在外，项梁打算很好地利用这一点，他对郡守说："桓楚亡，人莫知其处，独籍知之耳。"于是项梁出去，嘱咐项羽持剑在外面等候，然后又进来，对郡守说："请召籍，使受命召桓楚。"郡守说："诺！"项梁就把项羽叫了进来。不一会儿，项梁对项羽使眼色，说："可行矣！"于是项羽立刻拔出剑来斩下了郡守的头颅。

项梁手提着郡守的头，夺下了郡守的官印。郡府的侍从、护卫大为惊慌，一片混乱。看到项羽奋勇砍杀了几十个人，整

项羽像

个郡府上下都吓得伏地不敢动。

项梁随即做了会稽的郡守，项羽作为其副将，从本郡的属县征集了精兵八千人。项羽率军攻秦一路向西，途中不断有郡吏因久闻项羽大名而带兵投靠，不久军队就扩充到了十万人。除了兵败秦将章邯，项羽所到之处几乎所向披靡，无人能敌。秦二世二年（公元前208年）初，项羽到达山东薛地时（薛地在今山东省滕县〔已更为滕州市——编者〕东南，至今仍残留春秋战国时期的旧城址），传来陈胜已亡的消息，于是，起义军暂且就地休整，商议挽救时局的方针和策略。

也就在此时，刘邦自沛县（今江苏省沛县东部）发兵，来到了薛地。

看到项梁的军队战绩卓著，各地纷纷有人前来投奔。安徽居鄛（今安徽省巢县附近〔巢县已更为巢湖市——编者〕）有一位年届七十的老者叫范增，平时在家，好出奇计。他投奔项梁，说道："陈胜败固当。夫秦灭六国，楚最无罪。自怀王入秦不反，楚人怜之至今，故楚南公曰'楚虽三户，亡秦必楚'也。今陈胜首事，不立楚后而自立，其势不长。今君起江东，楚蜂午之将皆争附君者，以君世世楚将，为能复立楚之后也。"

项梁毅然接受了范增的提议，找到了在民间替人放羊的楚怀王熊槐的孙子熊心，取其祖之名，复立为楚怀王，草创了楚国政权。

刘邦身世

与项羽出身楚国名门相比，对手刘邦却生在地地道道的

汉高祖刘邦像

普通百姓人家。刘邦姓刘这一点自然没错，但"邦"却貌似是后来历史学家给他冠上的名字，他的真实名字无从知晓。据说刘邦是今江苏省北部沛县人，父亲名为太公，母亲名为刘媪。太公的意思是"爷爷"，刘媪的意思是"刘奶奶"（在中国，一般来说，女子出嫁后还可以沿用娘家的姓氏，而此人只有其夫家的姓氏，所以她本人的出生情况不详），可见其家室平凡，连父母的真实姓名也不得而知。刘邦在四兄弟中排行老三。

　　然而，有关刘邦的身世，如同中国其他皇帝一样，也流传着诸多神秘的传说。话说一日，其母刘媪在水塘堤坝上闭目小憩，却梦见与天神不期而遇。刹那间，雷电交加，天昏地暗。其父太公大吃一惊，跑去塘坝接应其母，只见一条蛟龙蟠于其母身上。随后，其母身怀六甲，生下了刘邦。刘邦一出生，就成了龙子，他鼻梁高挺，脸上长着蛟龙般漂亮的胡须，左边大腿上还有七十二颗黑痣。七十二这个数字并不仅仅代表数量众多，它还和五行学说有关，一年按三百六十天计算，除以五就等于七十二，所以这个数字有着深层的含义。

　　刘邦天生喜欢交际，宽厚仁爱，待人真诚，无论是谁，只要见了面他都要请人家吃饭。可是另一方面，他却不怎么喜欢干自己家的农活。后来，刘邦三十岁的时候，经过考试做上了沛县泗水的亭长（县下设乡，乡又划分成几个亭这样的治安监督区域。各亭的长官叫亭长或亭父，下面有专门负责缉拿窃贼的求盗等差役）。亭长虽是地位低微的小官，可刘邦根本不把上司放在眼里，时常嘲笑讥讽他们。刘邦嗜酒好色，他有一家常去的酒馆，每次去都记账。但是，让酒馆老板娘深感不解的是，每次刘邦酩酊大醉一睡不起的时候，总有一条龙蟠于其身。而且，奇怪的是，只要刘邦来喝酒，当天的生意就会比平时好数倍。也说不清楚是为什么，就感觉他能营造出一种氛围吸引顾客，只要有人和他喝酒，不知不觉中都会喝过量。所以，酒馆一直善待刘邦，尤其是老板娘看到龙蟠于其身后，更是认为刘邦绝非等闲之辈，到了年底，就会把他欠下的酒钱一笔勾销。

　　就在那时候，刘邦被官府招去咸阳服徭役，在路上看到秦始皇大队人马出巡，威风八面，他长声叹息道："嗟乎，大丈夫当如此也！"

　　项羽看到同样场景后说的话是"彼可取而代也"。虽然刘邦和项羽的说话口气截然不同，但是从这件事我们可以看出，当时社会自由，已经打破了贵族制度。

迎娶吕后

　　单父（今山东单县附近）人吕公由于和当地人结仇，便来

萧何像

到沛县定居，因为沛县县令是他的好朋友。他刚到沛县不久，就有很多人听说了他与县令的关系，于是，人们便上门前来拜访。所有人来的时候都习惯送上贺礼，并在自己的名帖上写明贺礼几钱。当时负责接待客人的，是在沛县担任主簿的萧何，他后来成为刘邦左膀右臂级的人物。因为前来拜访的人太多，所以萧何宣布了一条规定："进不满千钱，坐之堂下。"

刘邦身为亭长，本来就看不起上面的官员，而且口袋里连一个钱也没有，可他也来凑热闹，还在名帖上写道"贺钱万"，并命人传达。当时的一万钱可是相当大的一笔金额，吕公听说后，赶忙亲自出来迎接。见了面，更让吕公吃惊的是刘邦器宇轩昂，有着与众不同的相貌。吕公善于看面相，他一见刘邦就非常喜欢，亲自请其入席就座。刘邦侧目看了一眼不知所措的萧何（萧何此时很是吃惊，他提醒吕公说："刘季固多大言，少成事"），索性自己坐到了上座上，一点儿也不谦让。

酒喝得尽兴了，吕公向刘邦使眼色，示意让他留下来，并趁刘邦酒足饭饱的时候对他说："臣少好相人，相人多矣，无如季相，愿季自爱。臣有息女，愿为季箕帚妾。"

吕公的妻子对丈夫要把宝贝女儿许配给名不见经传的刘邦大为不满，认为吕公过于草率。吕公训斥妻子说："此非儿女子所知也！"吕媪只好不情不愿地答应了。当时有谁能知，吕公的女儿后来成了吕后，以及汉惠帝和鲁元公主（嫁给张耳之子赵王张敖，生下鲁王偃）的母亲。

刘邦任亭长时，曾告假回家务农。有一次吕后带着两个孩子在田间割草，一位过路的老者前来讨水喝。老人家看了吕后的面相后赞道："夫人天下贵人。"吕后请他给两个孩子看相，他看了汉惠帝后说："夫人所以贵者，乃此男也。"刘邦这时正好回来，听妻子说起此事，便立刻追出去找到了那位老者，让老人家给自己也看看面相。老者对他说："乡者夫人婴儿皆似君，君相贵不可言！"刘邦连连称谢道："诚如父言，不敢忘德。"后来，刘邦登基后，老先生已经不知去向了。

不知道关于刘邦前半生的这些民间传说，到底有多少是真实的，或许真假参半。虽说汉高祖和秦始皇都是一统天下的皇帝，可秦始皇好歹也是一国的王子，而刘邦却出身贫贱，根本无法与之匹敌。因此，为了让刘邦显得神秘，这些故事一定是在其生前就已经流传开了。与殷、周时期的开国始祖不同，刘邦所处的新时代应该不允许极端的神秘传说才对，但这类事情还是有其存在必要的。而且，一介草民能当上天子，这在中国历史上实属首例，关于刘邦的故事，后来也都成为相同情况下帝王模仿的典范。事实上，以龙来比喻天子，以及"触怒龙颜"等词语的产生，其实也都是源于汉高祖刘邦。

刘邦揭竿而起

刘邦接到县里的命令，让他以亭长的身份押送徒役去骊山陵。徒役们有很多在半路就逃走了，照这样下去估计到达骊山的时候人就全部逃光了。所以当他们走到丰地（今江苏省丰县）西边的沼泽地带时，刘邦就停下来饮酒，趁着夜色把所有的徒役全都放了。刘邦说："公等皆去，吾亦从此逝矣！"徒役中有十多个血气方刚的壮士愿意跟随他一起走。

不久，陈胜、吴广起义的消息传到了沛县，县令惶惶不安，也想响应起义。县令召来手下的萧何和曹参征求意见，最后他们商定先把逃往县外的几百号人召集起来，再通过他们的影响力带动整个沛县的年轻人举旗反秦。刘邦当时已拥有手下近百人，于是他成为县令招兵买马的首选。县令派樊哙去邀请刘邦，樊哙曾以屠狗为业，力大无比。可是，县令很快又后悔了，他担心把刘邦等人招进城以后，这帮人会搞出乱子，等于是引狼入室。于是，县令命令紧闭城门，并准备捉拿萧何和曹参。萧曹二人闻讯后惊慌失措，翻过城墙逃出城外。正好此时刘邦已抵达城外，二人向刘邦寻求保护。

刘邦从二人口中了解到目前城内的局势，于是在一条绸缎上给城中父老（城镇、乡村中有威望的元老，德高望重，是民间自治团体的核心人物）写了一封书信，将其绑在弓箭上射进城中。信中写道："天下苦秦久矣。今父老虽为沛令守，诸

汉代城堡（明器，出土于广州建初元年的东汉墓）

侯并起，今屠沛。沛今共诛令，择子弟可立者立之，以应诸侯，则家室完。不然，父子俱屠，无为也。"乡绅们看过信后，觉得刘邦所言甚是，便带领子弟杀了县令后开城门迎进刘邦，并推举他为沛公，带领大家起事。对此刘邦先是推托，可最终经不住大家的再三推举，便决定顺从民意。刘邦向黄帝祈求长盛不衰，在县衙的庭院中设祭坛祭拜军神蚩尤，并把牲血涂抹在军鼓上（给军鼓施加无限神力，祈求百战不殆的一种巫术）。

在萧何等人奔走征兵的努力下，起义军很快扩充到二三千人。刘邦带领这支队伍攻占了周围的城镇，并在丰邑建立了根据地。

但是第二年，由于部下叛变，丰邑失守。刘邦失去了根据地，只能一边辗转作战，一边筹划夺回丰邑。名将张良正是在这一艰苦时期成了刘邦的部下。（张良年轻时曾经跟随一位名叫黄石公的老者学习太公望的兵法，他之所以能够成为刘邦的军师受到重用，就是因为他精通兵法。）而此时，项梁自吴中一路向北，在薛地建立了大本营。刘邦命令主力部队包围丰地，自己则带领百余名骑兵赶往薛，加入项梁的阵营之中。那时，刘邦正好年满四十岁。

项刘合兵

刘邦来到项梁身边时，吴芮、英布（黥布）、吕臣等武将，以及原楚国大臣宋义等人也都已经率兵加入了项梁。另外，魏、齐、赵、燕等国也相继独立。在张良的谋划下，韩国也很快宣布独立。在这些反秦势力中，项梁的军队力量最为强大，尤其是拥立怀王称楚以后，更是成为抗秦势力的中心。

项梁为刘邦增兵五千，派将十人，刘邦猛攻丰邑，终于将其夺回。或许就在此时，刘邦与项羽情投意合，立下誓约结拜为兄弟。

另一方面，秦将章邯击败魏、齐联军，在战场上杀死魏王和齐王，布阵如神，屡战屡胜。然而，他自知不敌项梁率领的精锐部队，便退败至东阿（今山东省阳谷县东北）和濮阳（今河南省滑县东北）一带。项梁继续向项羽刘邦联军久攻不下的定陶（今山东省定陶县附近〔定陶已撤县改区——编者〕）进发，并战胜了秦军。但是，这次胜利反而让项梁开始骄傲了。他不顾军师宋义的忠告，放松了警惕，结果招致章邯集中兵力反扑。项梁对于此次出其不意的反攻毫无准备，经过一番苦战，本人战死。这是项梁一生指挥过的战役中唯一失败的一次。

项梁之死无疑是一记重创。项羽和刘邦联军本已攻陷荥阳，杀死李由（秦相李斯之子），将战事扩大到河南省北部，但听说项梁战死的消息后大吃一惊，两人商量后决定还军东归。刘项二人分兵，项羽军驻彭城，迎楚怀王于此；而沛公军驻其西边的砀郡，蓄势待发。章邯看到项梁已死，认为楚国已不足虑，于是北上进攻赵国。刘邦等人瞅准这个时机整备军队，得以顺利返回。

项梁死后，宋义因为擅长智谋而迅速得到重用，被任命为上将军。他将带领次将项羽和末将范增前往救赵。这时，为了分散秦军力量，楚怀王决定派一支部队向西直接攻打秦都咸阳。于是，派遣何人前往攻秦成为一个中心话题。据说当时，大部分人的意见是派刘邦统兵西征，理由是刘邦年长几岁，为人宽厚，而项羽性情暴躁，不利于西征。但是，表面上又不能一开始就拒绝项羽而派遣刘邦，所以，楚怀王便对诸将宣布："先入定关中者王之。"这样一来，对于必须先去救赵的项羽来说，形势明显不利。

巨鹿之战

秦二世三年（公元前207年），赵国不敌章邯的进攻，丢弃都城邯郸，逃进巨鹿城（今河北省平乡县）死守。上将军宋义率领的楚国援赵大军进至安阳（今山东省曹县）后，停留四十六天按兵不动。次将项羽对此焦急难耐，多次建议宋义展开进攻。宋义却说道："今秦攻赵，战胜则兵罢，我承其敝；不胜，则我引兵鼓行而西，必举秦矣。故不如先斗秦、赵。夫被坚执锐，义不如公；坐而运策，公不如义。"并在军中下达命令，如果有人倔强不服从指挥，一律处斩。

项羽怒火中烧，一天早晨他去会见宋义时，就在营帐中斩了宋义的头。众将领皆因畏惧而屈服，无人敢抗拒，一致听从项羽的命令。楚怀王听到此消息，也只好让项羽取代宋义，任命其担任上将军。

在项羽心中，一方面他心急要找章邯为叔父项梁报仇，另一方面，章邯的部将王离又是当年打败项羽祖父项燕的秦将王翦的孙子，新仇旧恨使他对秦军充满了敌意。项羽率领所有部队渡过漳水，一上岸就以不胜则死的决心，迅速攻入敌营。（渡过漳水上岸后，项羽命令全军破釜沉舟，烧掉房屋帐篷，只带三日粮。）秦军无力抵抗，经过九次激烈战斗，项羽终于活捉了王离，章邯落荒而逃。

章邯兵败的消息传回朝廷，对章邯的责难骤然增多，甚至有传言说朝廷要向他问责治罪。章邯感到十分恐惧，于是带领二十万秦军降卒向项羽投降。项羽率领楚秦大军继续西进，其间自然出现了一些楚军与秦军降卒不和的情况。当大军到达新安时，双方的矛盾激增，不断爆发冲突，项羽下令将二十万降卒全部活埋。（在中国，之所以有坑杀数十万军队的情况，是因为黄土高原地带形成巨大的地裂间隙，将大部队赶进其中即可坑杀。）

就这样，当项羽风尘仆仆终于赶到函谷关的时候，却发现刘邦的军队已经在关内守关了。

刘邦入咸阳

项羽等人前去救赵的同时，刘邦也率兵开始了西征。刘邦进入韩国境内后，得到张良的协助，向南开出一条通路，占

刘邦、项羽相争，进军咸阳

领了南阳。与项羽不同的是，刘邦尽量避免交战，他向愿意投降的守军承诺，保证他们的现有地位，仍令他们驻守原地。这样一来，自南阳以后，主动向刘邦提出愿意助其一臂之力的郡守增多。刘邦也说到做到，严禁手下妄自掠夺和实施暴行。

此时的秦国，赵高刚刚杀死秦二世胡亥，立子婴为王。赵高暗中向刘邦提议，将秦国一分为二，二人分别为王，刘邦对此不予理睬。刘邦听取张良的计策，收买了秦国将军，从咸阳西南的武关进入，在蓝田击败了秦军。

刘邦于第二年（公元前206年）年初，抵达咸阳郊外的灞上。那时，秦王子婴已经亲手杀死了赵高。刘邦派人前来劝降，于是，子婴把绳子绑在脖子上，乘坐着白马拉的素车（白色木制，无任何装饰物，用于葬礼的马车），手捧玉玺，打开城门向刘邦投降。子婴这样做的意思是，以死者的装束表示全面投降，要杀要剐听凭胜者处置。这一天正好是他即位第四十六天。刘邦的部将中，有人主张将子婴杀死，但是刘邦没有采纳他们的意见，而是以宽厚的态度对待子婴。

刘邦进入咸阳城后，看着富丽堂皇的宫殿，他有些留恋

起来，打算就此住下，好好享受一番。但是，樊哙和张良反复
提醒（"良药苦口"取自张良对刘邦说的一句话。刘邦看秦国
的财宝和美女眼花缭乱，张良提醒他时说过"毒药苦口利于
病"），他这才下令封存宫殿和仓库，不许乱动金银财宝，然
后返回了灞上的军营。不过，萧何这次带走了一些可以用于施
政的法律、文书，以及地理资料，后来发挥了重要的作用。

刘邦召集当地的名士，告诉大家"吾与诸侯约，先入关
者王之，吾当王关中"，并向他们承诺将秦的苛刻法制一律废
除，让大家安居乐业，又和他们约定了三条：杀人者死，伤人
及盗抵罪。

这就是著名的"约法三章"。刘邦切实执行这三条，使他
得到了民心支持。

然而，此时刘邦得到消息，说项羽已经答应让秦朝降将
章邯为秦王。刘邦觉得倘若果真如此，那么自己多年的辛苦就
全部白费了。于是，为了抢占先机，他开始调集军队守卫函
谷关。

鸿门之宴

刚才已经说过，项羽到达函谷关的时候，比刘邦入咸阳
迟了整整一个月，刘邦已经关闭关口，实施守卫。项羽对此大
为恼火，他下令让英布痛击刘邦的守军，一举西进，抵达咸阳
以东的戏，并在鸿门安营扎寨。

此时的项羽实际拥军四十万，号称百万。而刘邦实际上
只有十万军队，号称二十万，其实力无法和强大的项羽相抗

衡。看到如此悬殊的差距，刘邦军中甚至出现了反水变节之人，在项羽面前恶意中伤刘邦。（刘邦部下一个叫曹无伤的人，向项羽告密说："沛公欲王关中，使子婴为相，珍宝尽有之。"）项羽的谋臣范增等人极力主张利用这次机会除掉刘邦这个对手，以免将来留下后患，他们建议实施强攻。范增对项羽说："沛公居山东时，贪于财货，好美姬。今入关，财物无所取，妇女无所幸，此其志不在小。……急击勿失。"项羽听后决定第二天早上就对刘邦展开袭击。

谁知项羽的叔父项伯听到了这个消息。项伯曾经受恩于张良，他不希望张良成为刘邦的陪葬，于是连夜潜入刘邦营中找到张良，让他赶紧走，以免被杀。可是张良却说不能丢下刘邦，就将消息透露给了刘邦。惊慌之下，刘邦不知所措。但这时张良献上计策，于是刘邦赶紧召见项伯，告诉他自己没有野心和项羽争夺王位，说道："吾入关，秋豪不敢有所近，籍吏民，封府库，而待将军。所以遣将守关者，备他盗之出入与非常也。日夜望将军至，岂敢反乎？"并请项伯从中说和。

项伯答应了刘邦的请求，并劝他第二天主动去找项羽说明情况。而项伯本人当天夜里就返回军营，向项羽转达了刘邦的话，并且说刘邦西征有功，应该嘉奖才对，劝说项羽放弃了袭击刘邦的计划。

翌日，刘邦只带了一百名精锐亲兵，来到鸿门军营，请求面见项羽。见面后，刘邦说道："臣与将军戮力而攻秦，将军战河北，臣战河南，然不自意能先入关破秦，得复见将军于此。今者有小人之言，令将军与臣有郤。"听罢，项羽说道：

"此沛公左司马曹无伤言之，不然，籍何以至此？"说完，项羽就留下刘邦同他饮酒赴宴。

鸿门宴上发生的故事是这样的（关于著名的鸿门之宴，《史记》中有十分详细的记载。作为描述汉王朝建立的故事，此次宴会是最为精彩生动的一幕）：

项羽、项伯面朝东坐，范增面朝南坐，刘邦面朝北坐，张良则面朝西陪坐。范增多次给项羽使眼色，三次举起佩戴的玉玦暗示项羽，他已经做好了除掉刘邦的准备。看到范增的举动，项羽只要发一个暗号，藏在四周的兵士就会跳出来抓住刘邦。可是，项羽只顾默然喝酒，完全不应范增。（项羽对于敢反抗自己的人非常强硬，可是目前这种情况，就表现出他性格消极的一面，缺乏决断能力，这也是他与刘邦不同的地方。）

范增不愿意失去如此千载难逢的机会，他起身，出去召来项羽的堂弟项庄，对他说："君王为人不忍，若入前为寿，寿毕，请以剑舞，因击沛公于坐，杀之。不者，若属皆且为所虏。"项庄于是进去给刘邦敬酒，敬完酒，他对项羽说："君王与沛公饮，军中无以为乐，请以剑舞。"项羽说："诺。"项庄便拔剑起舞。项伯感觉到情况不妙也拔剑起舞，只要项庄靠近刘邦，项伯就用身体遮护刘邦，使得项庄无法行刺。

刘邦脱险

情况如此危急，张良慌忙来到军门，求助于等候在外的樊哙。樊哙问："今日之事何如？"张良回答说："甚急。今者项庄拔剑舞，其意常在沛公也。"樊哙说："此迫矣，臣请入，与之同命。"樊哙于是带剑持盾欲进军门。门口的卫兵想要阻拦，被樊哙一下子用盾牌撞倒在地上。

樊哙入内，掀开帷帐向西站立，瞪眼看着项羽，他的头发竖起，眼眶都瞪裂了。项羽大吃一惊，手按宝剑，摆出随时起身迎战的架势，喝道："客何为者？"张良回答："沛公之参乘樊哙者也。"项羽说："壮士，赐之卮酒。"于是左右给他一大杯酒，约有一斗的量（汉代的一斗相当于日本的一升多，约两立升）。樊哙拜谢，站着一口气把酒喝光了。项羽又说："赐之彘肩。"左右的人给樊哙拿来一块生猪腿肉。樊哙立马把盾牌扣在地上，把猪腿放在上面，拔剑切着吃。项羽看到这情景，又问道："壮士，能复饮乎？"樊哙说："臣死且不避，卮酒安足辞！"接着，他把心中的不满一股脑喷发出来，说刘邦破秦有功，而且对大王谦恭有礼，大王究竟为何要杀沛公等等。项羽无言以对，说："坐。"樊哙便挨着张良坐下。

坐了一会儿，刘邦起身去厕所，就招呼樊哙一起出来。刘邦撂下来时乘坐的马车，独自骑马带上四名亲信一起脱身，抄小路头也不回地逃回自己的军营。刘邦把剩下的事情都交代给了张良，让张良估摸着自己差不多回到军中时，再去向项羽禀告。

张良掐好时间，回到项羽的帐中致歉，道："沛公不胜桮杓，不能辞。谨使臣良奉白璧一双，再拜献大王足下；玉斗一双，再拜奉大将军足下。"项羽问："沛公安在？"张良回答说："闻大王有意督过之，脱身独去，已至军矣。"

范增把玉斗扔在地上，拔剑将其击碎，悔恨交加地说道：

"唉！ 竖子不足与谋。夺项王天下者，必沛公也，吾属今为之虏矣。"

项羽火烧咸阳

不久，项羽带兵西进咸阳，把包括子婴在内的秦朝王子全部杀害。在夺取了秦朝的财宝和美女后，项羽又一把火烧了秦朝宫室，据说大火三个月不灭。秦朝政府的博士官们保存下来的大量文件和图书也都被付之一炬，真是损失巨大。另外，秦始皇骊山陵据说在此次火灾混乱中也遭人盗墓。

项羽派人向楚怀王汇报了自己已经平定秦都的消息，等候楚怀王指示，而得到的指示并不是他想要的。因为楚怀王不忘当初的承诺，坚持谁先进入关中谁便为王。尽管项羽很不情愿，但他还是尊楚怀王为义帝，又分封各路将军为王，共封了十九个诸侯国。其中，项羽自立为西楚霸王，设都于彭城（今江苏省徐州市），定国名为西楚。

关中被一分为三，由章邯等三名秦朝降臣为王。刘邦获得了关中以南今陕西省南部至四川省北部的封地，建都南郑，建立了汉。汉中与关中之间有一条著名的险峻栈道（用木板架在悬崖上铺成的道路），从里面很难出来，项羽想困死刘邦于巴山蜀水之间。

项羽分封完诸侯，诸侯各自前往封国，同年四月，项羽也返回江东。（此时，有人劝项羽留在关中，可他不听，说："富贵不归故乡，如衣绣夜行，谁知之者。"）

项羽先是宣布义帝无任何用处，将义帝迁往位于今湖南省南部的农村，然后暗中命人在途中将义帝杀死。当初分封的十几个诸侯国都是项羽草率决定的，所以没能封王的人自不必说，诸侯之间对分封也颇多不满。其中，有的凭借实力自立为王，也有的随意兼并其他诸侯国，还有齐王田荣、赵王歇、代王陈余等人密谋勾结，公然与项羽对抗。（齐国贵族后裔田荣未被封王，心存不满，赶走齐王，自立为齐王。陈余打败常山王张耳以后，把代王赵歇接回来做赵国的国君，赵歇对陈余感恩戴德，分封陈余为代王。）

第六章　楚汉战争

韩信拜将

刘邦接受封号领兵入汉中，他听取了张良的计策，烧毁栈道，以示再也无意东出，借以麻痹项羽。然而，刘邦军中的将士却大都来自东部，他们都盼望着有朝一日战争结束可以东归回乡，一看现在烧了栈道，回乡无望，于是中途逃跑的人层出不穷。后来刘邦听说连他的心腹萧何都跑了，便彻底泄了气。可是，没想到过了一两天，萧何又回来了。萧何对刘邦说："臣不敢亡也，臣追亡者。诸将易得耳。至如信者，国士无双。王必欲长王汉中，无所事信；必欲争天下，非信无所与计事者。"（此处萧何用"国士无双"来评价韩信，意思是说这个国家再找不出第二个同样的人物。）

究竟韩信何许人也？其实他最初在项羽手下当差，默默无闻，后来又投奔了刘邦，依然不被人所知。有一次，韩信坐法当斩，眼看要被处刑的时候才被人救了下来。韩信年轻的时候连饭都吃不饱，一位漂洗涤丝的老大娘看见韩信饿了，就拿出饭给他吃，几十天如此。街上的坏孩子故意欺负他，让他当众从自己的胯下爬过去，满街的人都笑话韩信。这些关于韩信的故事人尽皆知。（"吃小亏占大便宜"这句谚语的意思是：在无关紧要的地方吃点小亏，可以让人占到更大的便宜。韩信后来当上了楚王，找到了那个当年欺负自己的坏孩子，让他当了护军卫。）

萧何向刘邦极力推荐韩信，请求刘邦封韩信为大将，刘邦对此很是吃惊，而当拜将仪式上众人得知是韩信被任命为大将的时候，也都惊呆了。但是，当刘邦见到韩信，二人交谈过之后，他彻底为韩信的精辟见解折服。韩信对刘邦如是说道："然臣尝事之，请言项王之为人也。项王喑恶叱咤，千人皆废，然不能任属贤将，此特匹夫之勇耳。项王见人恭敬慈爱，言语呕呕，人有疾病，涕泣分食饮，至使人有功当封爵者，印刓敝，忍不能予，此所谓妇人之仁也。项王虽霸天下而臣诸侯，不居关中而都彭城。有背义帝之约，而以亲爱王，诸侯不平。诸侯之见项王迁逐义帝置江南，亦皆归逐其主而自王善地。项王所过无不残灭者，天下多怨，百姓不亲附，特劫于威彊耳。名虽为霸，实失天下心。故曰其彊易弱。今大王诚能反其道：任天下武勇，何所不诛！以天下城邑封功臣，何所不服！以义兵从思东归之士，何所不散！……大王之入武关，秋毫无所害，除秦苛法，与秦民约法三章耳，秦民无不欲得大王王秦者。于诸侯之约，大王当王关中，关中民咸知之。

大王失职入汉中，秦民无不恨者。今大王举而东，三秦可传檄而定也。"

汉军东征

随后，刘邦命令韩信紧急抢修栈道，同年（公元前206年）八月终于向关中进军。因为抄取近道出其不意，刘邦很快就消灭了章邯等三秦王，迅速占领了关中。此时恰逢东部的齐、赵等国也举旗造反，所以项羽极为恼火，他打算集中兵力先把刘邦控制住。但是，很快他又改变战略，向齐国进发。翌年（公元前205年），田荣的军队很快就被击败，田荣本人也在逃亡途中被杀死。项羽将齐国投降的士兵全部活埋，烧杀抢虐无恶不作。齐国的民众忍无可忍，推举田荣的弟弟田横（他与其兄田荣及堂兄弟们皆为豪杰，为了齐国的独立而不惜献身。刘邦招抚田横，田横宁死不屈，传为佳话）为首领，展开了游击战。

项羽深陷齐国，无力抽身，刘邦趁机东进，通过了函谷关。另一方面，刘邦派出另外一支军队南下，去沛城迎接自己的父亲太公和妻子吕氏。正好抵达洛阳的时候，新城（洛阳南部的一个村庄）的名流董公挡在刘邦马前诉说义帝被项羽杀害的经过，并请求刘邦以此为名讨伐项羽。刘邦闻后，大哭一场（为身份高的人发丧，哭出声音是一种礼节），遂为义帝发丧，举哀三日，并向各诸侯国派出使臣，号召各诸侯王率兵与自己一起讨伐项羽为义帝报仇。据说当时刘邦手下汇集了五十六万人的军队。刘邦率领诸侯联军，趁项羽出兵齐国城中空虚，一

举攻占了西楚都城——彭城。胜利使刘邦失去理智，他得意忘形，大肆掠夺金银财宝和美女，天天与诸侯们喝酒庆祝。

项羽闻之大怒，急率三万名亲兵昼夜兼程回袭彭城，联军无备，遭到痛击。项羽乘胜追击，将刘邦军队追至灵璧以东的睢河岸边，兵士争先恐后跳入水中，溺水淹死者十几万人，据说死尸把睢河水都堵住了。

刘邦也在此地陷入重围。幸亏华北地区刮起了四月特有的西北风，大风把树木和房屋连根拔起，迎面吹向项羽的楚军，顿时黄沙漫天，不分昼夜，刘邦这才乘机率数十骑逃脱。刘邦原本打算趁这次得胜的机会，顺便回老家沛城接自己的家人，可是，他的家人听说项羽的军队回袭后就逃得不知去向了。

刘邦无奈一路向西，乘车马急速逃命，半路上，在路旁避难百姓的人群中，与自己的一双儿女——后来的汉惠帝和鲁元公主不期而遇。刘邦急忙让两个孩子上了车，可是后面楚兵紧追，刘邦觉得带着孩子碍手碍脚，便冷漠地把他们从车上推下去。他的部下夏侯婴又把孩子拉上来，让马车慢慢前行。多亏了夏侯婴，这两个孩子才得以活命。刘邦把一对儿女推下车三次，据说最后气得甚至要杀死夏侯婴。（项羽多少还有些人情味，而这件事暴露了刘邦的冷酷无情。即使眼看自己的父亲要被人杀死，他也能若无其事。）这期间，刘邦的父亲太公和妻子吕氏成为项羽的俘虏，作为人质被关押在敌营。

虽然刘邦和诸侯联军在人数上占优，但这次惨败说明诸侯们对刘邦并不是心服口服，所以整体上的调遣未能达到最好的效果，这是此次失败的最大原因。另外，小看项羽的兵力，以为占领了彭城就万事大吉这种思想也是失败的原因。之后，刘邦在吕氏兄长吕泽现有微弱兵力的基础上，一路收集败兵退到荥阳，建立了根据地。再加上留守在关中的萧何又派来一部分军队补充力量，汉军的军威又重新树立了起来。之后一段时间，楚汉两军在荥阳附近不断激战，但楚军最终没能冲破荥阳向西挺进。

背水一战

另外，刘邦还说服南部的九江王英布，拉其入伙，让他不断搅乱楚国的后方，其效果明显。北部则有韩信纵横驰骋，平定各地。翌年（公元前204年），因为魏王豹（战国时期魏王的后代，被封于河东平阳〔今山西临汾〕）叛汉投楚，所以韩信对其进行讨伐，平定了山西。然后，韩信又联同张耳（最初获封常山王，后被陈余所逼求助于刘邦）一起穿越太行山，向东攻打赵国。

赵王歇和大将陈余集中二十万兵力，在井陉口准备迎战，据说当时赵国的兵力是韩信军队的五六倍。赵军谋士李左车向陈余献计，说："闻汉将韩信……议欲下赵，此乘胜而去国远斗，其锋不可当。臣闻千里馈粮，士有饥色；樵苏后爨，师不宿饱。今井陉之道，车不得方轨，骑不得成列，行数百里，其势粮食必在其后。愿足下假臣奇兵三万人，从闲道绝其辎重；足下深沟高垒，坚营勿与战。彼前不得斗，退不得还，吾奇兵绝其后。"可是，书生性格的陈余对此计划并不以为然。韩信通过内线探知这个消息后，迅速率领汉军进入井陉狭道，在离井陉口约三十里的地方扎下营来。

半夜，韩信派两千轻骑，每人轻装带一面汉军旗帜，从小道爬山迂回到赵军大营的后方埋伏。韩信命令他们："赵见我走，必空壁逐我，若疾入赵壁，拔赵帜，立汉赤帜。"接下来，韩信又挑选了一万士兵，背水列下阵势。赵军在高处远远望见韩信如此布阵，都笑话他不懂兵法。

天亮后，韩信整列旗帜和仪仗，突然率众冲出井陉口。赵军出城迎击，一片混战。过了一会儿，韩信假装战败，抛旗弃鼓，逃回河边的阵地。陈余下令赵军全营出击，直逼汉军阵地。汉军因无路可退，个个奋勇厮杀，双方难决胜负。趁双方交战之机，埋伏在山上的两千汉军骑兵迅速插入赵军营地，依次拔掉赵国旗帜，插上了两千面汉军的红色旗帜。这时赵军因为战况不利，想要退回营垒，却发现自己大营里全是汉军旗帜，队伍立时大乱，士兵纷纷落荒潜逃。韩信趁势反击，赵军大败，陈余战死，赵王歇被俘。（此时，李左车成了韩信的俘虏。当韩信郑重地向其请教兵法时，李左车却说"败军之将，不可以言勇"等。）

就此韩信大获全胜，可是所有人都觉得不可思议，因为兵法上说，布阵应是"右倍山陵，前左水泽"，也就是说要背山、面水列阵，而这次韩信背水而战，完全与兵法背道而驰。于是有人去问韩信，韩信回答说："此在兵法，顾诸君不察耳。兵法不曰'陷之死地而后生，置之亡地而后存'？且信非得素拊循士大夫也，此所谓'驱市人而战之'，其势非置之死地，使人人自为战；今予之生地，皆走，宁尚可得而用之乎！"（表示背山面水的说法在《孙子·行军篇》中，"陷之死地而后生"的说法在《孙子·九地篇》中可以看到。）著名的"背水一战"的说法就来源于此。

陈平献计

荥阳是楚汉两军争夺的焦点，因为秦国的粮仓——敖仓就位于荥阳西北的黄河岸边。刘邦为了确保从敖仓获取粮食，专门从荥阳南部的军营阵地修筑了一条甬道。所谓甬道，就是为了防止敌方抢夺粮食而修筑的两侧有壁垒的道路。可是，甬道时常遭到项羽军队的破坏，刘邦陷入了被断绝外援和粮草的境地。于是，刘邦提议将荥阳以东划归楚国，希望与项羽达成和解。项羽起初本想答应求和，但是范增劝说项羽现在是消灭刘邦的最好时机，让项羽进一步加强对刘邦的封锁。

这时，刘邦的重要谋士陈平开始发挥作用。陈平曾经辅佐项羽，但因其才能未被赏识，继而投奔刘邦，先后六次献出良计，救汉于水火之中。陈平接受刘邦的密令，不惜花重金多次买通楚军的一些将领，实施反间计，离间项羽与大臣们的关系，尤其是要破坏项羽与范增的关系。碰巧项羽派使者来到刘邦大营，刘邦让人准备好上等的佳肴招待。侍者捧着佳肴正要进献，细看之下，故意假装惊讶地说："吾以为亚父使者，乃反项王使者。"随后迅速撤去佳肴，改以粗茶淡饭供项羽的使者吃。使者回去后向项羽报告了此事，项羽便起了疑心，猜忌范增私通汉王，重大的事情也就不再跟他商量了。范增觉察到项羽怀疑自己，非常生气，他主动提出了辞官。（范增在辞呈中写道："愿赐骸骨归卒伍。"后来，人们用"乞骸骨"表示递交辞呈，自请退职。）范增在回乡途中，还未走到彭城，背上生了一个毒瘤，就此一病不起，一命呜呼了。

接下来，又是陈平的计策帮助刘邦解了荥阳之围。当时，项羽猛攻荥阳，汉军形势十分危急，眼看就要断绝粮草。一天夜晚，汉军打开荥阳的东门，派出了两千名全副武装的妇女。楚军见状，争先恐后地从四周涌向前来围攻。就在此时，将军纪信乘车举旗从城内出来，向楚军喊道："城中食尽，汉王降。"楚军听罢，齐声欢呼，其他城门的守卫也都汇聚到了东门。刘邦便趁着东门的混乱，带着陈平及几十名快骑从西门逃走了。项羽抓住了纪信，问他："汉王安在？"纪信回答："汉王已出矣。"项羽大怒，将纪信烧死。这个故事有让人觉得费解之处，派妇女部队出城迎战，或许是麻痹敌人的一个策略，让敌人认为己方守城艰苦导致男兵不足，从而招收了女兵。纪信完全是舍己性命救出了刘邦，可见依照当时的战争形势，汉军的确已经被逼到了走投无路的境地。（荥阳陷落后，守将周苛被俘，他痛斥项羽道："若趣降汉王！ 不然，今为虏矣！"

项羽听罢大怒，立刻就烹杀了周苛。）

成皋对决

刘邦逃出荥阳后一度逃往南阳，在此牵制项羽部队的同时，又命彭越将军不断搅扰楚军的后方。项羽带兵回救，征讨彭越，刘邦便趁机返回北部，躲进位于荥阳以西的成皋。翌年（公元前203年），刘邦向东挺进，驻扎在广武。

项羽也在广武布阵迎敌，与汉军对峙数月。这个时期对于汉楚两军的主力部队来说，可谓是一决雌雄的关键时期。由于后方的粮草受到彭越搅扰得不到保证，项羽的部队身陷苦境，于是项羽想出了应急的非常手段。他特意命人做了一个高高的案板，摆在汉军可以看到的位置，然后又将刘邦的父亲太公放在上面，告诉刘邦说："今不急下，吾烹太公。"谁料刘邦的回答十分不近人情，他说："吾与项羽俱北面受命怀王，曰'约为兄弟'，吾翁即若翁，必欲烹而翁，则幸分我一杯羹。"项羽气得准备立刻杀太公，可是，项伯劝告说这样做于事无补，反而让大王失信于天下，于是项羽听从项伯的劝告没有动手杀人。

对阵期间，刘邦和项羽二人好像还大声争吵过。项羽口才较弱，便向刘邦提出单挑。（刘邦自知单挑不可能获胜，所以总是笑着拒绝项羽说："吾宁斗智，不能斗力。"）刘邦便列举了项羽的十条罪状，谴责他不遵守谁先进入关中谁为王的约定、驱逐楚义帝并将其杀害等，并强调自己是举正义之师讨伐贼臣，所以不会接受项羽的个人挑战。项羽大怒，拿出偷偷藏匿的弓弩朝刘邦射去。弓箭射中了刘邦的胸部，刘邦故意摸着脚说"虏中吾指！"当场蒙混过去。

而刘邦其实是被射中了要害，伤势相当严重，立刻就倒地不起。张良担心就此影响军队的士气，于是硬把刘邦扶起来去慰问部队。随后，刘邦迅速退入成皋，开始养伤。

韩信引兵东进击齐，战绩甚佳。前面已经提到，田横在齐国握有实权，他立田荣之子田广为王，自己做了宰相。刘邦准备派韩信伐齐的时候，一个叫郦食其的人说无须举兵，仅凭自己的三寸之舌就可以劝齐国降服。他独自一人赴齐国游说田横，果然说服齐国归汉。但是，韩信随后发兵袭击齐国，这时齐国已决计降汉，对汉军的戒备松懈，韩信乘机袭击了齐驻守的军队。齐王田广认为被骗，乃烹杀郦食其，并派人向楚霸王项羽求救。然而，齐楚联军也抵不过韩信超凡的作战才能，很快就被全部歼灭，齐王田广被俘虏。（这时，韩信向刘邦上书说："齐伪诈多变，反覆之国也，南边楚，不为假王以镇之，其势不定。愿为假王便。"刘邦看罢十分恼怒，后经张良、陈平提醒，刘邦才同意立韩信为齐王。）

四面楚歌

齐国完全失守，这对项羽来说可谓是致命的一击。项羽的部队侧面受到韩信牵制，东奔西走，兵疲马乏，形势非常不利。刘邦趁机派一名叫陆贾的辩士前去与项羽交涉，希望项羽放回自己的父亲太公，却遭到了项羽的拒绝。随后，刘邦又提议以鸿沟（战国时期魏国开挖，自今开封向南延伸，与淮河流域相连）为界，中分天下，东归楚，西归汉。项羽最终答应了这个提议，与汉订盟，并放回了刘邦的父母和妻子。全军上下齐声欢呼，楚军和汉军各奔东西，踏上归途。

但是，张良和陈平都劝刘邦不要退兵，说："楚兵罢食尽，此天亡楚之时也，不如因其机而遂取之。今释弗击，此所谓'养虎自遗患'也。"刘邦听从了二人的规劝，新年一过（公元前203年）就立刻下令全力追击楚军。刘邦得到了韩信、彭越等诸侯的支援，各路汉军从西面八方围追堵截项羽，最终将楚军包围于垓下。双方对阵，项羽的楚军兵力十万，而韩信统帅的汉军为三十万。

垓下被汉军包围得水泄不通，楚军兵疲食尽，几乎每天都有士兵倒下不起。时值十二月，已经开始降霜，有一天夜晚，韩信命汉军士卒夜唱楚歌。项羽侧耳听到楚歌，十分震惊，大叫道："汉皆已得楚乎？是何楚人之多也！"项羽以为是刘邦从自己老家招募来的士兵加入了汉军，包围了自己。

虞美人之墓（安徽省灵璧县郊外）

（后人用"四面楚歌"来形容遭受各方面攻击或逼迫，陷于孤立无援的境地，这一用法就源自这个故事。）项羽意识到大势已去，半夜起来在营帐里面喝酒，以酒解忧。直到此时，他最宠爱的名唤虞的一位美人（美人不是指漂亮女子，而是表示宫廷中女官地位的名称）和他最喜爱的战马骓一直陪伴着他。

项羽虽饮未醉，高唱悲歌，最后还吟了一首诗。诗曰："力拔山兮气盖世，时不利兮骓不逝，骓不逝兮可奈何，虞兮虞兮奈若何！"

项羽反复吟唱这首后来非常著名的七言四句诗，虞姬也难过地一同唱和。唱完，项羽直掉眼泪，在一旁的人也非常难过，都低着头一同哭泣。

项羽的结局

项羽终于下定决心，率领八百骑兵趁夜突围，直奔南方逃亡。天亮后，汉军发觉项羽离去，于是派灌婴率五千精锐骑兵追击。等项羽渡淮河的时候，随从的骑兵只剩一百多人了。在追兵的不断追击下，最后项羽的部下只剩下了二十八骑。项羽自忖不能脱身，就对部下说："吾起兵至今八岁矣，身七十余战，所当者破，所击者服，未尝败北，遂霸有天下。然今卒困于此，此天之亡我，非战之罪也。今日固决死，愿为诸君快战，必三胜之。"于是他分二十八骑骑兵为四队，命令骑兵们背靠背列成方阵。此时，汉军围困数重，项羽对他的骑兵们说："吾为公取彼一将！"随后他命令骑兵们分四面向山下冲，自己大呼驰下，单枪匹马冲入敌军，斩杀了一名汉将。据说汉将杨喜上前追击项羽，项羽怒目大吼，杨喜的人马俱惊，退后数里。项羽对自己的英勇善战始终未有怀疑，他决意死拼到底，以消耗敌人。

最后，项羽来到长江岸边乌江（今安徽省和县东北）的渡口时，也曾打算暂居江东（长江下游南部），有朝一日东山再起。当时，乌江的亭长准备好了船只，愿带项羽逃至江东重振霸业。他对项羽说："江东虽小，地方千里，众数十万人，亦足王也。愿大王急渡。今独臣有船，汉军至，无以渡。"可是，听闻此言，曾经耀武扬威的项羽此时却满脸无奈，他惨笑道："天之亡我，我何渡为！且籍与江东子弟八千人渡江而西，今无一人还，纵江东父兄怜而王我，我何面目见之？纵彼不言，籍独不愧于心乎？"项羽不忍杀掉自己的坐骑，便将其赐予亭长以表谢意。

之后项羽叫骑兵都下马步行，以短兵迎击汉军。他一人挥舞短剑一口气杀了汉兵好几百人，自己身上也负伤十几处。混战中，项羽猛然发现汉军骑兵队的队长吕马童竟然是自己的旧相识，于是他对吕马童说道："若非吾故人乎？……吾闻汉购我头千金，邑万户，吾为若德。"说完，项羽挥刀自刎。汉军将士一拥而上，分割项羽的尸体。据说为了抢夺项羽的头颅，死了几十个人。（项羽的尸体被吕马童和另外四人各自夺走一部分请功，万户领地被五人均分，各得两千户。）项羽时年只有三十一岁。

第七章　汉王朝建立

刘邦称帝

项羽死后，自然而然就形成了刘邦一统天下的态势。项羽死后时隔一个月，也就是翌年一月，群臣们向刘邦上书，请他即位称帝。刘邦按照中国旧有的习惯，先是连续三次假意推辞，说自己无力胜任，后来又顺水推舟地说："诸君必以为便，便国家。"于是刘邦于二月甲午之日，在氾水（今山东省定陶县与曹县交界附近）之阳举行了登基大典。中国历史上，把刘邦被项羽封为汉王的年份（公元前206年）作为汉朝元年，所以登基之年（公元前202年）实为大汉五年。刘邦作为汉王朝的开国之祖，其死后被尊称为"高皇帝"，不过，一般人们都称其为"高祖"，所以本书在之后的论述中亦使用此称呼。

汉高祖刘邦重新封韩信为楚王，封彭越为梁王，吴芮为长沙王，并且正式将韩王信（战国时期韩王的后代，与韩信并非同一人）封王。除此以外，淮南王英布、燕王臧荼以及赵王张敖（张耳之子）继续为王，萧何、张良等诸多功臣自然也都获封诸侯。

起初高祖打算建都洛阳，可齐国人娄敬劝说他道："洛阳交通自然便捷，但其地形不利。况且受连年战争所累，其地人口锐减，生产衰退。而诸王国对汉尚不能从内心臣服，一旦发生祸乱，身处洛阳则无处可逃。与之相比，关中可据天险，且人口稠密，物资丰盈，占据如此得天独厚的条件则可免后顾之忧。若建都只能在秦之旧地咸阳。"①听罢，高祖也有一些动心，怎奈手下群臣都来自东部，他们坚持建都洛阳，毫不示弱，大家的意见很难达成统一。最终，还是张良的一席话促使高祖下定决心，很快就开始做迁都关中的准备。新都具体的地点定在与咸阳一河之隔的渭河南岸，这里曾是秦的离宫所在地。另外，它还有一个寓意吉祥的名字，叫长安。（古都长安起初并没有城墙，其城墙是高祖的儿子惠帝在位时修建的。西安市的西北部至今仍保留着周长约二十五公里的土城墙。）

随后，齐国的田氏家族，楚国的昭氏、屈氏、景氏等贵族，以及其他各国的名门望族十万人被强行迁徙到关中，这也是娄敬给汉高祖出的主意。其目的一方面是防止这些贵族起兵反乱，另一方面则是充实关中地区的人口，加强中央的军事力量。

汉高祖刘邦还在洛阳的时候，有一次大宴群臣，席间，

---

① 此处内容与文献资料有差异，或为作者推演。——编者

西汉初期刻有"汉并天下"字样的瓦当（出土于西安）

觥筹交错，君臣共饮。刘邦显得特别高兴，他问手下群臣："列侯诸将无敢隐朕，皆言其情。吾所以有天下者何？项氏之所以失天下者何？"群臣的意见大都统一为"项羽妒贤嫉能""然陛下使人攻城略地，所降下者，因以与之，与天下同利也"。刘邦听后说道："夫运筹策帷帐之中，决胜于千里之外，吾不如子房（指张良）；镇国家，抚百姓，给馈饷，不绝粮道，吾不如萧何；连百万之军，战必胜，攻必取，吾不如韩信。此三者，皆人杰也，吾能用之，此吾所以取天下也。"由此可见，刘邦非常善于用人，而他自己对此也颇为自豪。

开国功臣

最早跟随刘邦的那些人，身份大都比较低微。刘邦本人出身农民，樊哙早年以屠狗为业，灌婴贩卖丝缯，周勃则经常为有丧事的人家做吹鼓手，夏侯婴是官府的马车夫，周昌为泗水亭（今江苏省沛县附近。亭相当于农村的派出所，刘邦三十岁时曾担任泗水亭长）的卒史。卢绾与高祖刘邦同一天生日，

张良像

自幼关系亲密，他早年一直无业。其中，只有曾任沛县书记官的萧何，以及牢房看守曹参还算得上有点儿学问。特别是萧何，他一直是刘邦最信赖和依靠的人。楚汉战争期间，萧何固守关中，为刘邦及时补充士兵和军粮，保证供应，所以刘邦才对萧何有如此高的评价。刘邦所说的"三杰"中，张良算是个例外，他出身韩国大臣世家，而韩信如前所述，曾是个食不果腹的流浪汉。

就是这样一伙人聚在一起居然夺取了天下，这实在让人有些吃惊。不过，刘邦对待他们如家人一般，有人说正是这种团结一心的凝聚力促成他们取得了国家权力。秦和汉的开国之路截然不同，像刘邦这样的一介草民能够一统天下，这在中国历史上算是首次，所以产生很多问题。作为建国方针，汉希望尽快效仿秦朝，走上以郡县制和官僚制为核心的中央集权政治的道路，这一点从其建立之初就全盘继承了秦的制度这件事即可看出。但是，汉朝建立之初，战国时期的遗存较多，很难打破诸侯割据的态势，于是考虑到各地的特殊情况，便分封了一部分诸侯王。可是每一个诸侯国的领土面积都很辽阔，这又让人担心战国时期诸侯混战的局面会重演。可以说，作为汉王朝中央政府，只有不断均衡各方的势力，才能保证不出乱子。

如此一来，自秦开始实行的具有划时代意义的郡县制度，就完全走形了。汉朝初年，全国究竟有多少个郡尚不清楚，不过，大一点儿的诸侯国一般占有五六个郡，可以按照中央的标准建立官僚组织，自由任免郡县的官吏。据说中央政府的直辖领地只有十五个郡，与秦兼并六国前的领土面积相差无几，彻底的中央集权郡县制度其实只在这十五个郡内实行。可见，汉虽然是一个统一王朝，但实力其实非常有限。

体会到皇帝的尊贵

因为各诸侯国的王侯们大多是不知礼仪的下层百姓出身，所以朝廷的礼仪自然也就颇无秩序。高祖刘邦自己就时常与群臣围坐在大殿上饮酒聊天，畅谈丰功伟绩。有时大臣们喝醉了就狂呼乱叫，甚至有人拔剑击柱，场面完全无法控制。虽然刘邦喜欢简单易行的规范，不喜欢一本正经，但大臣们的举动也令他讨厌。众所周知，刘邦看不起学问，而且排斥儒学，据说他曾经把一名儒生戴的冠帽硬摘下来，对着里面小便。陆贾是一位辩士，因能言善辩常出使诸侯，刘邦曾派他出使南越，说服赵王臣服于汉。（此人不仅善辩，还著有《楚汉春秋》〔现已亡佚〕、《新语》等著作，从儒家的立场阐述了秦亡汉兴的原因。）他经常在刘邦面前称引《诗经》《尚书》等儒家典籍，刘邦对此却不以为然，说："乃公居马上得之，安事《诗》《书》！"陆贾反驳说："马上得之，宁可以马上治乎？"刘邦听罢，无言以对。

后来，随着国家逐步安定，刘邦也慢慢意识到儒教的礼仪对治理朝廷秩序极为有益。叔孙通早年为秦博士官，曾在项羽手下做事，最后转投汉军。他听说刘邦厌恶儒者的服饰，就立刻换上短衣襟的简单服饰以取悦刘邦。随后，他瞅准刘邦心情大好的时机，劝说刘邦制定朝廷礼仪。刘邦同意了他的建议，条件是"可试为之，令易知，度吾所能行为之"。于是，叔孙通召集鲁地的三十名儒生，加上刘邦身边旧有的书生和自己的弟子一共一百多人，每天在野外演练朝廷礼仪。

汉高祖七年（公元前200年），位于长安的长乐宫（与未央宫东西相望）建成，翌年正月（一年的开始，因为当时沿用秦历法，所以相当于十月），此地将要举行诸侯大臣的首朝会。当天天还没亮，负责朝礼的官员就指挥众多手下，紧锣密鼓地开始准备。功臣、列侯、将军，以及其他武官们依次站在西边，面朝东；丞相以下的各种文官都依次站在东边，面朝西。最后，皇帝的辇车从后宫出来，诸侯王以下的官吏们按照指令依次向皇帝朝贺。接下来又按照严格的礼法摆出酒宴，群臣们依次起身给刘邦祝酒，需斟酒九巡才能结束。一举一动稍有不合礼法者，负责纠察的御史立即就把他们拉出去。从朝见到宴会的全部过程，秩序井然，没有一个人敢喧哗失礼。这时刘邦才心满意足地说："吾乃今日知为皇帝之贵也。"

整顿王朝

如前所述，各诸侯国的势力非常强大，这令汉高祖刘邦十分头疼。接下来，刘邦利用各种借口，铲除了建国的功臣们，显现出了他冷酷无情的一个侧面。不过，在完成统一王朝大业的进程中，或许这种牺牲也是不得已而为之。

第一个牺牲品便是燕王臧荼，刘邦在称帝的那一年亲自出征讨伐，以谋反罪将其消灭，并让卢绾顶替王位。翌年，实力最强的楚王韩信也被人诬陷企图谋反。但是，朝中苦于没有能敌韩信的将领和军队，于是刘邦采纳了陈平的计策。他装作出游云梦泽（今湖北、湖南两省交界处的大沼泽，洞庭湖也在其中），在陈州会见各路诸侯，让韩信也来谒见，打算等他到来时便将他抓住。一无所知的韩信，跑去陈州谒见刘邦，结果彻底中计。当时，他发出了如下浩叹：

"果若人言，'狡兔死，良狗亨；高鸟尽，良弓藏；敌国破，谋臣亡。'天下已定，我固当亨！"

韩信被带往洛阳，虽然免于一死，但却被降为地位低微的淮阴侯。从此以后，韩信对刘邦心生怨恨，时常称病不去上朝，终日闷闷不乐。楚国被一分为二，分别由与高祖同姓的刘贾（与刘邦虽非一族，但因是同乡同姓，所以关系十分亲密）和高祖异母弟刘交担任荆王和楚王，另外高祖还封其子刘肥为齐王。

汉高祖七年（公元前200年），韩王信对刘邦将其封地迁移到太原以北的地区感到不满，遂起兵反叛，投靠匈奴。汉高祖刘邦亲自带兵征讨，追击韩王信来到山西省北部，在白登山遭到冒顿单于大军包围。经过七天的围困，刘邦的部队饥寒交迫，危在旦夕。危急时刻，又是陈平的妙计（命画匠画一幅美人图献给阏氏〔单于的王后〕，告诉她如果汉军失败，就会把这样的中国美女献给单于，以此威胁阏氏）帮助刘邦化险为夷。韩王信四年后有意投降汉军，遭到拒绝，战败后被斩杀。

从白登山突围出来，刘邦在返程途中顺便去往女婿张敖的领地。刘邦对赵王张敖的态度十分傲慢，这让丞相贯高、赵午等人看在眼里非常生气，他们劝赵王杀掉刘邦，可是张敖没听他们的。后来阴谋暴露，贯高等人被绑至长安，经过严刑拷打后被杀。张敖经查没有参与谋反，虽免于一死，但其封地被收。刘邦的宠妃戚夫人之子刘如意获封赵王。

汉高祖十年（公元前197年），赵国的相国陈豨在代地谋反，刘邦前往平乱。刘邦出征期间，吕后听说韩信和陈豨暗中有联系，就和萧何谋划，招韩信来到长乐宫，然后将其杀掉了。刘邦从代地得胜归来，听说韩信已死的消息，他一方面感觉松了一口气，但另一方面又感觉很不是滋味。随后，他封自己的儿子刘恒为代地之王。接着，梁王彭越也在当年因为谋反的罪名被杀，刘邦的儿子刘恢和刘友分别被立为梁王和淮阳王。

刘邦将彭越的尸体剁碎腌成肉酱，再派人分赐给各位诸侯品尝，使得人心惶惶。淮南王英布自知不能幸免，心生恐惧，被迫铤而走险，起兵反叛。他首先攻打了荆国，使诸侯王刘贾战死。当时卧病在床的刘邦抱病亲征，激战到第二年（公元前195年），终于将英布镇压。英布率领残兵败将逃进了长沙国，但最终未逃过被杀的命运。随后，刘邦封自己的儿子刘长为淮南王，又将荆国改为吴国，由侄子刘濞（汉高祖刘邦的哥哥刘仲之子，因其封地经济富裕，故有企图夺位之心，后在惠帝执政期间发起吴楚七国之乱）为王。

高祖之死

刘邦在平定英布叛乱时中了箭伤，这致命的一击使得他于当年（公元前195年）四月甲辰之日，在长乐宫驾崩。在此之前，有传言说燕王卢绾也要造反，这使得卢绾很担心自己的安危。随后卢绾又听说樊哙要来讨伐，便吓得带着家属逃亡到了匈奴。卢绾曾是刘邦儿时的玩伴，与刘邦关系亲密，他希望等刘邦病愈之后，亲自入长安谢罪。然而刘邦不幸驾崩，卢绾得知他的死讯后十分失落，过了一年也死了。随后，刘邦的儿子刘建获封燕王。

如此一来，建国的功臣几乎全部被铲除，他们的诸侯国也都相继由刘氏一族称王。唯一幸免的异姓王就是长沙国的吴氏，诸侯王吴芮已经去世，其子吴臣继位。长沙国之所以幸免，是因为其领土面积太小，不用担心他们会发动谋反。

那时吕后看到刘邦命不久矣，便问道："陛下百岁后，萧相国即死，令谁代之？"刘邦回答："曹参可。"吕后又问曹参之后是谁，刘邦说："王陵可。然陵少戆，陈平可以助之。陈平智有余，然难以独任。周勃重厚少文，然安刘氏者必勃也，可令为太尉。"吕后又追问这之后怎么办，刘邦回答："此后亦非而所知也。"令人感到不可思议的是，刘邦的这些遗言后来居然都变成了事实。

话说刘邦有八个儿子，前文中已经提及，其中七个都已被分封至各地为王。正室夫人吕后唯一的儿子刘盈，作为太子将来应该继位，可是在此之前也出现了多次波折。吕后被项羽俘虏了两年，返回汉以后几乎一直待在关中，所以与刘邦聚少离多。于是，刘邦在外又有了好几房夫人，其中戚夫人因为一直陪伴刘邦出征作战，故深得其宠爱。戚夫人的儿子叫如意，后来获封赵王。（后来，如意被杀，淮阳王刘友〔高祖之子〕被封为赵王。）

太子刘盈生性懦弱，所以，高祖刘邦更加疼爱与自己性格相仿的儿子如意。于是，他有意废掉刘盈，而立如意为太子，但总是遭到重臣们的反对。（尤其是四位常年隐居的老学者"商山四皓"，刘邦曾请他们出山为官，但遭到拒绝。得知商山四皓愿意辅佐太子后，刘邦就彻底放弃了改立如意为太子的念头。）但是，随着一天天老去，刘邦越来越担心如意的将来，于是他任命刚直不阿，又深得吕后信任的周昌担任赵地相国，让他成为如意的保护人。

吕后掌权

太子刘盈十七岁即位，即汉惠帝，可是政权却完全掌握在他的母亲吕后手中。对吕后而言，不用多说，首先要做的就是将毒爪伸向与之积怨已深的死对头，那便是戚夫人和如意。吕后下令把戚夫人囚禁在永巷（宫中囚禁犯人的牢房），并将刘如意从赵国召回京城。相国周昌自然反对吕后的做法，所以吕后事先派周昌外出公干，趁他不在硬是把赵王刘如意召回。宽厚善良的惠帝亲自去京城外将如意接回宫中，并且和弟弟共同起居饮食，就是想让吕后无从下手。可是，有一天，吕后趁惠帝一大早外出狩猎的短短间隙，将如意毒害致死。几个月后，吕后又命人把戚夫人从永巷带出，砍断她的手脚，挖掉她的双目，熏聋她的耳朵，还给她灌下一种特别调制的药水，使其失声变哑，最后将其关进茅厕。当时中国的茅厕与日本的不一样，是露天挖一个跟地下室差不多大的深坑，将其上方的一角围挡起来，然后在里面解便，所以，粪坑的底部从外面也可以看到。

吕后给如此悲惨模样的戚夫人起名为"人彘"。过了数日，吕后让惠帝去看人彘。等刘盈来到茅厕一看，发现一个满脸血迹的大怪物不停蠕动。当他得知眼前就是戚夫人时，吓得大喊一声，精神失常。自此他卧床一年，根本无法管理朝政，整日饮酒玩乐。

汉代厕所（明器）

人在小屋内解手。左侧的围墙里一般养猪，猪可以从旁边的洞口出入

　　吕后首先将自己的女儿鲁元公主的长女许配给惠帝做皇后，也就是说舅舅和外甥女通婚。惠帝在其即位第八年去世，由于继位的太子年幼（少帝恭），朝政逐渐任由吕后处置。

　　但是，后来证明这个新皇帝并非惠帝的亲生儿子。事实上，新皇帝是一个与惠帝毫无关系的宫女所生，而吕后声称是皇后所生，为了掩盖证据还杀死了那个宫女。后来少帝刘恭略微懂事时，偶然听说了有关自己母亲的秘密，便口出怨言说等自己长大成人后一定要为母亲报仇。吕后听说了此事，立刻将刘恭关进永巷，对外宣称皇帝有病，废了其帝位，随后暗中将其杀害。

　　接着，吕后又改立惠帝另一个夫人所生的年幼之子为帝，即少帝刘弘。其实，这个儿子也是吕后硬说成是惠帝的儿子，实际上应该与惠帝没有血缘关系。本来，每次新皇帝登基都应该更换纪年，可是，吕后无视前朝惯例，不改称元年，而是继续沿用上一任皇帝的纪年称五年。吕后这样做的目的在于，她想证明自己从前朝皇帝开始就已经名副其实地掌握了政权，

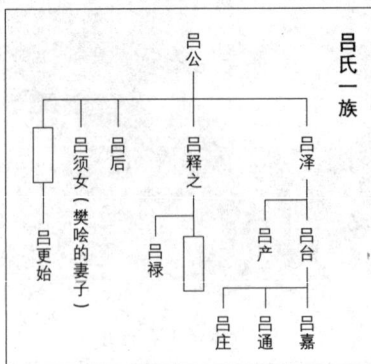

吕氏一族

```
                        吕公
    ┌──────┬────────┬──────┼──────────┐
    │      │        │      │          │
  吕须女   吕后    吕释之            吕泽
 （樊哙的             │          ┌────┴────┐
   妻子）            吕禄        吕产    吕台
    │                       ┌────┬────┐
  吕更始                   吕庄  吕通  吕嘉
```

可以说她已经做好了当女皇的准备。(《史记》中《高祖本纪》之后就是《吕太后本纪》，吕后事实上已经被当作女皇。尽管受到后世儒家的责难，但当时的朝政实权确实是掌握在她的手中。)

吕后一心想立吕氏一族为王，所以她先找右丞相王陵商量，可是话刚一出口，就遭到了王陵的反对。王陵言道："高皇帝刑白马而盟曰'非刘氏而王者，天下共击之'。今王吕氏，非约也。"可是，不知什么原因，左丞相陈平和太尉周勃却很轻易地就赞同了吕后的提议。于是，吕后立即开始着手清理刘氏一族的诸侯王。前文中提到过汉高祖刘邦的七个儿子均获封为王，后经吕后铲除，五人被害或自杀，最后就剩下代王刘恒和淮南王刘长（后来在文帝执政时谋反，被镇压）两个人。取而代之获封为王的有吕氏一族的梁王吕产（吕后长兄吕泽之子）、赵王吕禄（吕后次兄吕释之子）和燕王吕通（吕产的哥哥吕台之子）。

吕氏兵变失败

少帝刘弘即位后的第四年，正好是从惠帝登基算起的第十五个年头，吕后为了驱邪前去拜神，回程的路上，来到一个叫轵道的地方。这时出现了一条苍犬，好像钻进了吕后的衣袖下面，但立刻又消失得无影无踪了。吕后顿觉不祥，便找来占卜之人算卦，说是被吕后杀死的赵王如意在作祟。随后，吕后因腋下的病痛卧床不起，眼看死期将近。弥留之际，吕后下令由吕禄和吕产分别统帅中央的北军和南军，企图依靠武力维持吕氏政权。同年七月，吕后去世，按照她的遗诏，吕产任相国，吕禄的女儿为皇后。

然而，对于这一切，陈平和周勃等旧臣并没有束手旁观。经过能言善辩的辩士陆贾从中穿针引线，陈平和周勃二人结成了坚固的联盟，他们暗中商议打倒吕氏的策略。另一方面，站在刘氏一族前沿阵线的则是汉高祖刘邦的大儿子齐王刘肥的后继者刘襄、刘章和刘兴居三兄弟。吕禄和吕产根据目前的形势，考虑到自己手中握有中央军队的兵权是一个有利条件，于是决定先发制人发动兵变。

当时刘章正在长安，因为其妻是吕禄的女儿，所以刘章从她口中知道了兵变之事，于是他通知自己的兄长齐王刘襄抢先一步发兵镇压吕氏。吕产派大将军灌婴（年轻时就是汉高祖刘邦的朋友，早年靠贩卖衣服为生。自刘邦起兵时即跟随左右，当年追击项羽，将其逼入绝境的就是此人）前去讨伐，灌婴行进到荥阳后就按兵不动，与齐军取得联系相约共同作战。可以说，吕氏一族已经被逼到如不采取非常手段，就会自我毁灭的境地，形势反过来朝着有利于刘氏一族的方向发展。老臣周勃虽名为太尉，但实际的军事指挥权却完全掌握在吕产、吕禄二人手中，不过周勃依靠宫中的内应先将北军的指挥权控制在了手中。

陈平很担心周勃拿不到南军的控制权，便派刘章取了吕产的项上人头。不用说，吕禄也很快被杀。接着吕氏一族被彻底清查，全部杀光。

汉高祖刘邦死后不久吕后即大权在握，这是让人感到不可思议的一件事。然而，吕后之死能够对吕氏一族的命运起到如此决定性的作用，同样令人感到难以置信。这是因为刘邦是农民出身，他的刘氏一族作为皇帝的亲族还没有形成足够的凝聚力。前文中也曾说过，汉王朝试图平衡战国以来的各个地方势力，但结果仅仅维持了一种表面形式。不难想象刘邦为了让自己的儿子接替诸侯王位，甚至不惜冷酷无情地铲除开国功臣。也就是说，当时刘氏家族的权威性尚未完全建立，所以吕氏一族才有机会取而代之登上权力的宝座。如此来看，或许也就并不让人感到费解了。反之，也可以说吕氏一族在尚未形成足够凝聚力的时候，碰巧遭遇吕后这个吕氏中心人物的去世，给予了刘氏一族东山再起的机会，使他们得以成功地重整山河。

文帝即位

吕氏一族灭亡后，由谁接替少帝刘弘即位便成为迫在眉睫的议题。齐王刘襄、淮南王刘长等人也在候补行列，但最终选定的人为代王刘恒。之所以选择代王，不仅仅是因为刘恒比刘长年长，更是因为刘恒待人宽厚，有长者风范，受到了周围人的好评。特别是，他的母亲薄夫人（原魏王豹的嫔妃，魏王死后她成为刘邦的嫔妃。刘邦在成皋与项羽对阵时，她在一个偶然的机会下得到了临幸）并不得刘邦宠爱，这反而变成她的幸运，使得她没有遭到吕后的陷害，能跟随儿子一同去往代国，过着安逸和平的生活。假如薄夫人曾是刘邦的宠妃，那她的儿子刘恒应该早就和母亲一起从这个世界消失了。

从长安来的使者迎接刘恒回京城继承帝位，可是刘恒却疑虑重重，迟迟下不了决心。他找母亲薄夫人商议后，把薄夫人的弟弟薄昭派往长安一探究竟，然后才决定入京即位。但为了以防万一，刘恒在去长安的途中一路谨慎小心，他并没有马上进入长安，而是先到达渭桥，接受了丞相陈平、太尉周勃以及丞相以下官员的迎接，才小心翼翼地住进了代王官邸（当时各诸侯王在都城长安均有官邸）。对于群臣们拥立他即位，刘恒面朝西拒绝了三次，又面朝南拒绝了两次，最后终于答应接受帝位。而少帝刘弘则被逐出宫门，当天深夜即被杀害。少帝离宫后，当年（公元前180年）闰九月，刘恒随即入主朝廷，刘恒即是汉文帝。

汉文帝天生是一个比较消极的人，无论在政治还是军事方面，他都避免积极性的改革，采取一切均不强求的态度治理国家。而这并非文帝自身的治理方针，事实上汉王朝从一开始就是如此。不仅刘邦本身是个很现实的人，相国萧何也不希望

汉文帝像

对秦的制度进行不必要的改革。连接替萧何任相国的曹参也追捧黄老之学（老子学派奉黄帝为学问之祖，所以当时将二者结合在一起称黄老之学），信奉无为自然主义。因此，曹参一切照搬萧何的政策，选拔官员时也尽量挑选温和宽厚的人，以此防止发生摩擦。长期战乱过后，汉王朝终于迎来了和平时期，这种政治态度究竟在稳定人心方面发挥了多大的作用，不得而知。

无为之治

汉文帝在位的二十三年，是汉王朝强盛安定的好时期。他身先士卒提倡节约，杜绝挥霍，关于他的无数故事被传为佳话。其中一个故事说的是，在他刚刚即位的时候，有人给他进献了一匹日行千里的骏马，而汉文帝说："鸾旗在前，属车在后，吉行日五十里，师行三十里，朕乘千里之马，独先安之？"随后，他搭上运费把骏马送还了对方。

关于汉文帝仁政的故事不胜枚举，其中比较有名的是减税和减刑。他认为农业是人民生活的根本所在，所以数次将田地的租税减半，甚至还曾将其全免。在刑制方面，他废除了罪犯家属受牵连的连坐法，取消了诽谤、妖言罪，认可言论自由。（之所以对说别人坏话、散布流言蜚语这类行为不再问罪，其最主要的目的是让臣子敢于自由地指出天子的过失。）其次，他还废除了肉刑，这作为汉文帝仁政的代表性措施，受到了普遍的赞誉。另外，文帝为人诚恳，经常听取袁盎、张释之等名臣的谏言，这也是后世对其有较高评价的理由。

然而，当时国家面临的最重要的问题是对内要应付强大的诸侯国，对外则要防御匈奴的侵扰。关于这两方面，贾谊和晁错多次提出了积极的应对措施，可是文帝听后并没有采纳，他始终坚持息事宁人的做法。尽管匈奴不断骚扰边境，文帝每次派兵将其驱逐后，都和匈奴缔结友好关系，尽量不把人民卷入战乱。在南方的广东地区，南越赵佗（秦朝时从中国派遣去的地方官，秦末开始独立，自称武帝，自汉高祖后数次被招安，但从未屈服。公元前135年亡）的势力再次崛起，文帝也不过是和平劝其归顺而已。

文帝对待国内诸侯国的态度也过于温和，致使其弟淮南王刘长得寸进尺，态度颇为骄横。刘长不仅不听从中央的命令，甚至在汉文帝六年（公元前174年）与匈奴和闽越勾结企图谋反，结果被发现。群臣们建议文帝对其弟施以重刑，可是刘恒不忍心杀死刘长，就废除了他的王位，将其流放到四川农村。淮南王生性倔强，途中绝食而亡。文帝后来觉得淮南王太可怜，就封其子刘安为新淮南王，刘勃为衡山王，刘赐为庐江王。这是汉文帝统治时期发生的最可悲的事件，但如此一来，强大的淮南诸侯国崩溃，被分成了三部分。与此同时，齐国也因为后继无人，一度被废除，后来被细分为六个诸侯国。

吴楚七国之乱

文帝之后，景帝即位（公元前157年），这时晁错迅速崭露头角。早在景帝做太子时，晁错就因其三寸不烂之舌深受宠爱，作为智囊，获得太子十足的信任。景帝二年，晁错被提拔为御史大夫（监察官员的御史台长官，在汉代拥有相当于副宰相的权力），他一直主张削弱诸侯，于是开始着手改革法令，为其铺路。他信奉法家学说，为了实现中央集权而不惜使用残酷的手段。

吴王刘濞是汉高祖哥哥刘仲的儿子，他从文帝执政时起就对朝廷极度反感，企图谋反。之所以会这样是因为他和朝廷之间曾经发生过不愉快的事。当时吴王的儿子刘贤入京，与当时还是皇太子的景帝刘启一起喝酒博弈，不料却发生口角，刘启随手拿起棋盘打刘贤，竟把他打死了。刘濞从此产生怨恨，称病不再朝见汉文帝。当时的吴国因为地处江南，疆域广阔，尤其盛产铜，可以自由铸造钱币，而且盐的产量也很高，所以国民甚至不用缴纳人头税。吴国非常富有，各地的亡命之徒便也纷纷涌来，在此隐姓埋名，形成了一定的不稳定因素。而宽宏大量的文帝对此一再容忍，没有采取果断的措施。后来，先是赵国、胶西、楚国等诸侯国的领土因为各种各样的理由而被削减，接着吴国也被削减了会稽和鄣两个郡，到了这时吴王刘濞终于下决心造反了。胶西、胶东、淄川、济南、楚、赵等诸侯国依照约定，都表示愿意与吴国结盟起兵，于是，吴王统帅二十万精兵从广陵出发，一路向西进发。时间是景帝前元三年（公元前154年，景帝即位之初即为元年，但因其后来两度改元，所以其在位的十六年被分为前、中、后三个部分）一月，起兵的理由是讨伐皇帝身边的奸臣晁错。因为有七个国家参与造反，所以此事件被称为"吴楚七国之乱"。吴王还向闽越和东越也派出了使者，这些诸侯国也都纷纷表示支援叛乱。

七国叛乱的消息传到朝廷,景帝命周勃之子周亚夫为太尉,统率三十六名大将前去讨伐。周亚夫以军纪严格著称,曾深得文帝信任,文帝在遗言中告诉景帝,如遇非常时刻,一定要让此人领军挂帅。景帝一方面派兵讨伐,另一方面也安排人去七国游说,劝说他们停止叛乱。袁盎曾任吴国丞相,他被派去游说吴王,而袁盎平生与晁错关系极为不和,于是他出发前上奏皇帝说现在只有一计可以缓和七国的情绪,那就是诛杀晁错。汉景帝无奈采纳了袁盎的计策,将身穿朝服的晁错直接押到东市问斩。然后,袁盎出发去吴国,而那时吴王已经离开本土,去攻打梁国的城池了,袁盎只得无功而返。

周亚夫在荥阳建立根据地,打算汇集东部诸侯的兵力,他首先去洛阳拜访了一位叫剧孟的侠客。剧孟是东部一带势力颇大的一个头目,周亚夫亲自去拜访,请求其援助是十分聪明的策略。如果是吴国抢先求取了剧孟的援助,朝廷军队的前途就丝毫不容乐观。周亚夫还在作战上巧施妙计,避开与吴军精锐部队的正面交锋,他趁梁国抵御吴军之机,绕到吴军背后阻塞其粮道。(周亚夫在作战方面,不仅把敌人主力引入梁国作战,而且不积极支援梁国,他在此战后与梁王〔景帝的弟弟〕产生不和,这导致他最后失宠倒台。)吴王因此陷入粮草不足的困境,无法从梁国继续西进。被逼无奈,吴王只得主动挑战周亚夫的军队,结果被击败,并在追击下逃往南方。

吴王历尽艰险总算渡过长江,准备在东越的帮助下东山再起,可是东越的诸侯王已经被汉买通,东越王杀了吴王,将其人头献给汉军。随着首犯人头落地,仅仅持续了三个月的叛乱宣告结束。与吴国同谋的胶西、胶东、淄川、济南（这些诸侯国是从原齐国分割而来，此次没有参与叛乱的只有齐和济北两个诸侯国）等国的诸侯王也均被杀死，其国被收归朝廷，赵国也很快被包围消灭。

至此，吴楚七国之乱转瞬被镇压，朝廷的威力立刻强大起来。从结果来看，晁错所主张的积极性政策取得了成功，从那以后即使朝廷采取相当强硬的手段，各诸侯国也不敢表示反抗了。可以说直到此时，汉王朝才算名副其实地成了中央集权制国家。而且，因为建国之初便开始执行对外消极政策和财政紧缩政策，汉王朝在经济方面也取得了长足发展，国家越来越富足。

第八章　汉武帝时代

汉武帝即位

汉武帝刘彻既不是景帝皇后的儿子，也不是长子，从他当皇太子，到继承皇位，这中间经历了相当复杂的宫廷斗争。最早当上景帝皇后的是薄妃，她是由景帝的祖母薄太后（文帝的母亲）从自己的家族中选出的。但是，由于薄皇后无后，所以栗妃所生的长子刘荣就被立为皇太子。

不久，薄皇后失宠于景帝，皇后之位被废。于是，栗妃坚信自己的儿子是皇太子，自己理所当然会成为皇后，便开始变得骄横起来。当时，馆陶长公主在宫中很有势力，她向栗妃提议将自己的女儿嫁给皇太子做妃子，被栗妃冷冰冰地拒绝了。馆陶长公主是窦太后（文帝的皇后）的女儿，即景帝的亲姐姐，嫁给了一个叫陈午的人，她在宫中具有很大的影响力。长公主的自尊心被栗妃强烈地刺痛，于是她不断在景帝耳边吹风说栗妃的坏话，同时她还有意接近王夫人（其父为王仲，长安附近槐里人；其母为燕王臧荼的孙女。其母在其父去世后再嫁，所生之子为田蚡）。王夫人与景帝已有三个儿子和一个女儿，她自然也愿意与势力强大的长公主组成联合战线，借助长公主的帮助对付栗妃。二人的联合作战很快奏效，景帝不顾大臣们的反对废了皇太子，并将其降为临江王。栗妃对此郁郁寡欢，忧郁而死。（据说栗妃的妒忌心很强，有一次景帝要她在自己死后照顾其他夫人生的儿子，栗妃听后暴怒，不予回答。）

这样一来，王夫人就被立为皇后，她的儿子胶东王刘彻也顺理成章成为皇太子。这一年是景帝七年（公元前150年），刘彻即为后来的汉武帝，当时他只有七岁。刘彻在景帝十三个皇子中排行第九，不用说，他的兄长们对他这个幸运儿都心存妒忌。不过，当时朝廷对各诸侯国的监控十分严格，即便对皇子也没有半点儿松懈。废太子刘荣被降为临江王后的第三年，

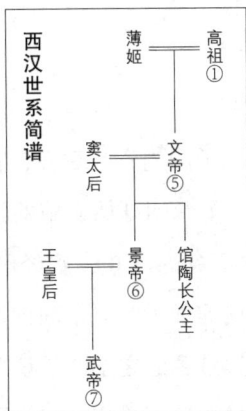

西汉世系简谱

高祖① —— 薄姬

文帝⑤ —— 窦太后

馆陶长公主

景帝⑥ —— 王皇后

武帝⑦

因为他擅自使用位于其诸侯国内的文帝庙用地，而被召回京城，结果忍耐不住严刑审问，自杀身亡。

因此，后元三年（公元前141年），当景帝驾崩，汉武帝继位时，一切都进行得非常顺利。当时，汉武帝刘彻十六岁，对于这个少年皇帝来说，窦太后和馆陶长公主强强联手，成为他最坚强的后盾，这让汉武帝感到有坚实的靠山，心里十分踏实。长公主之女陈妃（即馆陶长公主和陈午所生的女儿）早先已经是皇太子妃，此时顺理成章地被立为皇后。

即位第四年，即建元三年（公元前138年），汉武帝设酒宴款待入京的诸侯王，奏乐声刚刚响起，其兄中山王刘胜突然开始号啕大哭。汉武帝很是吃惊，向其一问究竟，刘胜回答说："臣得蒙肺附为东藩，属又称兄。今群臣非有葭莩之亲、鸿毛之重，群居党议，朋友相为，使夫宗室摈却，骨肉冰释，臣窃伤之。"汉武帝也觉得自己的哥哥很可怜，于是下令缓和对各诸侯国的态度，由此可见当时朝廷对诸侯国的干涉是何等严重。

复兴学问

汉朝初期，朝廷对学问尚不甚重视，直到惠帝四年（公元前191年）才总算废除了秦朝开始实施的禁止藏匿书籍的法令（挟书律）。随着这项法令的废止，曾经藏匿在各地的书籍重新出现在世人面前。这的确为复兴学问创造了良好的机会，但当时占统治地位的依然是黄老之学。所谓黄老之学，是指尊黄帝和老子为创始人的一种道家思想，崇尚天道自然无为，在政治经济领域，强调"无为而治"，认为应该排除人为的统治。

文帝弟弟的儿子淮南王刘安非常喜欢学问，他召集众多门客编写了《淮南子》（二十一篇。原书有内篇、中篇和外篇共计五十二篇，至今存世的只有内篇，名为《淮南子》。编者刘安是文帝时谋反的淮南王刘长之子），这是站在道家的思想之上整理和编辑诸子百家学问的一部著作。

然而，随着社会逐步稳定，儒家思想开始崭露头角。以质朴为本的道家思想略显美中不足，而儒家注重完善礼、乐等方面的制度，在政治统治方面强调文化性，于是自然而然地开始受到欢迎。早在文帝时期，因为传说唯有原秦朝博士伏胜（济南人，常用名伏生，因当时已年过九十，皇帝虽邀请其赴京，但未能成行）能给天下人传授《书经》之学问，所以晁错被皇帝派去当面聆听。据说汉武帝还是皇太子的时候，就接触到了儒家思想，并深深地为其所吸引。可以说，这是当时新知识分子阶层的普遍性潮流，汉武帝的哥哥河间献王刘德就是个

老师给学生教授学问，上层左侧之人可能是伏胜
（出土于四川省的汉代画像砖）

文化人，他是有名的儒教经典收藏家。

　　鲁恭王刘余也是汉武帝的哥哥，据说有一次，他为了扩充宫殿而准备拆毁孔子家的旧宅，在拆围墙的时候从中发现了儒教的经典《孝经》。这应该是当初秦实行焚书坑儒政策的时候，孔家的人偷偷埋进墙壁里的。因为这本书的字体使用的是秦以前的古文字，所以被称为《古文孝经》。后来，以这种方式发现的儒教经典都被称为"古文"，而口头传承下来的经典则是用汉代流行的隶书书写的，汉文帝时期由伏胜口头传授的《书经》就是其中一例，被称为"今文"。今文经典和古文经典不只是字词不同，各自的解释也存在不同，所以便形成了对立。

儒教思想的统一

　　如上所述，儒教虽然引领了新时代的潮流，但是朝廷内保守的道家思想仍然根深蒂固，其代表人物就是窦太后。汉武帝刚一即位就任用了一批崇尚儒教的官员，然而，由于太后的强烈反对，这些人均被逐出了朝廷。

　　直到建元五年（公元前136年），也就是窦太后临死的前一年，汉武帝终于下定决心，迈出了建设儒教国家的第一步。其间，董仲舒的对策成为促成这一决定的最大因素。汉武帝经常选拔一些贤良人士或文学人士，亲自出题请他们在政治或学问方面发表各自的意见，这就是对策。董仲舒作为其中一名贤良人士，向汉武帝献上了自己的对策。关于献策的具体年份，其实有各种不同的说法，本书采纳狩野直喜博士的观点（《两

董仲舒像（来自《历代君臣像》）

汉学术考》43页，昭和三十九年，筑摩书房），即建元五年。

董仲舒是一位十分认真、严谨的学者，信奉今文的《春秋公羊传》，景帝时期已为博士。当时的儒教吸收了各个学派的思想，尤其受法家的影响很大，以统治国家、治理天下作为学问的最高理想。按照董仲舒的说法，孔子很早就已经预言中国将会由一位王者来统治国家，而孔子的预言现如今终于在汉朝实现了，这就是所谓的大一统主义。由于其从学问方面充分肯定和支持汉王朝，顺应了时代的潮流，所以受到很大的欢迎。另外，董仲舒还十分强调天子的地位和尊严，并将天子的所作所为与自然现象建立起必然的联系，增强了皇帝的神秘色彩。按照他的观点，天子的地位是任何人都绝对无法动摇的，如果天子的行为不善，上天则会发生异变使其受到惩戒。他认为现在很重要的一点，是要在《春秋》中寻求治理天下所需的法律的基本理念。《春秋》是孔子运用微言大义（《春秋》运用颇为简洁的语言，即"微言"来记载历史事实，但其背后却隐含着精深切要的孔子思想，即"大义"）的方法，对历史事件加以严肃批判的一部著作，这种精神值得好好学习，不仅应该将其应用在辨别是非上，更应该将其作为政治方面一切事务的根本方针。以上董仲舒的言论，可以说是用儒教外衣对法家的观点做了一番修饰。

董仲舒的思想令汉武帝完全倾倒，武帝将儒教定为唯一一门国家公认的学问，并以此作为政治指导的纲领。也就是说，他要实现政治与学问的结合统一，并建立起普遍公认的用人之道，即学习儒教即可通达政治与学问，同时就有机会成为官员。因此，汉武帝在建元五年（公元前136年），首先设置易、书、诗、礼、春秋这类五经博士，让每位博士以各自的经典为专业，在太学教授弟子。博士这一官职在秦时已经存在，不过只是随意教授一些古旧学问、给天子充当顾问的角色而已。可是汉武帝所设置的博士则不然，他们受天子委托，肩负着用儒教为国家培养栋梁之材的任务。第二年，朝廷命令全国各郡以及诸侯国各选拔一名德才兼备的人，将其任命为郎官。

后来，学者出身的公孙弘出任丞相，他加强学校的制度建设，将博士的弟子限定为五十人，除朝廷选拔外也允许各地方长官推荐人才，并将学业成绩良好之人任命为郎官。这里所说的郎官就相当于朝廷官员的预备生，高级官员必须从其中选拔产生，因此儒教成了绝对权威，可以说，学习儒学就是人生最大的目标。（"曲学阿世"源自景帝时期以刚直不阿著称的老学者辕固生告诫公孙弘的话："公孙子，务正学以言，无曲学以阿世。"）至此，朝政完全掌握在具有儒学修养的文化人手中，儒教国家的基础业已形成，从此维持了两千多年。

年号的开端

接下来顺便说两三件文化方面的事。其一就是太初元年（公元前104年）施行的历法改革，改革后的历法称为太初历，精准度非常高，成为后世历法的基准。汉朝的历法曾经模仿秦朝，以十月作为一年的开始，而此次历法改革将其改为一月。另外，相对于秦属水德，汉朝定德行为土德，将黄色和数字五作为万事之根本，建立了各种制度。

建立年号，是在此之前元鼎四年（公元前113年）发生的事情。在中国，汉武帝之前没有年号，只能自天子登基之年起以元年、二年、三年的方式依次排序计算。文帝和景帝时期，曾出现过中途重新从元年开始纪年的情况，这时便用中元、后元的说法加以区分。但是，到了汉武帝时期，每六年更一次元年也已经到了第五回，而正好在第五元的第四个年头，从汾阴发掘出土了古铜制成的鼎，因此，为了庆祝这件吉利之事，便将这一年称为元鼎四年。事实上，这是中国历史上第一次使用年号，此前的年份，即建元、元光、元朔、元狩（各为六年）以及元鼎的前三年是在这之后被追加上的年号。看一下普通的历史年表会发现，年号似乎是从一开始就有的，但实际上当时只是以一元几年、二元几年的方法单纯计数的。元鼎之后的年号是元封，共六年，接下来是太初、天汉、太始、征和各四年，最后到后元二年的时候，汉武帝刘彻去世。

另外，因为汉武帝的兴趣爱好，这一时期文学繁荣，赋这种带有音韵的文体十分盛行。汉武帝本人也极具文采，留下了不少自己创作的歌赋。司马相如是歌赋名人，他出生在四川，每次陪天子出游时他都会创作出优美的韵文，非常受天子赏识。另外，随着祭神活动日益兴盛，一种带有乐器伴奏的神乐歌，即乐府被大量创作出来。汉武帝晚年时的爱妃李夫人的哥哥李延年担任乐府的作曲。

据吉川幸次郎博士介绍（〔岩波新书〕《汉武帝》第二章下），在此之前的中国文化，主要关心的是政治和伦理方面，文学创作占有较大比重则是从汉武帝时期开始的。也就是说，中国文学史的正式开端源于汉武帝时期，它同儒教地位的确立一起，证明了汉武帝时期在中国精神文明史上占有极其重要的地位。

确立中央集权

如前所述，汉武帝虽然感到哥哥中山王可怜，但是他并未减少对各诸侯王的戒备。（诸侯国的最高行政长官一般称为相国，诸侯国曾经在实力强大的时候，采用与中央相同的称呼，即称其为丞相，诸侯王可对其自主任命。）这时，正巧有一个名为主父偃的人给汉武帝上书，进言献策，深得汉武帝赏识。此人乃是继承战国时期苏秦和张仪流派的一位纵横家。据他介绍，由于诸侯王只把领地分给正室的孩子，所以其他孩子因为得不到领地而十分不满，如果允许诸侯王将自己的封地分给所有子弟，那么得到领地的子弟们都会感激天子的恩泽。而且，这样一来，诸侯国自然越分越小，各诸侯的势力也将大大削弱，正好可以一举两得。

这项政策自元朔二年（公元前127年）开始实行。因为此政策可以令天子的恩泽遍及诸侯王的子弟，所以称为"推恩令"。这样就避免了当年晁错因直截了当削减诸侯领地而招致的反感，以极其巧妙的方法达到了相同的目的。

还有一项旨在限制诸侯王势力，与推恩令并行的政策叫酎金律。在汉朝，天子于每年八月进行宗庙祭礼，要求各诸侯王在参拜时进献黄金。之所以称其为酎金，是因为给宗庙上供的上等好酒被称为"酎"，而如果酎金的成色不足，没有达到一定的标准，诸侯则将受到惩罚。朝廷严格执行此项法令，仅元鼎五年一年（公元前112年），涉案受罚被剥夺爵位的诸侯就达一百零六人。

如此一来，诸侯王的势力逐渐减弱，他们只能靠租税保障日常的生活，而实权则掌握在朝廷派来的相以下的官员手中，诸侯国仅有其名，实际上大部分的规模小于郡、县。可以说，这时才真正形成了秦始皇梦想实现的那种郡县制度。后来，汉武帝又进一步完善了对地方政治的监察制度，于元封五年（公元前106年）将全国分为十四个监察区，从中央派遣刺史（为了监督地方行政，临时从中央派往地方的官员，地位低于郡守。到了后汉，刺史成为常设官职，权力也逐渐加强），监管地方官员的不法行为。十四个监察区是指以京城为中心的司隶校尉部和十三州刺史部。

在中央政治机构方面，皇帝的独裁倾向也逐步加强。汉在建国初期，曾与秦朝一样，由丞相、御史大夫、太尉组成朝廷的首脑部门，其中丞相是最高权力者。丞相这一职位时而会被皇后或者皇太后家族的人霸占，如汉武帝年幼时窦太后的侄子窦婴，以及王太后的弟弟田蚡（此二人均为外戚出身，但关系不和，最终田蚡获胜，窦婴斗争失败被杀）就曾相继担任过丞相。汉武帝曾和田蚡因人事权力的问题发生过激烈争论，此事很是有名，汉武帝在压制丞相的同时，逐步抬高了相当于皇帝秘书一职的尚书和中书的地位。也就是说，汉武帝希望不经过丞相，而直接通过尚书和中书将自己的想法付诸实施。此外，汉武帝还不忘大批录用自己中意的人才为官，完全不计较他们的出身和家世。

而从汉武帝果断废黜陈皇后这件事也可以看出他在清除宫廷势力方面所表现出的决心。对于汉武帝而言，陈皇后是其父景帝的姐姐馆陶长公主的女儿，正因为有长公主做后盾，汉武帝才登上了帝位。然而，汉武帝与皇后的关系却谈不上融洽，而且不幸的是，陈皇后一直未能生育。

汉武帝的姐姐阳信公主嫁给了建国元勋曹参的曾孙曹寿，

汉武帝陵墓，即茂陵，左右两边的小丘为北门和东门遗址

又称平阳公主。她同情汉武帝，某日便将歌女卫子夫（其母叫卫媪，是平阳公主家中的女奴。卫媪频频生下私生子，卫子夫是其中之一，卫子夫的弟弟即卫青）献给前来宅邸的弟弟。这件事发生在建元二年（公元前139年），汉武帝十八岁的时候。汉武帝非常高兴，立即将卫子夫带回宫中宠爱，卫子夫为汉武帝生下三位公主。陈皇后非常嫉妒卫子夫，数次欲将其杀害。后来，传言四起，说陈皇后施巫蛊之邪术诅咒皇帝。这是一种将木偶人埋入地下，并施以咒语的妖术，人们相信这样做可以让自己怨恨的人遭遇不幸。经过调查和讯问，证实传言属实，汉武帝宣布废黜皇后，并命其在郊外离宫中闭门思过。元光五年（公元前130年），汉武帝已经二十七岁，即便是皇后的母亲馆陶长公主对汉武帝的决定也是束手无策。

之后又隔了一年，到元朔元年（公元前128年）时，卫子夫终于为汉武帝生下了他期待已久的儿子。汉武帝喜出望外，立刻立卫子夫为皇后。皇子七岁时，正式成为皇太子。

祭神求仙

关于汉武帝对外进行民族征服和领土扩张的内容，本书将在后面的章节中集中叙述。汉武帝彻底实行中央集权政治，完成了思想和学问的统一，建立起前所未有的大汉帝国，剩下就是他对神仙的向往以及对长生不老的渴望。在这一点上，汉武帝虽然与秦始皇志同道合，但是他比秦始皇要理智得多。究其原因，一方面是因为他以儒教作为精神支柱，而儒教本身是一门理性的学问；另一方面，所幸汉武帝有好于一般人的强壮身体，使他十分长寿，活到了七十三岁。

　　汉武帝比较喜欢奢华热闹的祭神活动，很早他就在长安以西的雍地拜祭天神。这种祭天活动得到了儒家学派的积极支持，因为当时儒家思想提倡神秘论，即宣扬天子是奉天神之命而执掌国家。而年过四十之后，汉武帝变得异常痴迷于此，他在汾阴（今山西省西南部，位于万荣县汾水以南）修建了后土祠，并在此祭祀土地神。这期间（公元前113年），因从地下挖掘出古代铜鼎，故以元鼎为年号创建了年号制度。祭祀结束后，汉武帝去往洛阳，这成为他之后每年一次天下巡游的开始，而他总共巡游了十六次。当年，在西部边陲敦煌还发现了天马，有人将其献给汉武帝。由于吉祥之事接二连三地出现，汉武帝显得格外高兴，他命人创作了题为"宝鼎天神之歌"的祭神乐歌。

　　元封元年（公元前110年），汉武帝终于迎来了期待已久的封禅大礼。人们坚信只有真正实现太平盛世的皇帝才能举行这种盛典。封禅礼仪原本是信奉神仙之术的方士的主张，但当时儒家对此也很重视。这一年，汉武帝进行了规模空前的大型巡游。他首先从陕西省北上，到达万里长城，在长城地区举行活动展示其威严后又返回长安。接下来他又经过华山和嵩山，来到山东半岛的海岸边，再折回登上泰山。当年四月，他在泰山顶行"封"礼祭天，又在山下的梁父肃然山行"禅"礼祭地。随后，他再次来到海岸边，从现在的山海关登上万里长城，沿长城向西回京。

　　翌年，汉武帝再次来到山东海岸，在泰山祭祀。回京途中，汉武帝看到已经连续十几年大泛滥的黄河的决堤口，便命令随行的官员督办修筑堤防一事。修筑工事得以圆满完成，这一举措在汉武帝的一生中可以算是最值得骄傲的事情之一。（《史记·河渠书》主要记述了汉武帝成功阻止黄河决堤的功绩，其次也记载了全国积极开展治水工程的情况。）元封五年（公元前106年），汉武帝巡游南方，先赴江西省，下长江，接着北上抵达山东海岸，再次在泰山行礼祭祀。汉武帝在泰山先后七次行祭祀礼，如此频繁密集地行封禅之礼，在中国历史上实属空前绝后。

汉武帝每次去各地巡游，不仅有文武百官随行，还要带上外国使臣，队伍浩浩荡荡，所花经费不计其数。其中他共计八次到达山东海岸，并在那里停留居住过一段时间，其想法也和秦始皇一样，希望寻到大海彼岸的仙山，在方士的指引下去求见神仙。为此，汉武帝听取方士的建议，在长安修建了好几座雄伟的高台楼阁以便拜见神仙。不过，他并没有像秦始皇那样轻信方士。李少君、少翁、栾大等方士受汉武帝偏爱，比较有名，但少翁、栾大二人最后都因为欺诈而被处以死刑。

晚年的悲哀

太子刘据在父皇汉武帝的疼爱中成长，度过了幸福的少年时代。其母卫皇后的弟弟卫青受到汉武帝重用，在讨伐匈奴的过程中屡建功勋，被授予大将军，这对卫氏一族来说意义重大。卫氏姐弟虽是平阳公主府中一个叫卫媪的女佣所生的私生子，但凭借卫皇后的关系，其他兄弟也都各自获得了相当不错的地位。而且，平阳公主在第一任夫君去世以后，选卫青做了她的第二任丈夫。（当然，最初平阳公主对成为卫青妻子一事是心存犹豫的，但现如今卫青已经是国家的大功臣，所以她回心转意与卫青结婚。）也就是说，平阳公主选择自己家从前的下人所生的儿子当了自己的丈夫。不过，那时卫青已经是皇后的弟弟，而且是绝对的国家功臣，所以这件事情也并没有让人感觉有什么奇怪。毋庸置疑，这门婚事对卫氏一族的进一步辉煌起到了添砖加瓦的作用。

然而，元封六年（公元前105年），卫青去世，这仿佛是给太子和卫皇后身上笼罩上了不祥的阴影。因为卫皇后已年老

汉代高楼（明器），富豪家所建的防御用高层建筑

色衰，汉武帝对其已无兴趣，他的身边又多了另外几个爱妃，而这几个爱妃又都为汉武帝生下了皇子。太子长大成人后，与汉武帝之间因为年龄差异而产生了感情隔阂，朝中一些奸邪之臣便利用这个机会暗中陷害。

这个时期宫中仍然盛行巫蛊之风，当年曾是卫皇后对手的陈皇后就是因为这样的妖术而被废黜，成了巫蛊之术的牺牲品。汉武帝晚年十分信任一名叫江充的宠臣，而此人乃是一个极其残暴的人。自从江充被汉武帝秘密授予京城地区的监察权后，便不畏权贵，施展超人的手腕，接二连三地揪出不法之事，使人感到胆战心惊。有一次，太子刘据派使者去甘泉宫问候武帝，使者所乘的马车不小心驶入了皇帝御用的驰道（高出两侧的道路。长安城内有三条路，中央为驰道，不允许皇帝以外的其他人通过）。太子刘据请求江充宽恕，不要计较此事，可是江充不听，依然向武帝汇报，并大受武帝的赞许。

到了汉武帝晚年，自征和元年（公元前92年）起至第二年，发生了一起有关巫蛊之术的大冤案，很多人受牵连而死，太子和卫皇后也成了事件的牺牲品，而这一切其实都是江充设下的圈套。当时，汉武帝年事已高，时常待在离宫甘泉宫中闭门不出。征和二年，武帝病情加重，江充见状忧心忡忡，他担心皇帝驾崩后，太子刘据即位，会找他报复驰道结怨之事。于是，他设下奸计，上奏汉武帝说："上疾祟在巫蛊。"汉武帝立即命令江充负责彻查此事，江充便利用这个机会采用各种恶劣手段捏造罪行，污蔑他人犯下用巫术诅咒皇上的大逆不道之罪，并施加刑法，强迫其认罪。据说受牵连被害者达数万人。

最后，江充打着查案的名义终于将手伸向了宫中。起先，他从后宫中不受宠幸的夫人开始查办，后来逐渐渗透到皇后的身边，最后终于在太子的东宫挖出了一个桐木人偶。这其实是江充收买了一个出入后宫的巫师，让他预先埋进东宫的，皇后和太子对此自然一无所知。江充如此机关算尽，事到如今太子刘据已无法表明清白。于是，太子横下一条心，与其坐等问斩，不如先将可恨的江充亲自斩首。征和二年七月，太子一面派人抓住江充，一面做好了战斗准备，对外宣称江充谋反。江充被带到太子面前，太子一刀将其毙命，并把江充曾经收买的胡人巫师（当时，汉族以外的巫师也出入宫中，事发时活跃在宫中的主要是来自西北地区的其他民族的巫师）活活烧死。

汉武帝听闻此事，亲自来到长安西郊的建章宫，命令丞相刘屈氂调兵镇压太子军队。也就是说，太子被当成了起兵谋反的叛军。双方在长安城中混战五日，死者达数万人，最后以太子兵败而告终。

太子刘据逃出城外二十多天后，在长安以东的湖县农村被发现了。刘据一直藏在一户以织卖草鞋为生的穷苦人家中，后来他听说有一位富有的旧相识住在湖县，便派人去寻找，结果导致消息泄露。地方官前来围捕太子，刘据不愿被捉拿受辱，悬梁自尽，时年三十八岁。两位跟随太子出逃的皇孙也一同遇害，住在长安城内的其他太子家人也几乎全部遇害（太子的长子在长安城被捕遇害，当时唯一留下了一个襁褓中的孩子，即太子的皇孙，后来的汉宣帝），卫皇后也被剥夺了皇后之位，领命自杀。

　　这件事在汉武帝的一生中可谓是最为悲惨的事件，而更为可悲的是他渐渐意识到了太子原本无罪。于是，汉武帝将参与巫蛊案陷害太子的相关人员一并处以死刑，可即便如此也难消他心中的悲伤。为了怜惜刘据无辜遭害，汉武帝在他最后自杀的地方湖县修建了思子宫以寄托哀思，又修建了一座归来望思之台（望而思之，期魂来归）。天下人听说这件事后，都很悲伤，非常同情汉武帝。

　　随后，赵婕妤所生的弗陵（武帝六十三岁时所生）被立为新太子，他是汉武帝晚年最后一个儿子，即汉昭帝。不久，弗陵的母亲赵婕妤就被莫名其妙地处以了死刑。汉武帝考虑自己死后如果出现年幼皇帝执政的情况，那就一定会导致外戚势力加强，为了避免出现这样的局面，汉武帝十分残忍地提前除掉了祸根。

第九章　开通丝绸之路

可怕的匈奴

　　与建立中央集权和实现思想统一相比，汉武帝还有一项更为卓越的功绩就是征服其他民族，扩张领土。其中，最有必要提及的就是对北方匈奴的征服。

　　汉武帝时期，中国内地的角角落落还残存着许多民族的独立势力。今浙江省南部至福建、广东一带，有东瓯、闽越、南越（据说秦时曾在闽越设闽中郡，但闽越完全不服从，而南越在中原人赵佗的指挥下独立）三个国家，它们相互争斗。闽越首先发动侵略，进攻东瓯，当听说汉要向东瓯派送援兵时，就自动退兵了。于是，汉安排东瓯人移居到安全的内地生活。接下来，闽越又攻打南越，汉再次派援兵征讨闽越，将闽越分成了东越和繇两个国家。这些都发生在汉武帝即位后不久，可以说是武帝征服其他民族最早取得的成功。然而，与北方强大的匈奴相比，越族显得太微不足道了。

自公元前三四世纪起，匈奴成为蒙古高原的霸主，经过冒顿、老上和军臣三代单于的发展，形成了绝对强大的势力。在中原的秦、汉帝国形成的同时，匈奴也成为一个强大的游牧帝国，其势力对中原地区构成了强大的威胁。甚至可以说，战国时期出现分裂局面的中国，正是为了抵御匈奴，才痛感到有必要团结一致，共同对敌，这才促成了秦、汉帝国的建立。

匈奴一度被秦逐出现在的河套地区，后来冒顿单于重整势力卷土重来，再次侵入其地。趁着秦被灭亡，楚汉相争导致中原一片混乱的时机，冒顿单于占据了自东北地区至新疆的广阔领土，并屡屡侵犯中原王朝的边境，在其地任意掠夺。他还曾将汉高祖围困在平城（今山西省北部的大同）以东的白登山，使汉军连续七天断绝粮草，跌入恐怖深渊。汉高祖刘邦命悬一线，好不容易才突出重围，之后汉对匈奴就完全丧失了战斗意志。

随后，汉为了滞缓匈奴的入侵，与匈奴结为兄弟之盟，并将皇族女子嫁给单于作阏氏（单于的王后），而且每年还要给单于赠送大量名贵的丝绸、美酒和食物。汉高祖死后，冒顿单于给吕后写了一封信，十分无礼地调戏吕后，信中写道："陛下独立为君，一定孤独寂寞，我近期要到中原游览一番，届时我们两个寡居的君主不如以己所有，换己所无。"（吕后非常气愤，准备发兵征讨匈奴。这时臣子劝阻说："以高帝贤武，然尚困于平城。"吕后冷静下来后作罢。）可是，汉对此也只能忍气吞声，为了不惹单于生气而婉言谢绝了。文帝和景帝

匈奴所使用的青铜器具
上为两名骑马的战士，下为两头牛（出土于辽宁省）

时期，汉对待匈奴也一直坚持和亲的原则。尽管如此，匈奴却并没有停止入侵中原，有时候，甚至连都城长安的近郊都不得安宁，需要严加防范。

匈奴与汉族的生活方式存在差异，风俗习惯也截然不同，人们越了解匈奴的习性，就越是感觉它是一个可怕的存在。匈奴既没有城池也没有定居地，不会文书，以言语为约束，虽然有人嘲笑他们野蛮，但不得不承认他们天生武力超群，绝对是很难抗衡的对手。

《史记·匈奴列传》中有如下记载："儿能骑羊，引弓射鸟鼠；少长则射狐兔：用为食。士力能毌弓，尽为甲骑。其俗，宽则随畜，因射猎禽兽为生业，急则人习战攻以侵伐，其天性也。其长兵则弓矢，短兵则刀铤。利则进，不利则退，不羞遁

汉武帝初期匈奴的势力范围

走。苟利所在，不知礼义。……壮者食肥美，老者食其余。贵
壮健，贱老弱。"（另外，还有"自君王以下，咸食畜肉，衣其
皮革""父死，妻其后母；兄弟死，皆取其妻妻之"等记载。）
中原人相信，正因如此匈奴才十分强大。

二将凯旋

　　汉和匈奴就这样过了五十多年，直到汉武帝即位。匈奴
此时正是军臣单于统治时期，他们在今山西省正北的蒙古高原
建立了国家，向东跨越河北省北部，经东北地区到达朝鲜，向
西控制甘肃河西走廊，与西藏的羌族联手，甚至还将势力范围
扩大到中亚各国，如同把中原地区紧紧地包围了起来。

　　匈奴在中原边境只进行小规模的抢掠，和汉维持着还算
和平的关系。这是因为汉每年要给匈奴赠送大量财物，匈奴对
这一点非常满意。而且，匈奴担心如果双方发生战争，汉就会
停止双边贸易，那么他们就无法从中原得到各种必需物资。

　　汉武帝即位的第八年，即元光二年（公元前133年），年
轻气盛的汉武帝为了挽回先帝们在匈奴问题上失去的颜面，计
划用诱敌的方式俘虏军臣单于。汉军一众人马埋伏在边境马邑

（今山西省北部的朔县〔已改为朔城区——编者〕）附近，准备利用一个黑市交易人将军臣单于骗出，然后突然袭击将其抓获。单于听说可以不费一兵一卒将马邑收入囊中，格外高兴，立刻率领十万兵马赶来。途中有人向他泄露此乃汉军诱兵之计，单于便立即引兵撤退。积极备战的三十万汉军无功而返。不仅如此，其后匈奴对汉的报复行为愈演愈烈，汉的边境地区不断受到匈奴军队掠夺的威胁。

元光六年（公元前129年），汉终于打破这种局面，积极出兵迎击。这一年，卫青带领另外三名将军，率兵出长城迎战，这是汉军首次挺进匈奴的根据地。卫青是汉武帝第二任皇后卫子夫的弟弟，至元狩四年（公元前119年）为止，曾七次跨越沙漠征讨匈奴，建立了卓越的功勋，被授封为大将军。

元朔二年（公元前127年）进行的第三次讨伐，是汉军打击匈奴的首次胜利。卫青率兵出今山西省北部，经黄河几字弯的东北，直至包头，肃清了河套地区的匈奴，之后沿黄河而上抵达兰州附近。游牧民族占据河套地区对中原来说是巨大的威胁，这对之后的朝代来说也是一样。由于这次胜利，匈奴终于放弃了这一占据数十年的地区，因此汉立即在此设立朔方郡，并从内地迁移居民来拓荒开发。元朔五年（公元前124年），卫青率部从河套出发，大败守卫匈奴西部的右贤王，俘虏了右贤王的小王十余人和众多手下，胜利归来。翌年，卫青再次率重兵出击匈奴。

霍去病是卫皇后姐姐的儿子，也就是卫青的外甥，是一名英勇善战的骁将。他深得汉武帝信任，随卫青前往讨伐匈奴，屡立战功，年仅十八岁就被封为诸侯。元狩二年（公元前121年），二十岁的霍去病第二次领兵从甘肃的河西走廊向北出击，给予匈奴西部势力毁灭性的打击。由此，河西走廊地区回归汉朝手中，成为丝绸之路的东端。这是继六年前卫青夺回河套地区之后所取得的又一次具有划时代意义的战功。另外，同年还发生了另一件让举国上下雀跃欢腾的大事。

浑邪王投降

当时，匈奴军臣单于去世，由伊稚斜单于继位，他对浑邪王和休屠王在陇西大败于霍去病一事十分生气，欲杀二王。浑邪王和休屠王商量后决定降汉，但是，因二人产生分歧，浑邪王杀了休屠王，并欲率其众投降。汉武帝派霍去病前去受降。

这对于二十岁的年轻将军来说是一次非常重要的使命，毕竟朝廷不能清楚地判断浑邪王究竟是真心投降，还是在耍花样。霍去病首先与匈奴军队形成对峙，然后与浑邪王展开交涉。从交涉中，他感觉到浑邪王对降汉并不积极，而是想要逃跑，于是当场杀死匈奴兵八千人。随后，他派人用马车将浑邪王单独送到汉武帝身边，自己则率领号称十万的匈奴降军返回了京师。据说降军的实际人数其实为四万多。不管怎样，霍去病此项任务完成得非常出色。

可以想象汉武帝对此事异常满意，他不仅给所有投汉降兵发放赏金，还将浑邪王等将领全部分封为诸侯。不久，投汉的匈奴兵被分成五个集团，分别迁往边境地区居住，朝廷允许

马踏匈奴，汉武帝陵前石刻

他们维持匈奴传统的风俗。（这五个集团被称为属国，汉设立属国都尉一职，监视其行动。）

元狩四年（公元前119年），为了给匈奴单于决定性的一击，汉武帝命卫青、霍去病率兵长征出击匈奴。二将率领骑兵十万，据说当时专门运送将士物品的马匹就达十四万，而搬运粮草的马匹尚不在其内，可以说这是中国历史上最大规模的一批远征部队。卫青和霍去病分兵西、东两路，分别挺进沙漠。匈奴主力部队原本打算伏击卫青率领的汉军，没想到却被汉军包抄，单于拼命突围才得以脱逃。虽然卫青未能将单于俘虏，但是一直进攻到漠北才返回，给予了敌军重大的打击。而据说向东跨越沙漠的霍去病给予敌军的打击更大。

其结果是，匈奴向漠北逃去，失去了漠南的根据地。正是从这时开始，汉第一次向黄河以西迁徙百姓，开始开拓甘肃河西走廊。之后，匈奴伊稚斜单于死去，其子乌维单于继位，而汉因为忙于征讨南越而一度无暇顾及北方。直到元鼎六年（公元前111年），南越问题告一段落后，汉又再次派兵前往沙漠一探究竟，据说进军到大漠深处却连一个人影也没有见到。

刻有"单于和亲"字样的瓦当，以纪念平定匈奴

元鼎四年至六年（公元前113—前111年），汉征讨南越，其后，元封二年至三年（公元前109—前108年）又出兵讨伐朝鲜，这两次征讨应该说都是征服匈奴后顺势而为的行动。话说南越王是秦一个地方官的后代，出身汉族，但是由于他的国民均为越人，所以自汉建立以来一直处于半独立的状态。当初，南越遭闽越攻打时，汉曾派遣过援兵。但是，元鼎五年（公元前112年），汉趁南越丞相吕嘉发动反乱之机，从五道出兵，一举歼灭了南越。于是，汉在越的势力范围，即自今广东、广西至越南北部地区设置了九个郡。第二年，东越又出现反乱势力，汉出兵将其剿灭，并将东越国民全部迁徙至内地居住。除此之外，自四川南部至贵州、云南的所谓西南夷地区也在此前后被汉平定。这里原本分为数百个小国，其中夜郎和滇这两个国家最大。（滇是指今云南地区的一个国家，都城昆明。夜郎是今贵州地区的一个国家，因向汉的使臣询问自己的国家和汉哪个大的问题，而使汉使臣大惊失色。这就是"夜郎自大"一词的起源。）

朝鲜王曾经也是汉人，因为远离中原而占有地利，所以一直处于半独立状态。与南越相比，朝鲜与汉的关系极其疏远，据说连使者也从未派来过。元封二年（公元前109年），汉武帝以边境起纷争为由，派海陆两军包围了朝鲜的国都。尽管汉军内部缺乏统一的意见，上演了丑态百出的闹剧，但最终还是在第二年（公元前108年）平定了朝鲜。随后，汉设置了真番、临屯、乐浪和玄菟四郡。其中，乐浪郡（政府所在地为今平壤。据日本考古学家介绍，此处附近发掘出众多汉代古墓，引起世界瞩目）以朝鲜旧都为中心，这里长期成为中国控制朝鲜半岛的根据地。

汉奸猖獗

汉与匈奴之间一直是尖锐对立的局面，但众所周知，双方之间既存在往来的使者，也不乏叛国投敌之人，所以彼此都很了解对方。有一些汉人由于特殊的理由而投降了匈奴，他们给匈奴出谋划策，心安理得地做对汉不利的事情。除了匈奴，也有人投靠朝鲜和南越。在汉朝，这种人被称为汉奸，也就是卖国贼的意思。当时最有名的一个汉奸就是中行说。

话说匈奴的老上单于继位后，汉文帝下令送宗室之女为其阏氏，并让太监中行说作为陪同侍臣一起前往匈奴。中行说不肯去，极力拒绝，但终究还是无法推脱，于是他十分怨恨地说："必我行也，为汉患者。"中行说一到匈奴就立刻归降，并且很快得到老上单于的赏识和宠信。

中行说看到单于很喜欢汉朝的高级丝绸和食物，就劝说单于："匈奴人众不能当汉之一郡，然所以强者，以衣食异，

匈奴所使用的刺绣毡毯，上有怪兽图案（出土于诺彦乌拉墓地）

无仰于汉也。今单于变俗好汉物，汉物不过什二，则匈奴尽归于汉矣。其得汉缯絮，以驰草棘中，衣袴皆裂敝，以示不如旃裘之完善也。得汉食物皆去之，以示不如湩酪之便美也。"

另外，汉朝给单于的书信，一般是写在长约一尺一寸的木板条上（由于当时还没有纸张，所以文书等都写在木板条上，称为木简。如果是书信，则用另外一个木板条盖在上面，再用细绳绑上，算是封签），大概会写一些诸如"皇帝敬问匈奴大单于无恙"，所遗物及言语云云的字句。而中行说让单于使用比汉朝木简还要大的一尺二寸的木板条写信，而且用于封签的木板条也要用大的。除此之外，回信中的口气也异常傲慢，写着"天地所生日月所置匈奴大单于敬问汉皇帝无恙"等字句。

有一次，汉朝来的使臣刚一说出"匈奴俗贱老"，中行说就立刻反驳道："而汉俗屯戍从军当发者，其老亲岂有不自脱温厚肥美以赍送饮食行戍乎？"汉朝使者回答说："然。"中兴说又驳斥说："匈奴明以战攻为事，其老弱不能斗，故以其肥美饮食壮健者，盖以自为守卫，如此父子各得久相保，何以言匈奴轻老也？"

最后，中行说又反复强调说："汉使无多言，顾汉所输匈奴缯絮米蘖，令其量中，必善美而已矣，何以为言乎？且所给备善则已；不备，苦恶，则候秋孰，以骑驰蹂而稼穑耳。"他时时刻刻都提醒单于要提前调查好侵略中原的最佳地点。

张骞出使西域

汉武帝即位后不久，从匈奴的俘虏口中听说：河西走廊原来有一个叫月氏的国家，败给了匈奴，匈奴人用月氏王的头盖骨当酒杯饮酒（文献上说是用头盖骨做成酒器，而实际上有两种说法，一是当作饮酒的容器，另一种是用作解小便的溺盂），月氏人虽然已经西迁至遥远的新疆伊犁地区，但他们为了报仇雪恨，希望与汉朝结盟对付匈奴。

话说在新疆的天山南路，塔克拉玛干沙漠南北两边，有着通往西方的交通要道，在附近的一些绿洲上，雅利安人（与今日的伊朗人同源）建立起了城市国家。一般认为月氏国就是这些雅利安人在最东部建立的国家。匈奴从蒙古高原压向西南地区，控制着这些地方，并与西藏民族联合了起来，所以在此之前汉朝对西域的事情并不太知晓。匈奴把持着丝绸之路，独享东西方贸易的利益，这对他们来说是极为有利的条件。

尽管汉武帝认识到与月氏（逃向西方的叫大月氏，留在甘肃的是小月氏）联手的必要性，然而要找到一个敢于冒险、有赴死决心完成此项任务的人却并非易事。最后，他终于选中了汉中出身的郎官张骞。建元二年（公元前139年），张骞以胡

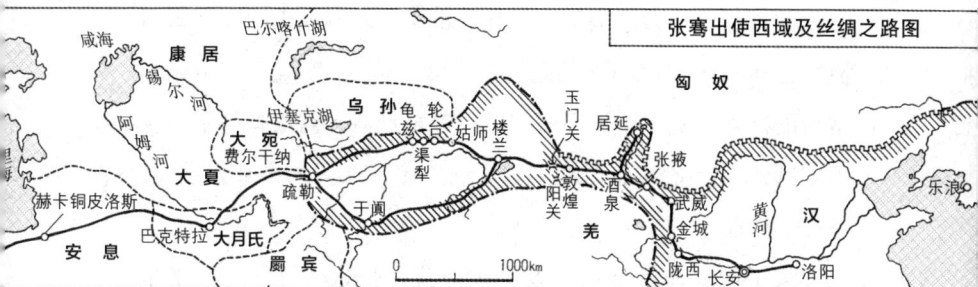

张骞出使西域及丝绸之路图

人甘父为翻译，率领一百多名随行人员，从长安出发前往西域。但是，张骞一行刚一翻过陇山山脉，就被匈奴的斥候抓获，张骞被人押送到匈奴单于的面前。单于虽然嘲笑了张骞此次的鲁莽行动，但他优待张骞，并将匈奴女子许配给张骞为妻。张骞和妻子生了两个孩子，不知不觉就在匈奴度过了十年时光。

终于有一次，张骞趁匈奴监视松懈的间隙，带领几名贴身随从，逃出了匈奴人的控制区。他们飞马扬鞭一路向西，走了好几十天，终于来到大宛国（位于中亚锡尔河流域的波斯族建立的国家）。大宛在今乌兹别克斯坦共和国费尔干纳附近，大宛王早就听说汉朝富饶，得知张骞等人来自汉朝，他十分高兴。他听说张骞此行的目的后，遂派翻译将张骞护送到了康居国（锡尔河下游突厥系游牧民族建立的国家），以便其再从那里前往目的地月氏国。

然而，张骞到达月氏国后，发现那里并不是他想象中荒漠孤寂的伊犁地区，而是气候温暖、物产丰富的阿姆河流域。原来，在张骞留居匈奴的这十年期间，西域的形势已发生了变化。月氏人被迫从北部的伊犁地区继续南下，定居到现在的地方，并且制服了大夏国（公元前三世纪，希腊人以中亚阿姆河流域巴尔赫为中心建立的巴克特里亚王国），变成了一个相当富裕的国家。所以，他们现在已经完全没有了与汉朝联手报复匈奴的想法。张骞在当地停留了一年多，联盟之事毫无进展，只能无功而返。

为了回汉途中不被匈奴再次抓获，张骞一行翻越帕米尔高原后，沿昆仑山脉准备经过羌族的领地，可惜还是被匈奴兵再次抓住。张骞在匈奴又被软禁了一年，后来趁匈奴发生内乱才得以逃回长安。这一年是元朔三年（公元前126年），距张骞当初离开长安，出使西域，已经过了十三个年头。张骞出发时带走了一百多名随从，而最后带回来的只有甘父一人，还有他在匈奴所娶的妻子。不用说，张骞回京的消息，令汉武帝和朝廷上下大为震惊。而更让汉武帝高兴的是，张骞向他汇报了自己在大宛、月氏、大夏、康居等国的见闻，以及所听到的其他周边国家的情况。

这里提到的元朔三年，正是卫青将军讨伐匈奴取得显著成效的一年。其前一年，汉军荡平了河套地区，让人终于看到了消灭匈奴的希望。当汉武帝得知在帕米尔以西也存在着与汉朝一样的国家，它们建立起了城池，而且风俗和物产与汉朝相去甚远这些情况后，就希望尽快与这些国家开展交流，给匈奴一个猝不及防的打击。其实无论大夏，还是其西边的安息（指公元前三世纪，帕提亚人建立的帕提亚帝国，因其开国君主之名而得名阿尔萨克王朝，安息是其音译），都是因为亚历山大大帝的远征而受到希腊文明影响的国家，因此其风俗自然与汉朝不同。

另外，按照张骞的说法，好像还有一条不用经过匈奴控制区，而经由南方通往西域的通道。之所以这样说，是因为他在大夏的时候，曾见到过今四川省的物产蜀布和邛竹杖，当他问及此物从何而来时，得到的答案是在身毒购买的。身毒是今印度的音译词，这说明自中国西南地区经印度前往大夏的交通路线，当时就已经存在了。汉武帝意识到了这一点，又开始像之前征讨南越时那样着手开拓西南夷，然而，利用这条艰险的道路通往西域的想法，最后还是以失败告终。

丝绸之路的繁荣

随后，张骞想到了一个办法。月氏人离开伊犁地区向西南迁徙后，乌孙族便占领了他们的地方，张骞想和乌孙人结盟，夹击匈奴。他带领三百名部下，携带巨额的礼品前往，这一年是匈奴浑邪王投降（公元前121年）后的第二或第三年。但是，由于当时乌孙国内因王位继承问题而一片混乱，所以张骞未能达成此行的目的。不过，他回国时，乌孙国派出几十个人的使者团与他同行，并带了几十匹当地的马作为回赠。乌孙使者从汉朝回国后，纷纷向国王报告汉朝的富饶与强大。虽然张骞不久后即去世，但他赴乌孙途中派往其他各国的使节也都带领着各国的使者返回了长安。其结果是，汉朝与西域开始频繁交流，终于开通了著名的丝绸之路。

尽管当时匈奴已经失去了以往的强大实力，但乌孙国仍然惧怕匈奴施压，所以向汉朝提出请求，愿与大汉通婚，以加强双方的联系。汉武帝接受了乌孙王的请求，钦命皇族之女刘细君前往和亲。这一做法确实增强了西域各国对汉朝的信任，有些国家开始主动要求与汉朝进行交流。直到此时，汉朝才开始主动经营甘肃的河西走廊地区，在此设置郡、县，而这一地区自浑邪王投汉以来曾一度成为无人区。武威、张掖、酒泉和敦煌通常被称为河西四郡，汉最早设立的是酒泉郡，在后来的二十多年间又陆续设立了另外三个郡。（关于此四郡的设置年代还有另外的观点，认为汉在元鼎六年，即公元前111年前后首先设立了酒泉，接着是张掖和敦煌，而武威是后来汉宣帝时设置的。）

　　然而，出使西域的汉朝使者中，也有很多不务正业的人，他们要么单纯喜欢冒险，要么本身就是来历不明的无赖。其中有的人私自侵吞汉朝送给外国的赠礼，也有不少人谎称外国回赠汉朝的礼品遭窃而将其收入个人囊中。这样的使者团队多时一年要派十几次，而且每次都是浩浩荡荡的几百人大部队，所以对于途中国家来说，接待汉朝使者需要非常大的经费开支。于是，有些国家故意为难汉朝使者，不给他们提供粮食。楼兰（西域古国，位于新疆罗布泊西北岸，是通往西域北道的交通要塞）、姑师（也写作车师，位于西域北道东部的城市国家）等虽为小国，但它们得到匈奴的援助，频频给汉朝使者制造麻烦。元封三年（公元前108年），汉武帝终于派兵剿灭姑师，俘虏了楼兰国王，并从酒泉向西直至玉门关修筑要塞，最终抵御了匈奴的侵扰，保卫了丝绸之路。

　　从此，西域各国的奇珍异宝不断汇聚长安，诸如葡萄、苜蓿等东方不曾有过的植物也开始种植在皇帝的离宫庭院里。有的国家甚至为汉朝献上魔术师，这些魔术师令人不可思议的精彩演出成为天子酒宴上不可或缺的一部分。而汉武帝最渴望得到的却非大宛国的好马莫属，这种马叫作汗血宝马，奔跑起来流出的汗像血一样，堪称西域第一。汉武帝听说这种名贵马密藏在大宛国的国都贰师城，于是派使者携带千金以及黄金制成的金马去换取，但是交易失败，换马不成，使臣反被全部杀害。大宛王认为汉朝怎么也不可能派兵长途跋涉打到自己的国家来。

汉军翻越帕米尔

然而，汉武帝决定立刻征讨大宛。这次出征是中国大军翻越帕米尔进行的一次空前绝后的壮举。当时率军的大将叫李广利（李夫人之兄，与音乐家李延年是兄弟。如此出身的人当上了将军，未取得战果也在情理之中），他是汉武帝晚年时的爱妃李夫人的哥哥，因为主要攻打的目标是贰师城，所以他被称为贰师将军。太初元年（公元前104年），李广利带兵远征，其部下以投汉的六千名匈奴骑兵为主，另外还有从全国征集来的几万名品行不端的年轻人。汉武帝只考虑到让李广利尽快建功立业，但是却过于乐观地估计了形势，他几乎没有考虑后方补给的问题，而错误制定了粮草在远征途中就地解决的策略，所以大部队自然很快就陷入饥饿的困境中。汉军历尽艰险，总算有数千人到达了邻国，可他们已经没有精力再继续前行，只能撤兵返回，这一来一往就花费了两年时间。李广利向汉武帝请求进一步增兵，让他再次出征。据说武帝对此勃然大怒，下令有胆敢跨入玉门关者，就地斩首。

　　大臣中有人建议，与其在大宛身上浪费兵力，不如全力以赴对付匈奴，可是汉武帝对此不予理睬。李广利在敦煌待命一年多后，朝廷又为他准备了六万军队，以及搬运粮食和武器的十万头牛、三万匹马、一万头骡子和一万头骆驼。一时间，天下掀起了攻打大宛的巨大浪潮，向敦煌运送军需物资的车辆和劳力接连不断。由于充分做好了各项保障工作，汉军在途中并没有遇到多少困难，大军抵达大宛后将贰师城（虽然《史记·大宛列传》中详细记载了这座城市，但也只是说它位于锡尔河流域，并没有描述其准确位置，这一点令人感到不可思议）包围了四十天。汉军得知贰师城中没有水井，人们需要汲取城外的河水饮用，所以从中原带来了水利专家，截断水源，将河水改道。大宛受水攻所困，国王被杀，终以停战为条件，提出愿意送给汉朝良马。

　　汉朝立刻答应了大宛的条件，还为此专门带来了两名特殊的驯马师，挑选了十匹好马和三千多匹中等以下的雌马、雄

汉代驯马师（出土于四川省的汉代画像砖）

马。李广利达到了目的，带着这些马匹就此凯旋。据说他带回玉门关的军队仅剩一万多人、一千多匹军马。与收获的汗血马相比，战争的消耗给国家带来了巨大损失，这一点可想而知。此时是太初四年（公元前101年），距第一次远征已过去了四年时间。

当然，征服大宛无论是对丝绸之路沿线国家，还是对帕米尔另一边遥远的国家都充分展示出汉朝的强大威力。其结果是汉在敦煌设郡，使西域沿途要塞延伸到了罗布泊沿岸。随后汉又在轮台（西域北道的龟兹，即今库车以东）、渠犁（轮台以东）等地屯田驻兵，设使者校尉代表朝廷处理西域事务，也负责为汉朝派往西域的使者提供粮草。然而，对于因多次征服西域而陷入财政困境的汉朝来说，这种屯田逐渐变成了繁重的负担。

汉与匈奴的对立并没有停止。汉朝征服大宛凯旋的第二年，即天汉元年（公元前100年），苏武奉命将扣留在汉朝的匈奴人送回匈奴，结果却遭到了匈奴的监禁。第二年，虽然李广利带兵征讨匈奴，但是李陵兵败，并投降了匈奴。

征和四年（公元前89年），即汉武帝去世三年前，当有臣子提议继续扩大轮台的屯田组织，加强防御时，汉武帝颁布诏书（即轮台诏）表示不再将战争升级，并对之前的西域政策进行了反省，强调不能再给人民增加更大的负担，其往年的意气风发已无从可见。当年那个让皇太子含冤自杀的汉武帝，已经变得谨小慎微。

第十章 王莽自称“圣人”

汉武帝的继承人

汉武帝七十三岁时驾崩（“七十三岁”之说不可考，疑有误），继位的昭帝还是一个年仅八岁的孩子。所以，汉武帝生前，将辅佐幼帝之事托付给了霍光和金日磾二人。霍光是霍去病的弟弟，人们对他的评价是为人严谨；而金日磾是匈奴休屠王的儿子（浑邪王投汉时，金日磾随母亲一起被带入汉朝做事。他对汉武帝忠心耿耿，曾与暴徒搏斗救过其命），为人正直，受人信赖。然而，由于金日磾于第二年去世，因此霍光被任命为大将军，在之后的十三年间，得以独揽大权。

霍光的治国方针是极力纠正汉武帝时期穷兵黩武的政策，将其收缩和整顿。幸好这一时期没有外敌入侵，汉王朝免除了上一代开始征缴的新税，实施了一些令百姓能够休养生息的措施。（桓宽所著《盐铁论》收集了昭帝时期桑弘羊等朝廷当政

汉武帝的继承人

```
武帝
├─ 卫太子据 ── 史皇孙进 ── 宣帝
│                            ├─ 楚王嚣 ── 广戚侯勋 ── 广戚侯显 ── 孺子婴
│                            └─ 元帝（王皇后）
│                                 ├─ 成帝
│                                 ├─ 定陶王恭 ── 哀帝
│                                 └─ 中山王兴 ── 平帝
├─ 昌邑王髆 ── 昌邑王贺
└─ 昭帝
```

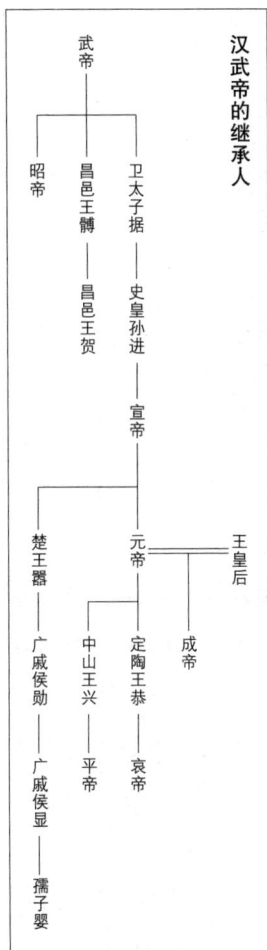

者与儒家学者之间的争论。此书以盐、铁专卖和废除苛税为主题，反映了当时的社会现象。）

汉昭帝年仅二十岁去世，未有子嗣，故其兄昌邑王刘髆之子刘贺继承了皇位。但由于刘贺的言行过于离经叛道，仅二十七天就被废除了皇位，因此未被列入汉朝历代皇帝之中。这样处置也真够果断。接下来继位的是著名的汉宣帝，他就是汉武帝时期被冠以谋反罪名而被迫自杀的卫太子之孙，也就是汉武帝的曾孙，所以被称为皇曾孙。他出生后刚几个月，就发生了卫太子谋反事件，其父母均被杀害，所以他成了孤儿。在真相大白之前，他的境遇十分悲惨，据说他还是一个婴儿时就被投入监牢，靠吃女囚的奶水长大。不久，他被送往祖母家（卫太子妃子的娘家），后来作为皇族的一员，终于可以从宫中领取抚养费了。由于年幼时经受过诸多苦难，所以他除了掌握一般的学问，对民间的疾苦也十分了解，而且比

汉昭帝像（《历代帝王图卷》）

起贵族的兴趣爱好，他更喜欢侠客风范。

汉宣帝十八岁即位，经过数年霍光去世后，他彻底清除了霍氏一族的势力，并开始亲理朝政，实行自己理想中的政治。他采取务实的态度，给表面以礼乐为装饰的儒家政治中注入了法家思想，尤其是将施政重点放在民政上，为百姓免去了不必要的负担。因此，汉宣帝执政的二十六年（公元前74—前49年）可以说是达到了汉朝的全盛期。

对于匈奴，汉朝一开始进行了相当大规模的远征讨伐，后来则转为尽量防止匈奴与其他各族联盟，待其自生自灭。派赵充国（已年过七十的老将军，汉宣帝向他询问讨伐羌族的对策，他回答"百闻不如一见"，于是亲自带兵出击）讨伐羌族就是其中一个例子，那次采取了"以兵屯田"的方法，就地筹粮，进行代价很小的持久战，最终赢得了胜利。其结果是，匈奴势力不可能再向西发展，而西域各国的形势也基本稳定下来

霍光像（《三才图会》）

了。于是汉朝任命郑吉为西域都护，派其驻扎龟兹，统辖西域南北两道。

不久，匈奴出现内部分裂，五单于相争，结果由呼韩邪单于实现了统一。然而，呼韩邪单于与其兄郅支单于势不两立，最终于甘露元年（公元前53年）向汉朝俯首称臣。这可以说是一次具有划时代意义的大事件，它表明汉武帝时期对匈奴的长期征服终于显现出了效果，标志着汉朝与匈奴的关系画上了休止符。甘露三年（公元前51年），呼韩邪来长安，受到汉宣帝的隆重接待，并获得了超过诸侯王的待遇，待他回匈奴后，还被准许居住在中原边境之外的漠南地区。

到了汉宣帝之后的汉元帝时，郅支单于被汉军击败，本人被杀，其首级被悬挂于长安示众。呼韩邪单于此时虽已返回了沙漠北部的匈奴大本营，但对汉朝更加毕恭毕敬了。汉元帝末年，即竟宁元年（公元前33年），王昭君（汉元帝的宫女，因为没有贿赂画师，其肖像被画得很丑，于是皇帝选她远嫁匈奴，这是一个著名的悲剧故事）被当作皇族之女嫁给了呼韩邪。

外戚夺权

汉朝刚开始的时候，几乎没有出现由皇后家族的外戚或者宦官把持政务，扰乱朝廷秩序的情况。当然，吕后是个特例，与后世的情况截然不同。到汉宣帝时，宦官开始身居高位，而到了汉元帝时期，则出现了宦官与正统派的政治家发生争斗的情况，也就是说党派之争由此开始了。这一时期，宦官赢得了胜利，反对派被逐出朝廷，而汉成帝即位后，宦官一派则被剥夺了地位，相反外戚一族掌握了大权。所谓外戚，就是指汉元帝的皇后王氏一族。

说起王氏当皇后这件事的前因后果，其实相当荒唐。其父王禁曾任衙门的书记官（廷尉史），育有四个女儿和八个儿子。二女儿王政君已经许配好了人家，可就在临出嫁的时候，对方男子却突然死了。而这样的事情接连发生了两次，所以王禁感到有些晦气，便找来算命先生为女儿看相。算命的人说道："当大贵，不可言。"于是王禁让女儿学习各种才艺，在王政君十八岁时将她献入汉宣帝的宫中做宫女。

王政君入宫一年以后，太子的爱妃病故，太子郁郁寡欢，得了梦游症。汉宣帝担心太子的病情，为了让他心情愉快，便让皇后在后宫挑选了五个宫女送给太子，并让太子从中挑选喜欢之人，五个宫女其中就包括王政君。太子对自己已故爱妃以外的女子都不感兴趣，但又不想违逆皇后的懿旨，便随便应答了一句，结果被送到太子宫的就是王政君。而王政君受宠一次竟然怀孕，生下了一个儿子。汉宣帝非常高兴，十分疼爱这个皇孙。不久，太子（汉元帝）即位后，这个皇孙即被立为太子，王政君获封成为皇后。（王政君生于汉宣帝本始三年，即公元前71年，与其兄王凤和王崇三人为同母兄妹。）

汉元帝在位十六年驾崩，太子（即汉成帝）即位，王皇后成为皇太后。皇太后的哥哥，即汉成帝的舅舅王凤被任命为大司马大将军，大权在握，王氏一族就此开始掌权。河平二年（公元前27年），王凤的五个弟弟居然在同一天均被封为诸侯，世人为之震惊。（皇太后有八个兄弟，其中王曼，也就是王莽的父亲早年去世，王崇较早当上了诸侯，但在此之前已经去世，所以除了王凤还有五人。）后来，虽然王凤的独断专权再三让汉成帝心存不快，但是在其母皇太后的庇护下，王氏家族的权势已牢不可摧。阳朔三年（公元前22年），王凤死后，按照他的遗言，由皇太后的叔父（皇太后的父亲王禁的弟弟）的儿子王音接替他的职位。

皇太后注意到，由于她的兄弟中王曼去世较早，所以他的儿子王莽一直有些低人一等。于是，皇太后趁王凤等兄弟死后由其子继任诸侯的机会，于永始元年（公元前16年）请求汉成帝将王莽立为新都侯。

王莽登场

王氏家族中的其他堂兄弟，其父不是将军就是诸侯，因此他们整日过着奢靡的生活，而王莽却一直怀才不遇。尽管如此，他独守清净，生活简朴，为人谦恭，一直在努力学习儒家思想。由于他的哥哥也早年去世，所以他除了服侍母亲，还要照顾寡嫂，并且全身心地抚育兄长的遗子。（他安排兄长的儿子与自己的大儿子同一天娶亲，而且在婚宴上故意让人说太夫人病了，然后数次前去照顾，以博得众人的同情。）而且，王莽对内不忘侍奉讨好各位叔伯，对外则广交贤士，所以获得了一致好评。据说在其伯父王凤生病期间，王莽一直侍奉在病榻前，甚至亲自查验汤药是否有毒，为此好几个月都没有顾上洗澡。伯父十分感动，甚至在临死前恳请皇太后和汉成帝日后重用王莽。

如前所述，王凤之后，由王音接任了大司马一职。在此之后，王莽被封为新都侯。王莽为人勤勉努力，对待部下真诚友善，他的声望甚至超越了他那些大权在握的叔伯。王音死后，王莽的叔父王商和王根相继成为大司马。后来王根辞任，推荐了王莽，于是王莽终于一跃成了大司马。那一年是绥和元年（公元前8年），王莽三十八岁。

执政后，王莽为了博得爱戴，更为夸张地处处表现其贤德和俭朴。话说大司马是掌管军事的最高长官，官位等同于总理大臣。据说有一次，王莽的母亲生病，百官公卿派夫人前来探望。王莽的妻子出迎时穿着十分简陋，衣摆竟然够不到地面，布裙也仅到膝盖，所以大家都以为是王莽家的奴仆。后来得知是王莽的夫人，大家对他的清廉俭朴都十分惊叹。

汉成帝因为无嗣而将其弟之子立为太子。王莽当上大司马的第二年，汉成帝突然驾崩，太子即位，即汉哀帝。王皇太后即成为太皇太后。（此时有人建议应给哀帝之母定陶丁姬相应的尊号，但由于王莽的反对而搁浅。）新皇帝的外戚家族开始得势，王莽只得卸职隐居于封地，闭门不出。

其间王莽的二儿子王获杀死了家奴，王莽担心儿子一旦被判重罪将会影响到他自身，于是严厉地责罚儿子，并逼其自杀。王莽的做法十分残酷，他的目的是要向世人展示他对待作恶的亲人也毫不留情的秉公形象。

王莽隐居五年后被重新召回京城，不久汉哀帝驾崩（公元前1年）。哀帝年仅二十五岁去世，并未留下子嗣，所以王太皇太后在皇帝驾崩当天就起驾入宫，临时掌管国事。随后王太皇太后立即召来王莽，再次任命其为大司马，并拥立与哀帝同一辈分的中山王刘衎登基。当时刘衎只有九岁，即汉平帝。此后王莽的政治野心逐渐暴露，他开始排斥异己，汉哀帝的外戚，以及那些与王莽不和的大臣被陆续治罪，或被逐出朝廷。叔父王立因为刚直不阿而被王莽视为眼中钉，尽管有太皇太后的反对，但还是被赶出了都城。

至此，王莽逐渐培植起自己的党羽，他的身边全部换成了自己的心腹，朝廷的一切政务全都要看他的脸色处理。元始元年（公元元年。基督究竟出生在哪一年并不十分清楚，据说是公元元年的四五年前，元年在西洋史中也没有发生特别值得记录的事件），他让自己的党羽纷纷上奏太皇太后请封，而自己又假意再三推辞之后，接受了"安汉公"的称号，被任命为太傅。所谓太傅，就是辅佐年幼皇帝治理朝政的最高官职；而安汉的意思是赞誉他为汉朝的安定所做出的功绩。受封后其封地自然大大增加，他还得到了开国元勋萧何的旧宅作为宅邸。另外，他的女儿当上了汉平帝的皇后，据说在此之前，每天都有数以千计的人向朝廷上呈谏书，力推王莽的女儿做皇后。

儒教与迷信

汉武帝时期，儒教被当作国家公认的学问，政治和外交等方面也均按照儒教的原理来执行。也就是说，按照儒教经典上所记述的内容思考和做事成为治理天下的正道。然而，儒教可以说是一门理论体系并不十分健全的学问，这样做也只是对其经典断章取义地加以利用而已。例如，《春秋》为司法方面、《书经》为政治方面、《诗经》为礼仪道德方面提供理论指导的依据，而《论语》则被利用到各个方面。

由于汉元帝和汉成帝都十分喜好学问，所以他们执政期间，这样的风气逐渐在朝廷上下蔓延开来。政治家们根据儒教经典解释和判断当今形势，只要按照经典所指示的方式去解决问题即可。说极端一些，就是只要按照古代圣人君子的言行去做就好。这样做的结果不仅可以得到人们的认可，还可以登上高官之位。可以说，儒教就这样成了所谓出人头地的一个手段。然而，即使精通儒教的学问，要想将其很好地运用于实践，成为一名杰出人物也并非易事。

而王莽正因为是皇帝的外戚、王氏家族的一员，所以才做到了这一点。事实上，王莽在接任叔父的大司马之位之前，一直在进行儒教思想的实践。后世的人们从他的所作所为批判王莽是个彻头彻尾的伪善家，而实际上或许并非如此。尽管他很夸张地做了一些表面文章，但不可否认，为了得到大家的认可，他也实实在在做了很多努力。正因为如此，才让有野心的儒家学者有了可乘之机。有一个叫刘歆（继承父业，靠学问出人头地，年轻时曾与王莽是同学，二人关系十分密切。王莽对

刘向像

其学问也赞赏有加）的学者，堪称王莽的左膀右臂，他以儒家经学为基础创作了十分经典的著作。其父刘向（公元前79—前8年在世，汉成帝时曾奉命领校朝廷收藏的秘书，其编撰的《别录》是中国最早的图书分类目录，其著作包括《说苑》《新序》，以及著名的《列女传》）是一名严谨的学者，而刘歆与父亲不同，他站在儒教的立场上，为王莽的粉墨登场创造好了一切条件。

准确地说，他需要做的不光是用经学来解释现实的合理性，还有拿经学做幌子为政治家造势。为了达到目的，除了曲解经典本身的意思，他甚至还要篡改经典。流传至今的经书《周礼》，原本是周初圣人周公制作的一部制度书籍，正是刘歆又搜集了各种各样的材料重新将其整理成书。关于这件事，后文中还会再作叙述。王莽改制时，就是以此书为依据进行的。

王莽时期，社会和经济方面都出现了各种困难，各方面都希望尽快解决这些问题，因此，他的儒教政治作为一次社会变革，受到了一部分人的欢迎。与此完美契合的，则是当时颇为流行的谶纬之学。所谓"谶"，就是上天预示未来吉凶的隐语，"纬"则是儒家经义衍生出来的一类书，即以神学附会和解释儒家的经书。二者作为神学预言，都是基于阴阳五行学说的一种迷信。

周公重生

经学里出现的圣人当中，王莽最为崇拜的就是周公，从开始辅佐九岁的汉平帝起，他便把自己当作周公了。周初，周武王去世，由于其子周成王尚幼，故由其叔父周公亲自辅佐，周公成功解决了建国初期的许多难题，成就一世美谈。而王莽想要把这个故事在当今现实中再现出来。元始元年（公元元年），塞外的蛮夷从益州（四川）给他进献了一只白色雉鸡，据说这其实是王莽事先告知地方官，让他们这样做的。周公当年，南国有一个叫越掌氏的少数民族就向周公进献过白色雉鸡，后来这种珍奇鸟类的出现被当作周公功绩的象征。所以，王莽便想到了重新上演这个故事。（越掌氏是传说中位于南方的民族，但绝不是西部的四川地区，王莽硬要将周公的故事和自己扯上关系。）于是，群臣们将王莽辅佐汉平帝稳定汉朝皇室的功绩与周公的贡献相提并论，集体向太皇太后上奏授予王莽安汉公的称号。王莽假装再三推辞，最后还是接受了这个封号。

另一方面，王莽谋划着将汉平帝母亲的卫氏家族与朝廷隔绝，而王莽的长子王宇极力反对此事，与卫氏一族联合加以阻碍。王莽得知此事后，立刻将王宇抓进牢狱，并用毒药将其杀害。王宇有孕在身的妻子也被送入监狱，待生下孩子后，同样被毒害致死。可就连这样残酷的做法，竟也得到了一片赞誉，因为人们认为王莽奉公忘私，哪怕是自己的亲人与叛贼为伍也决不手软。从前，周成王的叔父管叔、蔡叔谋反时，作为二人兄长的周公忍痛将兄弟俩消灭了，王莽是想要将这个故事也付诸实践。借此机会，他捏造卫氏一族的罪行，将其全部杀死，另有数百人受牵连而被逼自杀。

制造舆论的名人

元始四年（公元4年），大臣中有人提出，王莽的功绩不仅仅等同于周公一人，而是集周公和殷开国元勋伊尹二者的功绩之和。于是，八千民众上奏说"伊尹为阿衡，周公为太宰，……采伊尹周公称号，加公为宰衡，位上公"，请求加赏王莽。随后，王莽加号宰衡，位在诸侯王公之上，各种待遇几乎与皇帝同等。王莽欲大力宣扬礼乐教化，兴盛儒教，因此他加强朝廷太学（相当于位于长安的中央国立大学）的建设，为学者建造一万套住宅，甚至为学者设立了专用市场。另外，他还增加了太学授业博士的名额，而且网罗天下学者讨论，尝试统一对经学的解释。

王莽在被授予宰衡称号之后，将位于新野的领地退还给了朝廷，这件事又引得人们对他大加赞颂。元始五年（公元5年），前后有487572人上书，请求为王莽加赏。诸侯、王公以及宗室子弟也纷纷求见王莽，当面恳请他接受加赏。于是，朝廷赐予王莽象征至高无上礼遇的九锡。所谓九锡，是指包括车马、衣服、乐器在内的九种特赐用物。后世以此为例，认为如果皇帝赐予某人九锡，就表示其人将代替天子掌管天下。

同年汉平帝驾崩，年仅二十四岁，传说是王莽将其毒害。汉宣帝的玄孙——广戚侯之子刘婴被定为继承人，当时他只有两岁。话说回来，长安城附近一个县的县令命人清理水井淤泥时，意外地挖出了一块上圆下方的白色巨石，上面写有"告安汉公莽为皇帝"八个血红大字。眼看王莽就要篡夺皇位，太皇太后表示坚决反对。无奈，王莽只好参照《书经》上所说的因为周成王年幼，周公摄政代理皇帝行使权力的故事，将白石头上所写的"为皇帝"解释为代天子处理朝政之意，暂时收敛了夺取皇位的意图。然而，他在朝廷上所穿的衣服及所行之礼均与皇帝无异，臣民称其为摄皇帝（意思是虽为协助幼帝处理朝政的摄政之位，但事实上就是皇帝）。王莽又将年号从次年起改为居摄，而本应继承皇位的刘婴被立为太子，称为孺子。周成王曾被称为孺子，所以这个称谓也是王莽模仿的。

事态发展到这一步，一直以来保持沉默的汉室一族中，终于出现了高举大旗，喊出打倒王莽的人。安众侯刘崇便是其中一位，但他很快就被镇压了。另外，东郡太守翟义拥立皇族刘信为天子，集十万大军，曾一度占据了优势（翟义于居摄二年，即公元7年举兵，据说王太皇太后听闻后预测王莽此次会被击败），然而，不过短短几个月，翟义也被消灭，这反而增强了王莽的信心。

翟义起义被镇压后的第十年，其起义军首领之一的王孙庆在逃亡多年后被抓住，王莽下令对王孙庆进行人体解剖。太医、药剂师以及手艺高明的屠夫一起当场将王孙庆开膛剖腹，挖出五脏，测量其大小及重量，并用削尖的细竹签刺入血管，了解经脉的走向。当然，这次解剖是被用来作为医学参考的。这是中国医学史上一次著名的事件，说明王莽的想法的确与众不同。

新朝诞生

不久，在山东，有个人一晚上做了好几遍同样的梦，梦中反复有人说："吾，天公使也。天公使我告亭长曰：'摄皇帝当为真。'即不信我，此亭中当有新井。"于是，他第二天早上出门去找，果然发现了水井。这个消息不断传入王莽耳中，王莽开始讨厌"摄"这个字，于是将居摄三年改为了初始元年。那一年的年底，他终于登上了真天子之位，改国号为"新"，并决定从次年开始改年号为"始建国"。

这件事终于激怒了太皇太后。当王莽逼迫太皇太后交出汉高祖从秦手中夺取江山以来代代相传的传国玉玺（汉高祖以来，历代皇帝掌管的宝印。由于孺子婴还没有正式成为皇帝，所以由太皇太后为其保管）时，太皇太后并没有轻易地交给他。当时，太皇太后对王莽说："我汉家老寡妇，旦暮且死，欲与此玺俱葬，终不可得！"她唯一想保住的就是自己对汉朝的忠贞，然而，她的尊号最终还是被改为新室文母太皇太后。五年后（始建国五年），王政君逝世，享年八十四岁。她

王莽时期的木简，左为天凤元年、右为居摄三年之物

于十八岁汉宣帝在位时入宫，十九岁侍奉当时的太子元帝，到三十八岁当上皇太后，之后的四十多年中一直大权在握，掌握着真正的政治发言权。

始建国元年（公元9年），王莽终于登基成为新国皇帝，时年五十四岁。其妻为皇后，四子王临被立为太子。王莽本有四个儿子，老大和老二两个儿子已被他所杀，三儿子品行不端，所以四儿子成了太子。

这一年，王莽册封孺子婴为诸侯，这场仪式也很像是一场戏。王莽召来群臣，给大家宣读策书：

"咨尔婴，昔皇天右乃太祖，历世十二，享国二百一十载，历数在于予躬。《诗》不云乎？'侯服于周，天命靡常。'封尔为定安公，永为新室宾。於戏！敬天之休，往践乃位，毋废予命。"

孺子婴此时刚满六岁。宣读完策书，王莽亲自握着孺子婴的手，流着眼泪叹息道："昔周公摄位，终得复子明辟；今予独迫皇天威命，不得如意！"悲伤叹息了一阵后，宦官带着孺子婴下了殿堂，孺子婴面对着王莽自称臣子。据说百官陪在旁边，看到眼前的一幕，无不深受感动。

接下来，王莽按照早就做好的计划，仿照《周礼》的制度全面推行官制改革，更改官名。他设立了包括三公九卿、二十七大夫、八十一元士在内的机械化的官僚制度，将郡守改为大尹，县令改为宰。另外，他还改长安为常安，作为新朝的都城。

建立理想国失败

王莽希望依靠儒教建立理想国家的这个构想，在中原地区，可能在一定程度上还是能让人们抱有幻想的。比如彻底更改官名，这在今天是无法想象的，而王莽却将其进行得相当彻底。之所以这么说，是因为进入二十世纪后，人们在敦煌以及张掖以北的居延地区发掘出大量当时的木简文书（以瑞典人斯文·赫定为队长的探险队于1930—1931年，在内蒙古黑水城的汉代要塞遗址中发现了大约一万件汉简），根据上面的记载可以得知，王莽新政绝非只是纸上谈兵。但是，他在中原之外的地区也实行同样的政策却是失败的。

王莽改制并非只是针对王侯以下的官吏，也包括对匈奴和西域各国，以及其他民族的待遇和名称的更改。比如，将南方句町王（云南）、西方西域诸国的统治者由王降格为侯，将北方匈奴单于的玉玺改称为印章等。为了向各地发送通告，就地授予新朝的印信，并收缴原来汉朝的印信，王莽甚至还向东西南北中五方分别派遣了五威将军。这样的做法大大刺激了周边民族的感情，为其入侵中原找到了借口。始建国二年（公元10年），王莽单方面将匈奴单于这个名称改为降奴服于，派兵三十万讨伐匈奴，但究竟取得了多少战果却不得而知。在对待高句丽的问题上也是一样，王莽讨伐东方的胡族时，向高句丽请求援兵未果，于是斩其侯驺，并改高句丽为下句丽。这些做法导致王莽与周边各民族的矛盾加剧。

天凤六年（公元19年），王莽政权渐渐走入尾声，匈奴趁内地混乱之机加紧了对边境的侵扰。王莽大规模召集全国的壮丁、死囚犯和吏民奴组成庞大的军队，并向老百姓征收相当于其财产三十分之一的赋税用于军费开支。有趣的是，他还以最优的条件广泛征募有奇能异术的专门人才用来攻打匈奴。应征者达数万人，有的人说能够不用舟船渡过江河；有的人说不用携带军粮出征，只需服食神药，士兵即不会感到饥饿；还有的人说能够飞行，一天飞行一千里，可以去侦察匈奴敌情等等。王莽让说自己会飞的那个人试试飞行，那个人拿大鸟的羽毛做成两扇翅膀，头上和身上也都绑上羽毛，遍身用环形纽带缠绕，结果只飞行几百步（一步大约一米四）就掉下来了。想必这样的伎俩在讨伐匈奴的过程中是不会真正使用的。

而这时候，国内的政治统治也已经达到了相当混乱的地步，尤其是地方制度的差异问题尤为突出。在很短的时间内，郡的名称就更换过五次，有的地方最终不得不又改回最初的名字。无论官还是民都很难记住这些不断变换的名称，诏书中不用旧名称人们甚至不知道所指的地方是哪里。由于对行政区划的更改过于频繁，甚至出现了一些郡的管辖区域不知何时竟被全部划入周边其他郡，而导致郡守无所适从，只好去找朝廷的情况。（比如陈留郡。这个郡所辖的县被接二连三地划归到周边其他诸郡，到最后朝廷甚至不知道这个郡连一个县也没有了。）由此也可以看出新朝的所有政务已处于停滞状态，而朝廷上下全都一筹莫展。据说王莽挑灯夜战处理政务，但直到天亮也处理不完，而他的秘书官们却将他整日忙忙碌碌视为好事，因为这样他们自己就可以坏事做尽了。

相比之下，最让百姓对新朝失去信心的就是其过激的经济政策，下一章中也会谈到这一点。例如：新朝开国以来，连续多次改变货币；更天下田曰王田；改奴婢为私属，不得买卖；实行"五均六管"制，采取了一系列国家统制商业的政策，由政府经营盐、铁、酒、铸钱等。（王莽所下诏书中称："夫盐，食肴之将；酒，百药之长，嘉会之好；铁，田农之本。"）这些政策都是仿效经学的理想化制度，其不切实际的过激推行使得社会经济陷入一片混乱。

新朝灭亡

据传王莽的相貌是嘴巴大、下巴短、双目外凸、眼珠发红、声音粗大而沙哑。他身高七尺五寸，大约一米七三的个头（王莽时期的一尺等于23.04厘米），并不算太高。他喜欢身穿笔挺的硬毛絮衣，挺胸抬头，俯视左右，可以看出他是一个非常注重穿着的人。

王莽时期的铜镜，铭文中刻有"王氏作竟四夷服……"

地皇二年（公元21年），王莽的妻子去世。据说因为王莽接连杀害了自己的二儿子和大儿子，所以她整日以泪洗面，哭瞎了眼睛。王莽让四儿子，也就是太子王临照顾母亲的生活，后来太子因为一个侍女与父亲发生争执，自杀身亡。几乎同时，三儿子王安和孙子王寿又生病而死，所以王家在短短一个月里就为三个人举行了葬礼。

地皇四年（公元23年）是新朝的最后一年，各地起义军风起云涌，已经到了难以收拾的地步。其中，湖北的一支起义军势力逐渐壮大，他们拥立西汉皇裔刘玄（与东汉光武帝有远亲关系，被称为更始帝）为天子，改年号为更始元年。王莽尽量掩饰心中的狼狈，派人巡视全国，广泛征选好女子准备再立皇后。新婚仪式完全模仿《周礼》的制度进行，极度奢华。当时王莽已经六十八岁，政治上不如愿，再加上起义军势力不断扩大，使得王莽看上去相当苍老。仪式上，为了让自己显得年轻，王莽染黑了自己的头发和胡须。据中国学者介绍，能让这样的事情在史书中留下记载的，王莽算是第一人。

王莽听到禀报说起义军大部队已经北上河南，遂调动全国的部队集中于洛阳，准备迎战。此战由王邑任总指挥，士兵人数据说达上百万，而实际兵力为四十二万。这种声势浩大的出兵自古以来都没有出现过。六月，大军在昆阳（今河南省叶县）一战大败于起义军，这一战决定了新朝灭亡的命运。七月，暗杀王莽的计划暴露，王莽曾经最信任的大司马董忠被杀，刘歆也因牵扯其中而自杀。

王莽既愤慨又恐惧，忧闷得吃不下饭，每天只能借酒浇愁，下酒菜是他最喜欢吃的鲍鱼。当他阅读兵书疲倦了，就靠着几案打个盹儿，不再上床睡觉。他的所作所为开始渐渐背离常人，有个大臣说起，从前当国家遇到大灾害时，人们会号啕大哭以驱赶邪魔，王莽便立刻开始仿效执行。

起义军终于攻入了长安，开始焚烧宫殿。王莽为了避火到处逃窜，可直到最后也没有扔掉"威斗"。此威斗模仿北斗七星的形状，由铜铸造而成，长二尺五寸（约58厘米）。王莽始终与其形影不离，每次出行，都有一个司命捧着威斗在他车驾前面行走。据说此乃神灵之物，王莽妄想以此威慑敌军。直到王莽被杀的前一天，死到临头时他还在说："天生德于予，汉兵其如予何！"《论语·述而篇》中有"天生德于予，桓魋其如予何"的说法，这是孔子遭到恶人桓魋迫害时，满怀自信地对弟子们所说的一句话，王莽竟滑稽地用在了这个地方。他之所以说"汉兵"，是因为起义军是打着汉王朝复兴的旗帜而举兵的。

地皇四年十月三日庚戌的早晨，王莽终于被杀死了。士兵们为了领赏，争着去砍杀王莽的身躯，将他的肌肉、骨骼切割成许多块。据说这些士兵还因此发生争抢，致使同伴互相残杀，数十人身亡。传说王莽的脑袋被悬挂起来示众后（王莽的脑袋被送往刘玄的大本营河南南阳，悬挂于市），对王莽暴政恨之入骨的百姓纷纷前去用棍棒掷击，有人甚至切下他的舌头吃。

第十一章　国家与商人

实行统制经济

　　秦汉王朝的根本建立在统治农民的基础上，统治者的私人经济实力也是靠俸禄及自身领地的增加来维持，所以商人作为有可能将农村卷入货币经济，使经济状态恶化的一种存在，从一开始就不受欢迎。因此，汉高祖刘邦即位，初步奠定了汉王朝的基础后，采取了一系列压制商人的政策也是理所当然的。刘邦确定了士、农、工、商的排序，并禁止商人身穿丝绸、持有武器以及乘坐车马，同时征收商人两倍的人头税。（在汉朝，为了征收人头税，每年八月要进行人口普查，地方要向朝廷汇报各地的人口、政府部门当前的财务状况、粮库存粮，以及囚犯的人数等。）接着到了汉文帝时期，朝廷曾一度取消此禁令，但却禁止商人的子弟成为官吏。若将这些政策与日本古代的一些事情对比，还真是有些耐人寻味。比如，江户时代大阪的富商淀屋辰五郎被没收财产，其理由就是他生活奢侈，不符合他的身份；还有天保改革时期，身为南町奉行（江户幕府的官职）的鸟居耀藏曾经掀起市民的衣裙查看其是否身穿丝绸。

话说汉朝的租税主要包括以下几种：（一）田租，原则上是十五分之一；（二）人头税，一般成年男女每人每年一百二十钱，奴隶和商人是一般人的两倍；（三）口赋二十钱；（四）徭役等。关于徭役有各种各样的说法，笔者认为汉武帝时期实行的是这样一种制度，即一年最多服役九十天，其中三十天为兵役（二十岁至五十五岁这三十六年间服三年兵役，每年服兵役的时间为三十天），三十天为地方劳役，另外三十天为朝廷劳役，共计九十天。如果不服役，则需要按照每月三百钱（据居延汉简介绍，三百钱正好是一个月的法定工资）的标准缴纳现金。

压制商人与鼓励商业

细细想来，汉高祖刘邦规定商人不得衣丝乘车的政策，只不过起到了贬低商人社会地位的效果，而对商业行为本身并没有任何限制。也就是说，就算压制了商人，也没有压制商业行为，商人们在商业上的行为并没有受到影响。不仅如此，从当今实行的累进式所得税的角度来看，考虑到农民和商人拥有的财富差距，商人缴纳两倍人头税这个税率实在低得惊人。因此，将商人的人头税定为两倍于普通人这一政策，唯一能起到的效果就是告诉商人"你们和奴隶属于同类"。

如此一来，汉高祖的抑商政策没有任何实质性意义，尽管因为天下已经统一，没有了发战争财投机倒把的机会，政商巨头开始减少，但随着社会逐渐稳定以及市场不断扩大，商业得到了十分显著的发展。尤其是这个时期，小本经营的粮商层出不穷。情况是这样的，汉朝的租税中，原则上人头税用于军费开支，田租则充当行政经费，所以收割期过后，农民为了缴纳人头税必须用粮食换得现金，这样一来就会首先把粮食贱卖给商人；另一方面，政府要用现金和谷物为官员发放俸给（其比例为金钱七成，谷物三成，或者也可能是五五分，并不是十分明确），为了获得现金，很多时候也会将粮食低价卖给商人。而且当时，汉朝在与匈奴的关系中，一直处于被动的状态。由于对手匈奴是游牧民族，行动范围广，搞不清楚他们会从哪里突破前来进攻，所以，汉朝在漫长的国境线上都必须设重兵把守，而保障边境士兵所需的粮食，以及运送粮草都需要大笔的费用。其结果就是，朝廷用人头税的现金高价购买农民

汉代交通工具，两轮马车和独轮车（出土于四川省的汉代画像砖）

本来低价卖给商人的粮食，然后将其送往边境。

可想而知，在当时的商人中，最为活跃的一定非米商莫属。不过，他们没能登上富豪排行榜，这是因为当时在通信手段、市场机构等方面还没有建立起全国性的统一标准，另外从运输手段来看，可承受的粮食运量自然也受到了各种限制。但是，也正因为如此，众多中小型米商如雨后春笋般出现了。他们虽然不像经营畜牧业或矿山的商人那样富可敌国，有能力撼动朝廷，但是却把货币经济带进了农村，蚕食农民的经济利益。甚至可以说，在削弱朝廷经济基础方面，他们的杀伤力远远超过前者，应该是朝廷最为厌恶的一群人。

货币管制政策

有句话叫"夫用贫求富，农不如工，工不如商，刺绣文不如倚市门"（《史记·货殖列传》），也就是说，随着和平社会的到来，商人的经济性活动变得十分突出。当时，有一位著名的秀才叫贾谊（公元前200—前168年，洛阳人，擅长诗书，尤其写得一手好文章，著有《新书》），他说过下面这段话：

"我私下考虑当前的国家形势，认为可以为之痛哭的事情有一件，即朝廷力弱，诸侯势强，朝廷的威令不能下达给诸侯；认为可以为之流泪的事情有两件，其一是匈奴强悍，大汉唯有采取守势，战战兢兢以应对，其二是商人经济实力雄厚，动辄压迫到诸侯及百姓。"[1]（臣窃惟事势，可为痛哭者一，可

---

[1] 此处未查到与日文完全对应之古文献，贾谊所言或为作者归纳。——编者

为流涕者二，可为长太息者六，若其它背理而伤道者，难遍以疏举……）

事态发展到如此地步，自然得采取一定的手段。于是，贾谊建议朝廷下达"禁止私人铸钱"的法令，由中央垄断造币的原料，统一铸钱。关于钱币方面的内容，后文还将涉及，这里想说的是，在当时，只要符合一定的标准，任何人都可以私自铸钱。吴王刘濞曾拥有豫章铜矿，并使用自己矿山所采的铜制造货币，因此吴国的财政非常充裕，甚至国内不用收税。也就是说，吴国的经济富强是导致吴楚七国之乱的一个重要因素。

汉文帝很喜欢邓通这个人，但是此人却是一个奸佞小人。一天晚上，汉文帝做了一个梦，梦见自己往天上飞，可就差一步总也到不了天上。这时，一个黄头郎从身后推了他屁股一把，使他终于登上了天，梦到此时，汉文帝醒了。汉文帝认为这是一个非常吉利的梦，所以把梦中出现的那个男子的容貌和服饰牢牢记在了心里。有一天，当汉文帝见到邓通的时候，觉得邓通与梦中助自己一臂之力的那个男子十分相像，便开始宠幸他，并送给他蜀郡的铜矿。据说后来，邓通用这个矿山采来的铜铸钱，所铸钱币以质地优良取胜，名扬天下，邓通因此富甲天下。

然而，贾谊却提出了禁止私人铸钱、铸造权收归国有的"利益七条"：

（1）小民百姓不再私自铸钱，铸造粗糙钱币的罪人就会减少；

（2）货币将得到统一；

（3）在铜山采矿的劳动者就能转而成为农民；

（4）可以控制货币量，保证物价稳定；

（5）国家掌握了铜矿资源，可以转而用其制造武器（进入铁器时代后，兵器依然是使用青铜制造，据汉代木简资料显示，东汉仍然在使用青铜制的箭镞）；

（6）可以管制商业，增加国家的利益；

（7）国家财政一旦充裕，就可以让匈奴俯首帖耳。

贾谊的策略，说到底就是想让朝廷根据现有的经济状况适当控制货币发行量，从货币政策方面压制商人的活动，另外就是将名义价值与实际价值的差额，即货币铸造的利益全部收入朝廷的手中。

有一点值得关注，那就是贾谊的政策当中对商业活动本身也没有做任何限制性规定。如此这般的政策想要压制商人如同隔靴搔痒，不可能完全防止商人压榨农民，也不可能阻止商人开展活动。因此，必须重新考虑新政策，这时便出现了晁错这个人物。

物品管制

晁错的政策就是在所有方面都忠实地执行贾谊所提出的策略。因此，他的目标是要彻底解决贾谊曾经提到的让人"痛哭"、让人"流涕"的那些问题。为了削弱诸侯的势力，晁错提议在诸侯死后，其领地不再由嫡子全部继承，而是分给所有兄弟，使各诸侯国势力自然缩小。（汉武帝时称为"推恩令"。）

这与森鸥外《阿部一族》中的继承制度相同，和日本家康、秀忠时期的做法一样，先找出诸侯的弱点，然后将其一网打尽。但是，由于这一政策是强行推行的，所以引发了诸侯们的强烈不满，最后作为让步，晁错落得被杀的结局。关于这一点已经在前文中提及。另外，在对匈奴的政策方面，晁错主张的是屯田政策。

他还曾对皇帝这样说道："今法律贱商人，商人已富贵矣；尊农夫，农夫已贫贱矣。故俗之所贵，主之所贱也；吏之所卑，法之所尊也。上下相反，好恶乖迕，而欲国富法立，不可得也。方今之务，莫若使民务农而已矣。欲民务农，在于贵粟；贵粟之道，在于使民以粟为赏罚。今募天下入粟县官，得以拜爵，得以除罪。如此，富人有爵，农民有钱，粟有所渫（粮食得到流通）。夫能入粟以受爵，皆有余者也。取于有余，以供上用，则贫民之赋可损，所谓损有余、补不足，令出而民利者也。……使天下人入粟于边，以受爵免罪，不过三岁，塞下之粟必多矣。"

按照晁错的政策，缴纳四百石即可获得上造（从下数第二级）爵位，往上则可根据缴纳的实际数量获得不同级别的爵

汉代的船只（出土于广州市，明器）

位，缴纳四千石可买五大夫爵位，一万两千石则可以升到大庶长的高级爵位。（汉朝的爵位有二十级，最低一级为公士，最高一级为列侯，下面的八级被称为民爵，可以授予一般百姓。）当时的爵位具体附带哪些恩典并不十分明确，但是如果一旦犯罪，往往奉还爵位后即可免刑，所以爵位就变成了当时的一种"免罪护身符"。据说为此，一些做过恶事的人争相购买粮食，国家则在一段时间内将田租全免，后来，又将原本需要缴纳十五分之一的田租减低了一半，只收取三十分之一。晁错的政策借维护国家利益和振兴农业之名，虽然表面上并没有压制商人，事实上却将当时最大的商品——粮食与并没有金钱价值的爵位结合在一起，破坏了商人的赚钱之道，可以说是对商业行为的一种抑制。也就是说，之前贾谊的政策是通过控制货币来间接压制商业行为，而晁错的政策则是控制商业行为的对象——粮食的流动，应该说这种做法更加直接。二者均可视为汉朝重农抑商活动的里程碑，从中可以看出朝廷逐渐强化了对商人的控制力度，这一点颇有趣味。

商人一手遮天

地大物博，意思是土地辽阔，自然资源丰富，这是中国人夸赞自己国家时常挂在嘴边的一句话。在这片富饶的土地上，这个拥有大约5000万人口（汉武帝时的人口不明，据说在人口最多的西汉末年，中国有人口5960万、住家1223万户、耕地827万顷）的勤劳民族努力耕耘，使得他们的生活环境愈加舒适，经济逐渐繁盛，产业方面也有了令人瞩目的发展。尤其是在国家统一后，各地的特产开始不断涌现出来。

《史记》和《汉书》中便记载称：太行山以西盛产木材、竹子、楮木、野麻、旄牛尾、玉石；太行山以东多有鱼、盐、漆、丝、美女；江南出产楠木、梓树、生姜、桂花、金、锡、铅、朱砂、犀角、玳瑁、珠子、象牙兽皮；龙门、碣石山以北地区盛产马、牛、羊、毡裘、兽筋兽角；铜和铁则分布在四处的山中，有如棋子满布。这是关于各地物产分布的大致情况。

真可谓是地大物博。随着各地的特产相继出现，经营和买卖这些特产的商人也崭露头角。在当时，千户侯每年收入二十万钱，有很多人虽没有封地，其收入却与千户侯相当，比如说：拥有一百万钱，每年可得利息二十万钱的人家；陆地养马五十匹，养牛五百头，或者养羊二百五十只的人家；水中占有年产鱼一千石的鱼塘，或者山里拥有成材大树一千株的人家。若以特产而言，在安邑地区有千棵枣树，燕、秦有千株栗树，蜀、汉、江陵有千株橘树，陈、夏有千亩漆树，齐、鲁有千亩桑麻，渭川有千亩竹园的人家，以及在郡国万户名城近郊有千亩良田或者栽种千畦生姜、韭菜的人家，都和千户侯同样富有。再进一步说，在大都市，每年酿一千瓮酒、一千缸酱醋，屠宰获取一千张牛羊猪皮，贩卖一千钟谷物、一千斗漆、一千瓶酒曲和盐豆豉、一千钧棉絮和细布、一千匹彩色丝绸，像这样的各种行业的从业者，以及资本一千贯的高利贷者，其财富都可以与千乘之家，即万户侯相比。据说当时买卖兴隆，薄利多销的商人每年可以连赚五次，就连经营高价物品的商人一年也可以连赚三次。（参见《史记·货殖列传》《汉书·货殖

传》——编者）

俗话说"有钱能使鬼推磨"，任何时代都是如此。司马迁痛斥这种关系道："凡编户之民，富相什则卑下之，伯则畏惮之，千则役，万则仆，物之理也。"尽管有士、农、工、商这样的排序，可是商人的实力其实很强，他们不是与诸侯称兄道弟，就是成为地方上的霸主（司马迁称此类人为"豪党之徒，以武断于乡曲"），甚至可以如鱼得水般地操控地方的行政事务。这个世道简直可谓是商人一手遮天。

然而，并不是只有商人钱多得花不完。自汉朝建立到汉武帝即位的七十年间，世道太平，虽然其间汉朝天子代代遭受匈奴的侮辱，但他们把精力全部用在了完善内政、加强国力上。当时的朝廷组织结构简单，官员人数很少，皇帝也如老百姓一般生活简朴。虽然汉朝当时只征收十五分之一的租税，但国家财政十分充足，朝廷的米仓里粮食多得装不下，以致堆在米仓外的粮食腐烂变质，无法食用。据说钱仓里的钱也多得向外溢，堆在下层的钱币因为穿钱的绳子（当时的货币为圆形，中间有一个四方孔，一根绳子穿一千个钱币，做一个结。穿钱的绳子叫作"缗"）腐烂断裂，而无法统计出数目。因此，这是一个人民富裕、粮食充足的大好时代，就连牛马的繁殖都非常快，如果有人骑怀孕的马，甚至会被指责缺乏同情心，而遭到人们的唾弃。

通货膨胀的开端

出身贫贱的人就算当了皇帝，在追求奢华、挥霍钱财方面还算是有节制的，而那些一出生就注定要当天子的人一旦奢华起来，那可真是挥霍无度。汉武帝就是后者中的代表人物。世人评价他是世上少有的具有"雄才大略"之人，而"雄才大略"一词用于称赞皇帝自然没问题，可如果从财政的角度来看，这种"雄才大略"带来的却是诸多的烦扰。汉武帝统治的大约五十年时间，是中国历史上最辉煌的时期，但反过来说，他的一生也是把汉朝堆积如山的钱财挥霍殆尽的一生。我们先从生活方面来看看他是如何消费的。

　　汉武帝时期，宫廷的费用大致分为膳食费、被服费、器物费、车马费（汉武帝时，因为与匈奴作战需要大量马匹，所以全国设立了三十六个国营牧场用于饲养和繁殖军马，另外朝廷还从百姓手中征用马匹）、医药费、后宫费用等。宫廷所需的粮食、衣物、器具等基本上都由官营工场生产，自给自足。为了提供宫廷膳食，汉武帝还令人专门修建了上林苑和甘泉苑。上林苑方圆三百多里（汉代计量标准，约现在的120公里），苑中有七十多处宫殿，栽培的瓜果花卉达三千多种，规模相当庞大。甘泉苑的面积更大，据说方圆达四百四十里。当然，这些庭园是为了皇上饮酒玩乐而建，根本谈不上是专用的菜园子，但其规模之大足以表现汉武帝的奢华生活。其他诸如车马费、医药费等，很难确定其具体花费的数额，但一个叫贡禹的人在其上奏奏本中，提到朝廷生产被服的工场三服官（有三处工场，故称三服官）时称："故时齐三服官输物不过十笥，方今齐三服官作工各数千人，一岁费数巨万。"

　　由此可见当时的被服费是一笔相当可观的数目。这说明汉朝皇帝已经逐渐开始追求奢华的生活。除此之外，各种器具也是在官营工场三工官（一种说法是将考古室、尚方、东园匠称为三工官，另一种说法是将考工、供工、寺工称为三工官）中制造，按照贡禹的上奏文本中的说法，每一个工官的费用为五千万钱，三工官合计达到了一亿五千万钱。

关于后宫的花费，贡禹又有如下描述：

"至高祖、孝文、孝景皇帝，循古节俭，宫女不过十余，……武帝时又多取好女至数千人，以填后宫。"

贡禹是汉元帝时期的人，看来汉武帝时期与汉元帝相比是有过之而无不及。

顺便说一句，官营工场不仅生产宫廷的御用物品，其他官员的赐品、官府衙门的所需物品等也基本上由这里提供。在乐浪发掘出土的那些精美器物，都是由官营工场生产的。这些工场在提高生产技术方面投入很大，而且它们往往不计成本，维持一种依靠国家随意开支的经营模式，因此对民营制造的冲击是十分巨大的。"技术水平很高，但生产体制落后"是中国工业、手工业得到的普遍评价，之所以如此，其中一个很大的原因就是，中国历代王朝均持有大型的官营工场，用于生产朝廷、皇室所需的众多物品和贵族官僚的奢侈品。

战争劳民伤财

汉武帝用于奢华生活方面的钱财，若与远征打仗的花费相比较，却是小巫见大巫。匈奴仗着自己在武力方面的优势对汉朝态度强硬，这一点让汉武帝忍无可忍。于是，他即位后，连年向匈奴派兵远征。

下面的表格是汉武帝的主要远征记录，其中，最大的两次征讨分别是元朔六年和元狩四年所进行的远征。如果说前者是给予匈奴重创的一次战役，那么后者就是让匈奴彻底消沉的一次会战，从那以后，匈奴不再是汉朝的敌人，只能趁汉朝不注意小打小闹几次游击战而已。

次数	年代	远征内容
1	元光二年（公元前133年）	在边境埋伏三十万军队等待匈奴军
2	元光六年（公元前129年）	汉军四万骑兵越过边境出击
3	元朔元年（公元前128年）	卫青将军率领三万骑兵出雁门
4	元朔五年（公元前124年）	六将军十余万军队出击朔方
5	元朔六年（公元前123年）	六将军十余万军队出定襄，进入敌方阵地数百里
6	元狩二年（公元前121年）	春，霍去病率数万名骑兵深入敌军阵地
7	元狩二年（公元前121年）	夏，霍去病率数万名骑兵横断敌军阵地两千里
8	元狩四年（公元前119年）	两军大决战
9	元封元年（公元前110年）	汉军约两万五千名士兵出击，天子在边境阅兵十八万
10	太初二年（公元前103年）	两万汉军遭到八万匈奴兵包围而战败
11	天汉二年（公元前99年）	李广利等人率兵约三万五千人讨伐西方

续表

次数	年代	远征内容
12	天汉三年（公元前 98 年）	李广利等人率十余万骑兵和十余万步兵讨伐匈奴和西方
13	征和三年（公元前 90 年）	李广利等人率四万骑兵和十万步兵讨伐西方

元狩四年的这次战争，汉朝动用了大规模的兵力，其中包括骑兵部队约十万骑、备用马及将校随从的马匹约四万匹，还有步兵和后援运输部队数十万人。大部队浩浩荡荡开出万里长城，经过两个多月的混战大败匈奴军队，然而汉军的损失也很惨重，据说回到长城的骑兵部队只剩下三万骑。说到底，汉军针对匈奴的战争其实就是使用人海战术。当时汉朝的人口大约为五千万，匈奴人口虽然没有具体的数据，但应该不超过一百万人。假设以十比一的比例计算损耗，双方连年征战的结果，一定是匈奴先败下阵来。打人海战术的战争需要耗费巨额军费，当时一匹军马的价格大约是五千钱，考虑到元狩四年马匹消耗的情况，也可知当时所花费的军费超乎寻常。而且，汉武帝奉行"重赏之下必有勇夫"的军队管理办法，所以对参加远征的将校和士兵论功行赏是家常便饭。

《史记·平准书》中对元朔五至六年的战役有如下记载：

"其后四年，而汉遣大将将六将军，军十余万，击右贤王，获首虏万五千级。明年，大将军将六将军仍再出击胡，得首虏万九千级。捕斩首虏之士受赐黄金二十余万斤，虏数万人皆得厚赏，衣食仰给县官，而汉军之士马死者十余万，兵甲之财转漕之费不与焉。”

虽说“兵甲之财转漕之费不与焉”（兵器甲仗等物水陆运输的费用还都不计算在内），但并不是说这笔费用不足挂齿。据说要将一石军粮从内地运往位于匈奴的营地朔方，需要花费十来钟的口粮。而为了给边境数十万的驻军配给粮食，朝廷甚至倾尽了粮仓的所有库藏。可见，无论哪朝哪代，战争都是要花费巨资的。

以上介绍了汉朝与其最大的敌人匈奴之间的对战情况，而汉武帝因为四处派兵征战，花费的军费还不仅仅是这些。其中，既花了钱却没有取得相应成效的当数他对南方的征讨。当时，自四川、云南到越南一带的西南夷不怎么服从汉朝，而且，滇王和夜郎侯（云南地区西南夷的一支）对前去做说客的汉朝使者发问“汉孰与我大”，激怒了汉武帝，于是汉武帝发兵讨伐西南夷。从地图上一看就能明白，这个地方重峦叠嶂，几乎没有一条像样的道路。因此，汉武帝不得不动用数万人修建了一条军事专用通道，他还准备了几万艘船数次远征。但是，没想到其间疟疾蔓延使得大批士兵相继病倒，虽然汉王朝最后将其势力范围扩展到越南北部，但这中间消耗的庞大费用很难统计。

除此以外，汉武帝为了得到中亚地区的奇珍异宝，还征服了“丝绸之路”沿线的西域各国。为了获得各种宝贝，汉武帝频繁派遣使者或商队穿越丝绸之路，并要求沿线国家予以接待，导致这些国家怨声载道，与汉朝渐行渐远。如此大规模地购买西域的舶来品，其费用一定不容低估。也难怪汉王朝拥有堆积如山的钱财，到头来却捉襟见肘，钱库空空，为此汉武帝想尽了各种办法。

汉武帝的手腕

除了快速而有效的武功爵（汉武帝制定了买卖爵位的政策，买爵之人可以免除徭役，或者也可以当官，这种爵位叫武功爵，共有十一级），汉武帝还制定了其他各种各样的财政政策，下面就介绍几种主要政策的内容。

（一）融通内帑

皇家费用与国家财政明确分离是汉朝财政政策的一个特点。国家财政的主要收入基本来源于田租，即粮食收成的十五分之一或是三十分之一，以及每人每年缴纳的一百二十钱的人头税。而皇家的收入则比较复杂，其中主要的收入包括：（1）各地山林采伐及山林转让的收入；（2）各种矿山经营以及制铁制盐业的营业税——矿山经营者和盐业经营者多为富有之人，其税金是一个不小的数目；（3）市场税收；（4）离宫或者皇家狩猎场中鸟兽、果树的销售金额；（5）皇家直接经营的土地（公田）租赁费；（6）每人每年二十钱的人头税（前面提到的一百二十钱的附加税）。管理皇家收入的部门与管理政府收入的部门各不相同，政府收入进入大司农（财政部）的仓库，而皇家收入则由少府和水衡两个部门进行管理。二者的收入究竟有多少，其实并不太清楚，据说在汉武帝之后继位的汉元帝时期，大司农的库存金为四十亿钱，水衡的库存为二十五亿，少府的库存为十八亿。《新论》（西汉末至东汉初的桓谭所著）一书中有相关记载说："汉定以来，百姓赋敛一岁为四十余万万，吏俸用其半，余二十万万藏于都内，为禁钱。少府所领园地作务之八十三万万，以给宫室供养诸赏赐。"说皇家财政有八十三亿可能比较夸张，不过，要说其规模与国家财政相当却是完全没错的。如果皇家经费与国家财政的数额相等，那么无论汉武帝如何铺张浪费，应该也是够花的。汉武帝把这些钱挪用到了应付危机上面。

（二）货币改铸

在当今社会，私自铸造钱币是完全无法想象的事情，而在古代并不是没有过这样的先例。秦朝是由国家铸造钱币，而到了西汉，由于国家允许民间私自铸钱，钱币的质量逐渐恶化，甚至出现了如榆钱般大小的钱币。因此，吕后时期曾一度禁止私人铸钱，而改由朝廷铸造八铢钱（铢为重量单位，是一两的二十四分之一，所以八铢钱的重量是一两的三分之一）和五分钱（重量为半两的五分之一）。然而，由于前者太大，后者太小，这两种钱币并不受欢迎。后来汉文帝取其中间大小制定了四铢钱，并允许民间在保证质量符合规格的条件下自由铸钱，同时废除了私人铸钱的禁令。前文中提到的邓通钱和吴王钱流通天下一事，就是发生在这一时期。但是，不法之徒层出不穷，他们看到四铢钱有利可图，有的秘密铸造，有的则为了偷铜而把完好的钱币边缘剃掉。正因如此，货币的可信度大大丧失，社会陷入物价暴涨的困境。

话说由于汉武帝连年发动战争，物价上涨愈演愈烈。他为了解决财政匮乏的问题，打破眼前的窘境，制造了皮币和白金两种新货币。皮币是用当时在宫中禁苑饲养的白鹿的皮制成，一尺见方，值四十万钱。曾几何时，汉文帝——他与宋仁宗一样，被认为是中国历代皇帝中勤俭节约的典范——登上一座新修的高阁，当他听说建筑费达四十万钱时，感到非常吃惊，因为十万钱就基本相当于一个中产家庭的财产。顺便提一下，汉代买一石大米大约需要五十至七十钱，而一个月的法定劳动收入大约三百钱。所以，这种白鹿皮币相当于从前的一万日元纸币，可以说是通货膨胀货币的代表。白金货币（不是指铂金，是银和锡的合金，有三千钱、五百钱和三百钱三种）的重量标准也不是很清楚，但根据其出现前后的一些情况，可以确定这种货币粗制滥造，其实际价值低于名义上的价值。而政府还专门铸造了三铢钱和赤侧钱作为零钱使用，可是这两种零钱在民间似乎并没有流通起来。尤其是，民间对赤侧钱的评价极低，虽然朝廷要求必须用赤侧钱缴纳税金，但结果它还是没有流通。

这种货币的恶性改革，就算可以挽救一时的财政匮乏，但最终不知会在何时、何地加速通货膨胀，引起民众的不满。汉武帝很快改变了政策，确定将名副其实、使用方便的五铢钱作为统一货币使用。至此，混乱一时的汉朝货币终于稳定了下

西汉货币，右为五铢钱，左为三铢钱

来。自汉武帝元狩五年至汉朝灭亡这段时间里，汉王朝所铸造的五铢钱的数量多达253亿枚。五铢钱曾在王莽当政时遭到废止，又于东汉时期复活，是两汉时期的基本货币。

施压

从以上内容可以看出，汉武帝为了解决战争造成的财政危机，可谓想尽了各种办法。可是，汉朝的商人们对此却充耳不闻，丝毫没有表现出合作的态度。不仅如此，商人们甚至感觉大好时机已到，不是囤货抬价，就是利用战争钻空子，大发国难财。汉武帝为此异常生气，于是于元狩四年（公元前119年），开始面向工商业者和制造商征收战争特别税，称为算缗令。其具体内容如下：

（一）凡属工商业主，不论有无市籍，都要据实向政府呈报自己的财产数字，并规定凡两千钱抽取一算（即一百二十钱）税金。

（二）各行各业的制造商，凡四千钱资产抽取一算税金。

（三）除三老（民间的乡官，每乡一人，一般挑选五十岁以上有学问和德行之人担任，虽不是官吏，却享受与县令同等的礼遇，可以给天子上书）和北边骑士，凡有轺车的人，一乘抽取一算；贩运商有轺车，一乘抽取二算。

（四）长度为五丈以上的船只抽取一算。

（五）隐瞒不报，或呈报不实的人，罚戍边一年，并没收其全部财产。

本来汉朝对一般人就要征收名为"赀算"的财产税，凡评估财产一万钱就要抽取一算，所以说，战争特别税其实就是针对商人和手工业者，加大了他们这项税金的税率。

不过，无论过去还是现在，商人的财产和盈利情况并不是一目了然的，所以，即使有这项算缗令，商人们还是不肯配合汉武帝。于是，一个名为杨可的人主张"令民告缗者以其半与之"，也就是说，有敢于告发算缗不实的人，政府赏给他没收财产的一半。这样一来取得了极大的效果，呈报不实的商贾被接二连三地告发，政府得民财物以亿计，奴婢以千万数，大县的田地达数百顷，小县也有百余顷（当时的顷有两种，小顷为1.9公顷，大顷为小顷的2.4倍，这里所说的顷究竟是哪种，很难判断）。如此一来，中流以上的商贾几乎都因此破产。资本和利润一样谋求安全性，商人的活动一旦被压制，他们就会把积累至今的商业资本重新投入土地，史书中便再也看不到商人活跃的痕迹。而正是这些新地主，作为创造新时代的主力军，表现得异常活跃，成为东汉时期豪族的支柱。

企业家型国家

以上我们所介绍的只能算是一时性的应急策略，下面则着重谈谈积极性政策。

（一）盐和铁的专卖政策

盐和铁自古就是最能盈利的物品。据传为管仲之作的《管子》中，就有相关的论述，管仲认为如果从百姓必需的盐和铁上抽取消费税的话，绝对可以准确地计算出可收缴的税金数额。盐和铁无论对朝廷还是对民间来说，都具备非同一般的意义，身处困境的汉王朝显然不会轻易疏漏它们。于是，元狩三年（公元前120年），汉武帝在发放内帑之际，将盐和铁的收入由少府转归大司农（财政大臣，大司农在秦代和汉初被称为治粟内史，也曾被称为大农），同时起用孔仅（盐铁商）和咸阳（大盐商）两名民间商人，让他们负责研究盐铁专卖的方法。接着，在第二年的元狩四年（公元前119年），汉武帝下令开始实施盐铁专卖。

他在全国大约五十二个主要的矿山设置铁官，专门负责铁的生产和贩卖。当时的生产技术，是把很多小型坩埚炉排列起来实行量产，并且已经开始使用风箱，但其产量自然可想而知，不可能让人有太多的期待。除了作为原料金属直接贩卖，官方还会将铁制成工具或农具面向一般民众进行销售。据《盐铁论》一书介绍，农民对官制农具怨声载道，因为它们不仅全部是大型农具，不便于使用，而且材质粗糙低劣，根本就用不上。

而在食盐专卖方面，则由官府组织盐民进行生产，官府定价收购，再向民间出售盈利。食盐是中国人日常生活中尤为不可或缺的东西，而食盐的产地却较少，所以从技术角度来说，是很容易实行专卖政策的。历代王朝在财政窘迫的时候都会很快将目光放在食盐上，尤其是宋朝以后，食盐专卖的收入几乎保证了军费开支的大半，成为专制君主维持统治的财政后盾。

（二）均输法和平准法

均输法是指在各地的经济中心设立均输官，由均输官将

四川的制盐场，取井中的盐水，蒸煮后制成盐
（出土于四川省的汉代画像砖）

各地的特产和多余的物资低价收购，再由政府出面易地高价出售，辗转交换，最后把中央所需货物运回长安，把销售盈利存入国库。因此，中央也设有均输官，专职负责此项工作，归属于主管国家财政的大司农。所谓平准，是指平均价格的意思，平准法是在中央设立平准令，负责将各地的均输官运送来的物品集中储藏进国库，当市场上某种商品价格上涨时，平准令就以低价对其抛售，价格下落时则对其收购，使物价保持稳定。这两项政策大致于元鼎二年（公元前115年）开始筹划，于元封元年（公元前110年）开始在全国范围内有组织地实施。它们都关系到经济流通，而一般情况下，这方面应该是商人的职责所在，或者说是商人最可以大显身手的地方。一个社会一旦体验到了货币经济的便捷以及随之而来的富裕生活，要想再把它变回自然经济，就会产生极大的混乱，因此，要想维护正常的社会秩序，保证最低限度的物资流通是绝对有必要的。如今，曾将商人的势力毫不留情连根拔起的政府无论如何都需要

代行商人的职责，发挥商人本应发挥的作用了。当然，实行均输法和平准法主要是为了充实国库，但从另一方面来说，也是对驱逐商人的做法做了最小限度的善后处理，所以它们也是打压商人成功的一方面原因。

顺便说一下，均输法、平准法以及盐铁专卖等都是国家在财政出现困难时经常会采取的措施，据说王安石变法也参考了汉武帝的各项政策。然而，这些方法在后世并不能说都取得了成功，汉武帝的政策取得成功的一大原因就在于他没有任用既不懂得实干又效率低下的儒家官员，而是起用桑公羊（从十三岁时起就受到汉武帝宠爱，原为商人之子，长期任大司农一职。可以毫不夸张地说，汉武帝时期的统制经济几乎是桑公羊一手推行的）、孔仅、咸阳等商人为经济官员，充分发挥了他们的特长优势。这可谓是"人尽其才"的成功事例。

如前文所述，商人不仅失去了其用武之地，而且还要时时提心吊胆，生怕因为呈报不实而被法办，于是，苟延残喘的商人纷纷把资本投向购买土地，改头换面成为地主，并且以土地为资本开始向政界发展，而之前他们作为商人是被禁止当官的。也就是说，由于汉武帝的抑商政策，出现了一个新兴的地主阶层，他们把自己商人时期磨练出的手腕运用到了土地兼并上，于是这个阶层中涌现出大批大地主。针对商人的对策从表面上消失了，而新的土地问题又成了焦点。为了控制这种局面，师丹在汉哀帝时期，于绥和二年（公元前7年）提出了具体的限制土地的法令。（一般称其为"限田制"，限制土地兼并是让历代王朝都费心劳力的地方，而基本上都没有取得成功。

均田法也是限田制的一种。）按照他的提案，上至亲王、公主，下至官吏、百姓，每人持有的土地限制在三十顷（130公顷）以内。这是一种较为温和的政策，但很多人依然表示反对，于是这个方案便被搁置起来，成了一纸空文，未能付诸实施。从中我们可以看出当时土地集中的状况相当严重。

如此一来，土地集中的情况与日俱增，很快就朝着庄园时代发展开来。

转危为安

在当时奉行"夫用贫求富，农不如工，工不如商"的社会中，以土地经济为基础的贵族和官僚面对商人的经济攻势，要想维持其地位和财富是相当困难的。这一点从日本江户时期的例子中不难看出，另外，打开西方中世纪突破口的同样是商人，这些事实足以充分说明这个问题。汉朝曾一度经历了货币经济，后来能从货币经济再返回到土地经济，并且还能维持其体制，不得不说是一个很少见的例子。我个人认为其理由在于汉初发达的农业技术，具体来说，就是犁壁（在中国，深耕用的铁犁上装有犁壁，犁壁有一定的方向，向一侧翻转土垡，可以达到翻土、碎土、起垄作亩的效果）的发明与普及。所以，在此我要先来谈谈当时使用犁壁的一个代表性实例——代田法（当年作畎播种的地方，来年作垄；反过来，头一年的垄第二年为畎。使同一地块的土地沿畎垄轮换被利用，以恢复地力，故名代田法）。

代田法是汉武帝末年，搜粟都尉赵过在今陕西、甘肃

汉代发达的牛耕技术，两头牛牵引的耕犁（出土于四川省的汉代画像砖）

地区推广普及的一种耕作方法。其具体做法是：在每户纵二百四十步、横一百步（一步为六尺，一尺约为23厘米）的长方形田地上，作宽深各一尺的甽，垄宽与甽同，甽垄相间，在甽中播下种子，等到幼苗长起来以后，分次把垄上的土铲下来，培在甽的禾苗根部。到了盛夏的时候，垄上的土已经削平，甽垄相齐，于是庄稼的根能扎得很深，既可抗风，也可耐旱。代田法中使用的犁，基本上是二牛抬杠式的，由两牛拉犁，三人一组进行控制。由于铁犁较大，大多是由官制工场生产后卖给民间的，一般是五户共同使用一套犁具。当时，使用普通的开沟犁耕种，每亩平均收获三四石，而采用赵过的代田法后，每亩收成比一般农田多出一石，情况好的时候甚至可以增收两石以上。可见在情况好的时候，其收成是相当惊人的。暂且不说水稻和小麦，单就小米的收成来看，其水平就和清朝末年不相上下。

自汉初至汉武帝时期，犁耕逐步普及开来。当时的贵族和官僚依靠使用犁壁增产增收，抵制商人的经济攻势，努力积累财富，这才使汉武帝对商人的压制成为可能，并最终取得了胜利。但另一方面，随着犁壁的全面普及，土地价格不断飙升，轻易地就改变了商人的价值观，这一点也是不容忽视的。

理想与现实

在这种土地集中愈演愈烈的情况下，理想主义者王莽粉墨登场。

他首先将全国的土地国有化，并尝试在此基础上重新复活儒教的理想主义土地制度——井田制。他下令，如果一家人中男丁不满八人，但土地超过了一井，就要将多余的土地分给亲戚、邻居或者同乡人耕种。然而，在当时农业技术高度发达、土地的所有关系极其复杂的社会状态下，要想实行连西周时期都可能没有真正实施的井田制，注定是不可能的。这种"土地国有制"作为建设理想社会最重要的奠基石，只能招致社会混乱和众人的不满，仅三年就落得被废止的不幸结局。

接下来实行的是六筦（管）、五均、赊贷等经济管制措施。所谓六筦，是指在义和（原大司农，王莽时期更名）的管理下，国家对六种经济事业实行的独占，即盐、铁、酒专卖，名山大泽产品收税，政府铸钱。这项措施扩大了汉武帝以来经营的官营产业的规模，使得官营产业进一步变强。

所谓五均，是指将长安东西市令，以及地方上的经济重镇洛阳、临淄、邯郸、宛和成都五市的市长改称为五均司市师，其下又设五均、司师、钱府等官职，分别掌管五谷、布帛、丝绵等物品的四季标准价格。五均官将卖不出去的物品收购，待价格回升就出售商品，促使价格回落。六筦承袭了汉

新莽制定的量器
中央之圆形主体，上部为斛，下部为斗，左耳为升，右耳上部为合，
下部为龠，此乃标准量器的原器，称为"嘉量"

武帝的专卖制度，而五均制则是对汉武帝的平准法的进一步
强化。

所谓赊贷，是指政府面向百姓办理借贷，"赊"是指政府
借钱给人们办理祭祀丧葬，"贷"则是政府借钱给小工商业者
作资金，按借款者的纯利润额收取年利的十分之一。同时，王
莽还规定民间相互借贷的法定利息在年利五分之一以内。可以
说，"赊贷法"就是一种低利息的金融政策。除此之外，商人
按规定应该集中在一定的区域开展经济活动，有义务申报其收
益情况，如果呈报不实将被没收其所得。

王莽推行的以上这些经济政策，是对汉朝经济管制政策
的延续，或者应该说是一种强化。这一现象耐人寻味，说明
国家实行抑商就意味着有必要由国家来推进商业化。这一点
暂且不论，纵观汉朝的经济政策，从初期到汉武帝时期，再
到王莽时期，就好像经历了自由主义经济时期、国家管制时
期、国家社会主义时期的一个变化过程。王莽的复古理想主义
（在中国，周朝的制度被当成最理想的制度，这些制度汇集在

《周礼》之中。有人认为《周礼》是汉朝儒者的理想论，它可谓是王莽的圣经）被看作是当时的国家社会主义，这一点十分有趣。

在王莽的经济政策中，还有一项不能遗忘的货币政策。当时，汉朝铸造了大量的五铢钱，这种货币的币面价值与其实际价值基本一致，使用起来又非常方便，所以得到了百姓的一致好评。但是，王莽因受复古思想的影响，摄政时期就模仿传说中的周朝货币，开始铸造错刀、契刀和大泉三种货币。即位之后，他废除了错刀、契刀和五铢钱，改用金、银、铜、龟甲、贝壳等原料，制造出二十八种货币，即一种金币、两种银币、四种龟甲币、五种贝壳币和六种泉币（铜币）。但实际上，新朝使用的货币只有大泉（一枚五十钱）和小泉两种，人们对过于繁杂的货币种类感到十分头疼。

王莽夺取汉朝皇位，建立了"新"朝。他并不仅仅是在经济政策方面，而是在所有方面都要打破汉朝体制，建立全新的制度。对他来说，这是至高无上的使命。（为此，王莽将郡、

王莽货币，左起为契刀五百、泉货（上）、大泉五十（下）和次布九百

县的名称及官名全部进行了更改。前面提到过的大司农也被他改为义和。）因此，他在国内不断发布新命令，还为了弘扬中华思想而降低了周边其他民族的待遇，这些都招致了各方的反感。尤其是，西汉末期已经归顺的匈奴又再次反叛，而讨伐匈奴则需要花费巨额的军费。如此一来，王莽费心推行的改革政策在这种恶劣的环境下很难真正实施，其结果只能是与儒教的理想相去甚远。豪强地主在王莽的新政策下，不断蚕食苦苦挣扎的农民，形成弱肉强食之势，而农民却只能在土地国有制的政策下声声哀叹"无立锥之地"。

第十二章　汉王朝的复兴

光武帝的身世

肩负着复兴汉王朝的重任，东汉的光武帝在王莽被杀的前一年（公元22年）开始起兵反莽。光武帝是汉景帝之子长沙王刘发的后代，据说自汉高祖起算是第九代。光武帝一族封地原本在湖南省春陵，数代以前开始移居到北方的南阳郡蔡阳县，成为当地的豪族。（光武帝一族移居南阳后，取其从前的封地名，将南阳的居住地也改叫春陵乡。光武帝建武六年，即公元30年，春陵乡改名为章陵县。）这里属于湖北省北部，临近河南省，位于黄河与汉水中间，地理位置十分重要。当时，黄河流域已经开发殆尽，汉民族想将这里作为开拓的前线，逐步向南方延伸。

光武帝姓刘名秀，字文叔，是三兄弟中的老小。他九岁时父亲去世，所以在叔父身边长大。刘秀的大哥刘縯自小性情

东汉光武帝像（《历代帝王图卷》）

刚毅，听说自己的家族是汉朝皇帝一族后，就梦想有朝一日推翻王莽政权。刘縯不事家人居业，为了广交天下豪杰，甚至倾家荡产也在所不惜。与长兄刘縯相比，刘秀则为人谨慎，勤于农事。年过二十岁后，刘秀到长安，学习《尚书》，略通大义，成了一名超出普通人的知识分子。据说就是在这个时候，他因为交不起学费，便与朋友合伙出资买了一头骡子，靠租借骡子赚钱交足了学费。仔细想来，刘秀的行为与帝王风范相去甚远，充其量就是一个有点小才的一般人而已。

所以，大哥刘縯时常取笑小弟刘秀，他以汉高祖刘邦自许，而将弟弟刘秀比作刘邦的次兄刘仲（汉高祖刘邦的哥哥刘仲与刘邦不同，是一个精通农业、十分稳健的普通人）。有一次，刘秀因为受某事件牵连而逃到姐夫家避难，即便到了这种时候，他仍然本性难移，当听说附近宛县（南阳）街上的谷物价格上涨时，便把自己储藏的大米装上车去卖了。在宛县，他从一个叫李通的人那里听到了"刘氏复兴，李氏为辅"的天神预言，如同受神灵左右一般，他用卖米的钱买来武器，下决心与李通等人一道以宛县为根据地举兵反莽。当时是王莽地皇三年（公元22年）十月，刘秀二十八岁。

绿林军起义

如前文所述，当时王莽政权已经濒临灭亡，各地掀起了此起彼伏的大规模起义，起义军的势力范围日益扩大。实际上，在这之前的天凤四年（公元17年）已经有过几次起义，其中一支以湖北省绿林山（今湖北当阳东北）为根据地的起义军势力最为强大，仅仅数月就聚集了数千人。起义军首领是新市县（湖北京山东北）人王匡和王凤（此人与汉元帝王皇后之兄，即王莽的叔父王凤同名，但并非一人），另有南阳的马武，颍川的王常、成丹等人入伙。四五年后，这支队伍发展壮大到拥兵五万，不断攻陷湖北省中部的战略要地，令当地官员头疼不已。但是，地皇三年（公元22年）夏天，绿林山人口猛增引发了大面积瘟疫，死亡人数过半，无奈之下，起义军决定分散势力，寻找新的根据地。王常、成丹率领一队人马向西面的南郡挺进，称为下江军；王匡、马武等人率领另一队人马向北面的南阳进军，称为新市军。新市军在北上途中，与陈牧、廖湛等人率领的平林（今湖北随县东北）军合二为一。

刘秀就是在新市、平林两支队伍北上而来的时候，下决心起兵的。他把志同道合之人从宛县带回家乡的时候，正好其

光武帝举兵路线图

兄刘縯也坚定了举兵反莽的决心，正在招兵买马。但是，刘氏一族原本出身豪贵，他们犹豫不决，不愿意轻易加入叛军的队伍。最后，大家看到连刘秀这样谨慎稳健之人都下定决心穿上了戎装，于是也放心参加起义。刘縯派使者与新市、平林起义军取得联系，开始袭击周边地区。据说刘秀一开始是骑牛进军的，可见当时起义军的装备状况。起义军一直攻陷到棘阳县，都是节节胜利，可是在号称小长安的地方，却遭遇政府军而大败。嫁给邓晨（新野的豪族，新野位于刘秀故乡附近）的刘秀姐姐刘元及其三个女儿、刘秀的二哥刘仲，以及刘氏一族的很多人就是在这次失败中遭到敌军追杀而亡的。

政府军因此士气高涨，而新市、平林两军却开始军心动摇。于是刘縯与下江军取得联系，三军开始采取统一行动。这次联合取得成功，随后起义军连连击败政府军，刘縯的部队不断前进，包围了宛城。这时，起义军的队伍迅速发展到十余万人，毋庸置疑，需要一个绝对有才能的统帅来指挥。从截至目前的情形来看，刘縯似乎有望得到全军的一致拥戴，却不料竞争对手出现了。此人便是刘縯的远亲——隶属平林军、号称更始将军的刘玄。刘玄与刘縯相比，简直是不足挂齿的小人物，但他在得到新市、平林全军以及下江军一部分人的支持后，终于登上了帝位。这是因为，刘縯的出众才能反而为他招来了很多敌人。刘玄被称为更始帝，同年（公元23年）改年号为"更始"。

昆阳之战

刘秀在更始帝刘玄的手下任偏将军，负责平叛周围各城池。王莽此时则任命王邑、王寻二人为统帅，率领号称百万的大军前去讨伐。面对兵力众寡悬殊，刘秀很是畏惧，很快就带军队逃进昆阳城（今河南省叶县）避免迎战，士兵内部更是产生骚乱，很多人企图伺机逃离。昆阳城中的更始军仅有八九千人，刘秀一面安抚士兵坚守城邑，一面亲自率十三骑兵趁夜从南门出城，赶赴城外调集援兵。可是，十万新莽军将昆阳城围得水泄不通，刘秀费了九牛二虎之力才逃了出来。

据说此时新莽军中有人建议，应当绕过昆阳，首先迅速赶往宛城救援比较有利。因为刘縯率领的更始农民军主力当时正在攻打宛城，但迟迟无法攻破，所以只要先去救援宛城，击败更始军在那里的主力，届时昆阳城即可不战而下。可是，时任总帅的王邑根本听不进去这样的合理建议，他命令军队将昆阳城团团围住，城中守军别无退路提出投降，可他不予接受。兵法上讲，"围师必阙"（兵法用语，取自《孙子·军争篇》），意思是说围城的时候，一定要给敌人留出一条逃跑的路线才好，军中也有人向王邑建议，让他留给敌人一个突围口，这样可以让城池更快陷落，可是王邑坚持认为破城只是时间问题，依然不予采纳。

话说刘秀从附近各城集合援兵，率领步骑千余人为先锋，在距离王邑军四五里（约2.5公里）处与敌军对阵。王邑带领的政府军骄妄轻敌，只派出数千人迎战。刘秀亲率部下冲锋陷阵，猛攻敌营，当场斩杀王邑军数十人。部将们看到刘秀如此勇猛，都说："刘将军平生见小敌怯，今见大敌勇，甚可怪也，且复居前。请助将军。"全军士气大振，趁敌军胆怯之机反复进攻。随后，刘秀又率三千勇士，迂回到敌军的侧后，偷渡城西的河水，向王邑大本营发起猛烈的攻击。总帅王邑一直轻敌，可这次攻势让他的部队陷入困境，胜利的天平开始偏向刘秀一边。昆阳城中的守军见城外汉军取胜，乘势出击，内外夹攻彻底打败了敌军。王莽军大乱，纷纷夺路逃命，互相践踏，积尸遍野。此时突然天降暴雨，河水泛滥，王莽军涉水淹死之人不计其数，使得河水为之不流。王寻战死，王邑狼狈逃窜进洛阳。

这便是著名的昆阳之战，发生在更始元年（公元23年）六月一日，此战役对王莽政权造成了致命的打击。在此三天之前，刘縯也成功攻陷宛城，更始帝刘玄迁都宛城，该城成为更始汉政权的临时都城。

刘氏兄弟风生水起，威名远扬，然而，又有谁能料到这反而为他们招来了杀身之祸呢？拥护更始帝刘玄的一伙人与刘縯同党的矛盾对立愈演愈烈，争斗达到白热化，最终，刘縯被杀。李通（宛城著名的大商人，由于起兵造反的消息提前泄露，逃亡外地，其弟李轶参加了起义。后来李通娶光武帝的姐姐宁平公主为妻）最早与刘秀志同道合，而他的弟弟李轶却煽动刘玄尽早动手杀死刘縯。

征战在外的刘秀听说了哥哥被杀的噩耗，但他回来后悲愤不形于色，而且愈发谦逊谨慎，闭门不出。因为他深知，如果他不这么做，下一个被瞄准的目标就是他自己。

平定河北

刘秀谦恭的态度反而让更始帝刘玄有些愧疚，他任命刘秀为破虏大将军。王莽政权灭亡后，刘玄的部队立刻攻陷了洛阳，并决定迁都于此。于是，更始帝向各地派出使臣，劝他们归顺新政府。但是，河北各州郡都在持观望态度，尚未归附更始政权，平定河北的任务就落在了刘秀的肩上。

当时，河北各地存在众多独立的割据势力，各部都在努力扩大自己的势力范围，铜马军、青犊军、铁胫军等就是其中的一部分，仅是知道名字的割据势力就已超过二十家。而且，当地有势力的地方官也在频频储备军用物资，观望天下形势。

此时，在河北邯郸，原赵王之子刘林倡议复兴汉王朝，开始起兵。而在王莽政权声势正盛的时候，曾发生过一件事，一名男子在长安突然自称是汉成帝之子刘子舆，结果被王莽所杀。可是，邯郸一个以占卜为业叫王郎的人却站出来说当时被杀的刘子舆是假的，自己才是真正的汉成帝之子。于是，在刘林等人的支持下，王郎自立为帝，建都邯郸。当然，他也只是个冒牌货，不过因为宣传做得十分有效，所以他在河北赢得了众多支持者。刘秀的招抚工作一下子就陷入了停滞不前的窘况。

这时，刘秀的挚交邓禹从南阳赶来追随他。（他对刘秀说过"但愿明公威德加于四海，禹得效其尺寸，垂功名于竹帛耳"，这句话十分有名。）他们曾在长安一同学习，刘秀开始起兵造反时曾劝邓禹参与，可是当时邓禹并没有参加。而这次邓禹不远千里主动前来，这让刘秀异常欢喜。后来，邓禹一直是刘秀不可替代的参谋。更始二年（公元24年）二月，更始帝刘玄自洛阳向西而进，迁都长安，关于这件事我们将在后文中再谈。

刘秀绕开王郎的势力范围，到达蓟（今北京），并以此地作为根据地招兵买马。可是，这里也已经受到了王郎的影响，所以刘秀的处境颇为艰难。不仅如此，原广阳王之子刘接在城内起兵，也站在了王郎一边，刘秀不得不狼狈地从城中逃出。在后有追兵的情况下，刘秀南下逃亡，途中饥寒交迫，饱尝艰辛，只能靠豆粥和麦饭充饥。当他听说唯独信都郡太守坚守城池抵抗王郎后，就急忙赶往那里，他到达那里后，就像获得了重生一样。

从这时候起，刘秀便开始时来运转，转眼攻陷了河北省南部的要地，转而北上攻打邯郸。当时，真定王刘杨拥兵十余万，本来是跟随王郎，而刘秀成功将其说服，使他与自己结盟。而且，刘秀还娶了刘杨的外甥女郭氏为妻，其最大的目的就是收买河北势力的人心。四月，刘秀攻破邯郸，王郎趁夜逃走，途中被刘秀部下杀死。

赤眉叛贼

话说王莽天凤元年（公元14年），山东琅琊（今山东胶南南部海岸〔胶南已撤县并入青岛市——编者〕）有一个叫吕母的人，她的儿子担任海曲县（山东日照西）的一名小官，因为一次小失误而被县令处死。吕母本是当地富户，失去儿子后悲愤万分，决心无论如何也要为儿子报仇。于是，她拿出家产，开设酒馆，召集血气方刚的勇士，让他们尽情畅饮，还给他们购买刀剑和衣服。经过几年暗中筹划，吕母的财产全部耗尽，这时她才向大家说明了实情。他们四处招兵，扩大实力，一些流亡海岛的亡命之徒也纷纷前来参加起义军，据说起义军人数发展到数千之众。最后，起义军攻入海曲县，将跪地求饶的县令人头砍下，由吕母将其供在自己儿子的坟前。

天凤五年（公元18年），樊崇在莒县举兵起义，聚众一百多人转战泰山，自号"三老"。当时，正赶上山东到江苏北部一带发生饥荒，人心动摇，百姓们纷纷响应起义军，樊崇领导的起义队伍迅速扩大到数万人。这些人其实并没有什么政治目的，单纯是因为饥饿而爆发暴动，所以连起义纲领和旗帜也没有，只是口头简单规定了"杀人者死，伤人者偿创"的纪律。王莽派十多万官军围剿起义军，樊崇担心起义军与官军混在一起不易识别，便匆忙下令义军士兵一律将眉毛染成红色。从此，便有了"赤眉军"的说法。官军早已军纪涣散，不堪一击，碰到这样的杂牌军也很快败下阵来。赤眉军又吸收了吕母起义军的残部，势力越发壮大。

此时，更始帝刘玄刚刚定都洛阳，他派使招降樊崇和赤眉军，樊崇等人表示归附更始政权，并前往洛阳，结果遭到了软禁。随后，这些人趁王莽被杀，更始帝由洛阳迁都长安的混乱之机，才费尽周折狼狈地逃回山东的大本营。

而更始帝刘玄在迁都长安后的生活放纵无度（据说更始帝在长安终日饮酒作乐，而皇后韩氏也嗜好喝酒，群臣们有事想上奏于更始帝，都不得见），朝政一片混乱，导致人心逐渐离散。长安的百姓原本苦于王莽统治的起伏不定，对更始帝的新政府充满了期待，面对如此无秩序的局面，百姓们惊讶不已，甚至反而怀念起王莽时期的统治，不难想象更始帝统治的情景了。

樊崇回到山东后，再次将军队扩充到三十万人，向河南挺进，取得了节节胜利。然而，由于士兵原本都是农民，他们思乡心切，渴望早日回乡，所以军队在战略发展上开始出现意见分歧。更始二年（公元24年）年底，赤眉军领袖坚定了攻打长安的决心。赤眉军兵分南北两路，不断冲破更始帝军队的抵抗，一路向西前进。逼近长安后，赤眉军将立帝排上议事日程，打算推举某个皇族后裔，将其作为汉朝的象征。当时的候选人共有七十多人，而与汉朝皇室关系较近的有刘孝、刘茂、刘盆子三人（此三人为西汉初年平定吕氏之乱的功臣城阳景王刘章的后代），其中刘茂和刘盆子是亲兄弟。樊崇等人迟迟确定不了人选，便用抓阄的方法，最终选定了刘盆子当皇帝。刘盆子年仅十五岁，之前一直在军中打杂，放羊。

赤眉军九月攻入长安城，更始帝刘玄一度逃走，后来向刘盆子投降，不久被旧部杀死。此前六月，刘秀也已经登基，与政权混乱、踏上自生自灭之路的长安赤眉军相反，刘秀在民众中的威望与日俱增。

刘秀称帝

话说刘秀平定邯郸王王郎后，更始帝刘玄论功行赏，封他为萧王，并命其返回京城。不过，刘秀看出这是更始帝害怕他势力进一步扩大而企图镇压他的策略，于是他以河北尚未全部平定为由，拒绝了刘玄的命令。自此刘秀与更始政权决裂，举起造反大旗。

如此一来，面对当时河北数百万暴徒横行的局面，刘秀只能依靠自身的力量单枪匹马进行肃清了。河北最大的铜马农民军投降后，降军心存不安，担心有朝一日会被杀死，于是，刘秀允许降军依然保持原有的部队编制，还亲自着轻装骑马视察各个军营。看到这些，降军将士全都放下心来，他们纷纷表示："萧王推赤心置人腹中，安得不投死乎？"这个故事传为佳话。就这样，数十万铜马农民军编入刘秀军中，刘秀实力大增，被长安之人称为"铜马帝"。

接下来，刘秀亲自带兵讨伐北部的起义军，同时派出多名战将向南攻打洛阳。他首先让寇恂在河内（意思是黄河流向东北方向时河道的内侧区域，今河南省北部，其中心为怀县）建立根据地，让邓禹攻占山西省南部，接着又让冯异从正面突击洛阳。进入第二年（公元25年）后，各个战线都取得了惊人的进展，这得益于赤眉军西进导致的各种混乱。

很快，河北基本平定，诸将领为了稳定人心，劝说刘秀登基。刘秀坚决推辞了两次，第三次时表示要考虑一下，最后，他终于答应了众将的要求。六月己未之日，刘秀在众将拥戴下，于河北鄗城（今河北省高邑县）筑坛即皇帝位，定年号为建武。这一年他三十一岁，从他起兵之日算起已经是第四年了。几乎同时，赤眉军也推举刘盆子为皇帝。接下来，由于山西已平，刘秀集中全部兵力攻打洛阳，很快将其攻陷。这时，赤眉军刚进入长安不久。十月，新皇帝刘秀从河北迁入洛阳，并决定在此建都。

如此一来，经过刘秀的努力，汉王朝得以复兴，刘秀是为光武帝。为了加以区别，人们一般称王莽夺权之前的汉朝为前汉，刘秀所建之汉朝为后汉。另外，由于前汉的都城在西部的长安，故也被称为西汉；而后汉的都城在东部的洛阳，故也被称为东汉。

井底之蛙

话说长安的赤眉军是由无知的农民汇集而成的队伍，他们不可能秩序井然地采取统一行动。三个月后，长安便陷入了军粮严重匮乏的境地，赤眉军主力为筹集粮草，无奈退出长安，向西北方向行军，因为东部已经是光武帝的势力范围，赤眉军无法向东挺进。可是，他们向西北方向进发后，偏偏遇上大雪，天寒地冻，根本无法筹集到粮食。而且，他们还遭到陇器（起初跟随更始帝，此时回归故乡天水〔今甘肃省天水市〕，成为独立一方的割据势力）的猛烈袭击，只好狼狈地再次折回长安。赤眉军作恶多端，甚至挖掘汉朝帝王的陵墓，盗取了不少珍奇异宝，但最后还是只得东归返乡。据说当时赤眉军的规模达二十多万人。

刘秀听说这一情况后，立刻在赤眉军的必经之地设兵埋伏，堵住了赤眉军东归的道路。另一方面，他又派出一支部队从正面出击，赤眉军陷入刘秀设下的包围圈。这些士兵几经挫折，又遭遇生力军阻截，自然溃不可挡。在建武三年（公元27年）初洛阳西南的宜阳之战中，赤眉军全军覆没，刘盆子以下的将官全部被俘。

然而，当时各地还有相当一部分割据独立势力，他们时而联合时而反目，对光武帝的地位形成了一定的威胁。那时，在东方最具势力的当属更始帝时期被封为梁王的汉朝皇族刘永（元始四年，因卷入卫氏事件而被逼自杀的梁王刘立之子）。建武元年（公元25年），他自称天子，在睢阳（今河南商丘）建都登基，并趁赤眉军占领长安的间隙，将地盘扩大到自山东至江苏北部一带。刘永于当年就在睢阳被杀，其同伙张步在山东负隅顽抗。建武五年（公元29年），光武帝亲征讨伐，将其消灭。其间，河北的渔阳、涿郡等地相继发生叛乱，幸好在酿成大乱前便恢复了平静。

西北地区有两大实力雄厚的军事集团，就是前面提到过的位于天水的隗嚣和掌控河西四郡势力的窦融。其中，窦融很早就开始接近光武帝，并于建武五年完全归附。这样一来，剩下的反对势力就只有隗嚣，以及独自在四川称帝的公孙述。

在建武四年，后来辅佐光武帝立下赫赫战功的名将马援（公元前14—公元49年在世，上年纪后依然威风凛凛，六十二岁时讨伐湖南蛮族。其女为光武帝之子明帝的皇后，是有名的贤妻）还是隗嚣的部下。隗嚣身处光武帝和公孙述之间，对自己今后何去何从犹豫不决，于是，他命令马援去面见二人，为他拿定主意。马援先去见了公孙述，因为他与公孙述是同乡，自小就是旧交。他本以为公孙述见到他，会高兴地握手相迎，可是没想到公孙述装腔作势，对他表现出皇帝的威严，完全是一副君臣有别的样子。马援回来后义愤填膺地向隗嚣汇报说："子阳井底蛙耳，而妄自尊大，不如专意东方。"这就是"井底之蛙"这个成语故事的由来。

接着，马援立即前往洛阳拜见光武帝。与公孙述截然不同，刘秀对待马援的态度坦白诚恳，这令马援深感吃惊，并真心佩服其为人。

得陇望蜀

然而，隗嚣并没有听从马援的劝告，他周旋于光武帝和公孙述二帝之间，一边向双方示好，一边继续观望哪一方对自己更为有利。起初，相比较而言，隗嚣更亲近光武帝，可是建武六年（公元30年），当光武帝准备讨伐公孙述，请求隗嚣协助时，隗嚣顾左右而言他，态度暧昧没有答应。同年，当光武帝亲自前往长安，命令众将从陇西（陇山山脉以西的地区）攻蜀时，隗嚣反对，终于公然与光武帝决裂。

岑彭像

　　一开始，隗嚣的军队声势浩大，将光武帝的汉军赶到了陇山山脉以东，可不久却大败于汉朝的援军。隗嚣向公孙述请求支援，并企图负隅顽抗，但最终于建武九年（公元33年），因病以及粮食耗尽而亡。在此前一年，光武帝在给前线将军岑彭的信中写道，"人苦不知足，既平陇，复望蜀，每一发兵，头须为白"，这段话很是有名。（关于光武帝的这番话，人们一般都用"得陇望蜀"来形容。陇是隗嚣的根据地，蜀则是公孙述的根据地。）

　　接下来，光武帝如约兵分南北两路进军讨伐公孙述。南路自然是沿长江西上入蜀的水军，其统帅是岑彭。蜀军屡屡派出刺客刺杀，以威胁汉军，岑彭被刺身亡。可是，到了建武十二年（公元36年），汉军步步紧逼，已兵临成都城下。公孙述直到最后也拒不投降，在短兵相接的肉搏战中，他被汉军的一个士官刺中胸部滚落马下，虽被救回城中，但伤重而亡。

至此，光武帝终于扫清了内地的敌对势力，可是在北部边境，卢芳军阀与匈奴密切勾结，频繁侵扰中原。卢芳假冒自己是汉武帝与匈奴王女儿所生儿子的后代，骗取了匈奴的支持，声称要复兴汉王朝。光武帝因忙于平定内地，对匈奴采取了完全消极的态度，使西汉时期的国境线向南大幅度回缩，他还让汉族移居内地，大力整顿边境地区的郡县。其中，南缩最严重的区域是今河北、山西两省的北部，这些地方随后有大量匈奴涌入。建武十八年（公元42年），卢芳最终死于匈奴。数年后，匈奴掀起内部纷争，日逐王比宣布独立，成为南单于，随后又于建武二十六年（公元50年）归顺了汉朝。汉王朝允许他率领部落居住在黄河以北，这是光武帝晚年十分得意的一件事情。

另外，光武帝时期还有一个十分有名的事件，那就是对南部交趾的讨伐。建武十六年（公元40年），勇敢的征侧、征贰两姐妹反抗东汉的统治，起兵造反。过了两年，光武帝任命马援为伏波将军，远征讨伐两姐妹。马援自海上进军，轻而易举就将其平定。（征侧、征贰为了反抗东汉交趾郡守的统治起兵，攻陷六十五城后，征侧自封为王。建武十九年，即公元43年，姐妹俩战败被斩。）征氏姐妹作为越南历史上的民族英雄，直到今天仍受到人们深深的爱戴。

光武帝的治国政策

光武帝在位三十三年，六十三岁驾崩（公元57年）。他在位的前半段时期，为了国内的统一几乎一直在东征西讨，而后半段时期，则一直致力于重整西汉末期以来几近崩塌的社会秩序。复兴后的汉王朝真正趋于稳定，是从光武帝之后的明帝时期开始的。

光武帝与汉高祖形成了鲜明的对比，他性格稳健低调，了解百姓渴望社会安定的心情，懂得抓住民心。而且，他与汉高祖不同，具有儒学素养，并遵循儒家的理想来治理国家。他绝对不会像汉高祖刘邦那样斥责，甚至杀害部下。他胸怀阔达，能虚心听取和采纳他人的意见，表面上甚至让人觉得有些软弱，但这也正是他能够善用部下的原因。就算是对待敌人，他也不厌其烦地劝其归顺，一旦对方投降，他就会给予对方相当优越的待遇。

要说光武帝的缺点，那就是缺乏威猛之气。有一次，一个地方官赴任后前来拜见，光武帝像往常一样，告诫道："善事上官，无失名誉。"而那个官员却理直气壮地回答："臣闻忠臣不私，私臣不忠。履正奉公，臣子之节。上下雷同，非陛下之福。善事上官，臣不敢奉诏。"光武帝听罢心悦诚服，感慨地说："卿言是也。"

这件事假如发生在唐太宗身上，那情况可能正好相反，听臣子说完"善事上官，无失名誉"，唐太宗一定会斥责这种空话。光武帝能让臣子说出那样的话来，也算是一位相当出色的人物。东汉之所以能出现很多颇具道德风骨的名节之士，我认为是受到了光武帝对臣子的态度的影响。

因此，光武帝的治国之策十分务实，完全没有华而不实的东西。他勤于政事，亲力亲为，以朴素为本，省减吏员，不虚设无用之位。自从消灭四川的公孙述后，他就开始减少军事方面的投入，致力于开创以儒教为中心的文化政治。光武帝曾说过一句非常有名的话："吾理天下，亦欲以柔道行之。"但是不可思议的是，光武帝对谶纬之学也推崇备至，他晚年（公元56年）曾在泰山举行封禅仪式，并在那一年改年号为中元。儒家学者桓谭劝谏光武帝，说谶纬之学不足为信，结果被光武帝训斥了一顿。

到现在还有一点难于理解，那就是光武帝对待皇后的处理方式。光武帝在河北时，娶郭氏为夫人，这一点在前文中已经谈及。其实在那之前，他已经与南阳豪族阴氏的美貌女儿阴丽华结了婚。光武帝即位后，将阴氏迎进洛阳，封为贵人，打算将来立其为皇后。阴丽华为人贤淑，光武帝听取她的建议，一度立郭氏为皇后，并将其子刘疆立为皇太子。可最终，光武帝在他四十七岁的时候，改立阴氏为皇后，接着又立阴氏之子刘阳为太子（刘阳成为太子后，改名刘庄）。刘阳即东汉第二代皇帝明帝。不过，郭氏被废黜后享受着皇太后一般的待遇，而废太子刘疆则获封东海王，依然受到光武帝的宠爱，这果然是光武帝的做法。

第十三章　豪强势力蔓延

豪强地主系谱

所谓的豪强地主，主要有三条系谱。（一）以皇室、诸王侯为代表的贵族势力分家后分散到各地方落户，不断从本家间接或直接地接受援助，从而在当地落地开花，逐渐繁荣兴旺。这与日本平安朝至镰仓时代，一些与皇室和贵族有血脉关系的人在地方上形成实力强大的武士集团如出一辙。（二）如前文所述，随着货币经济的不断渗透，农村的阶级分化日趋明显，自耕农或者大地主的势力逐渐加强，甚至开始支配临近乡村的土地。借用司马迁的说法，这些人就是"武断于乡曲"的一伙豪党之徒。这股势力早在西汉初期就已经称霸一方。（三）汉武帝抑商使商人转变成了地主，这些人善于经营算账，在高利贷等领域展开副业，从多种渠道积攒财富，进行土地投资，是活动最频繁的一帮人。这些豪强地主按血缘关系结为集团，以

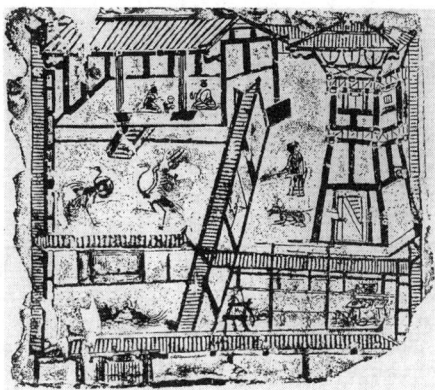

汉代豪强地主宅邸（汉代画像砖）

本族中势力最强的地主为轴心，相互扶持，甚至有时还会均分财产，以加强本族的发展。

　　一般认为豪强地主时代（或者庄园时代）是从东汉时开始的，这是因为光武帝是在南阳豪强地主的支持下，才打败王莽和赤眉军，赢得了天下的。

　　然而，豪强地主并不是从东汉时期才开始出现的。光武帝刘秀本人就是南阳的豪强地主，作为刘氏一族的一员，他拥有约二百五十至三百顷土地，可动用的人力将近一千户。他的母亲是樊重之女，樊重是当时典型的庄园领主。光武帝的姐姐嫁入邓家，邓氏一族世世代代都是富豪，且高官辈出，也是南阳著名的豪强地主。而光武帝年轻时曾感慨人生理想，说过这样的话："仕宦当作执金吾，娶妻当得阴丽华。"这里提到的阴皇后，其娘家也是拥有百顷土地的大地主，一家老小、门客还有奴婢加在一起，足有一千多人。阴丽华的母亲来自前文提及过的邓家。因此，邓、刘、阴三家是联姻的关系。

有关刘氏豪强的血缘关系也没必要逐一谈及，暂且说到这里打住，这里的表格归纳了南阳豪强与刘氏家族的关系。（此表摘自宇都宫清吉的论文《南阳和刘秀》，主要选择了一些从开始就与刘秀关系亲密的人。）

李通	宛地德高望重的富人，曾与刘氏有过争执，后来与刘氏结亲
邓禹	与刘氏为亲戚，是刘秀在学问方面的友人
任光	乡里的征税官，率一党之众投靠刘氏
朱祐	刘秀的亲友
马成	县里的衙役，投靠刘秀
来歙	刘氏亲戚
邓晨	刘氏亲戚
张湛	刘秀的学友
樊宏	大地主，刘氏的亲戚
阴识	大地主，刘氏的亲戚

这个表格中列出的人物，虽然只是一部分建立东汉的功臣，但从中可以看出，刘秀的成功与其亲朋、旧友发挥的巨大作用密不可分。虽然刘秀家本身并非什么特殊的名门望族，但南阳郡内他的众多姻亲、旧友就像渔网一样结成了千丝万缕的联系。光武帝平定天下后，在宫中御殿记下了二十八将三十二功臣的名字，据说其中十三人都出自他的老家南阳郡。从中不难看出汉王朝豪强地主阶层的势力。

到了东汉中期，北方民族的侵扰以及洪水、旱灾等连连发生，越来越多的老百姓丢弃土地，流离失所。于是，豪强地主趁机占有了无人认领的土地，以恶劣的条件逼迫生活困苦的百姓耕种土地或者成为奴婢，为他们赚取更丰厚的利益。而且，东汉时期，地方官多由当地名流担任。也就是说，在各郡县，除了郡太守或县令、丞、尉这三个官职由中央任命（东汉时期由中央任命的地方官，一般不去自己的家乡或者妻子的家乡任职，这种制度叫回避制），其余官职均由郡太守或县令从当地挑选合适的人员，自由任命。这种制度有利于挑选出熟知当地情况的人为官，但另一方面，一旦失误，就很容易让官僚与当地实力派相互勾结。东汉的这项制度，其结果就事与愿违，成为豪强地主进入地方政界的方便之门。这些人合法地集结权力，为集中大量土地赢得了诸多便利。这样，东汉的豪强地主势力不断蔓延开来。

豪强与庄园

豪强地主通过放高利贷、经商、当官等各种手段获得额外收入，不断扩大自身的财富，但毋庸置疑，他们的经济基础还是在土地上，即集中在庄园的经营上。但是，当时的庄园是如何经营的，具体却很难说清楚，因为中国的历史资料中很少有相关的记载。这一点倒是与日本史或西方史不同，因为日本史或西方史中都保留了许多个人家庭的文书。所以，这里只能根据史料中的片段性记录，再加上一定的想象进行描述。

作为汉朝庄园的相关史料，人们时常会用到前文曾提及的樊氏的有关记载，下面我们首先对此进行介绍：

在豪强地主庄园耕作的劳力（汉代画像砖）

> 樊宏字靡卿，南阳湖阳人也，世祖（光武帝）之舅。……为乡里著姓。父重，字君云，世善农稼，好货殖。重性温厚，有法度，三世共财，子孙朝夕礼敬，常若公家。
>
> 其营理产业，物无所弃，课役童隶，各得其宜，故能上下戮力，财利岁倍，至乃开广田土三百余顷。其所起庐舍，皆有重堂高阁，陂渠灌注（六世纪的地理书《水经注》中，有樊氏陂的记载，相传樊氏陂为樊重所建）。又池鱼牧畜，有求必给。尝欲作器物，先种梓漆，时人嗤之，然积以岁月，皆得其用，向之笑者咸求假焉。资至巨万，而赈赡宗族，恩加乡闾。外孙何氏兄弟争财，重耻之，以田二顷解其忿讼。县中称美，推为三老。年八十余终。其素所假贷人闾数百万，遗令焚削文契。责家闻者皆惭，争往偿之，诸子从敕，竟不肯受。

以上展现的是樊重的庄园经营法，他被描绘成了当时最完美的理想主义庄园主的形象。以下，我们将分段介绍相关的内容。

豪强的伦理

上文的开头部分，讲述了樊氏的家世，以及同族间维系关系的法则，反映出樊氏家族遵循儒教思想，坚守长幼有序的道德标准。因为"关系亲近的人之间也要礼节有度"[①]，要想保持同族间的长期和谐，就需要相互间根据不同的身份保持相应的礼节秩序。另外，要想从当时的社会获得尊敬，就需要依从儒教的理念进行生活。这一段中最重要的内容是"三世共财"。在当时集约型农业技术下，原有的大家庭分割成五口之家的情况已经很普遍，这样虽然在经济方面比较有利，但当时尤其重视孝行，人们认为，为了孝敬在世的父母，孩子成年后仍然要和祖辈、父辈生活在一起才好，而分割财产独立出户就意味着很难再孝敬、侍奉祖辈。所以世代同堂、财产共享才是儒教尤为推崇的道德，国家也会对这样的行为予以奖励。樊氏家族正是这样的儒教道德的信奉者。

豪强地主接二连三分家并相互扶持，这种状况会让豪强势力越来越强，这是国家所不愿意看到的。所以，这里所说的"三世共财"，或许与"孝廉制"（东汉时期最重要的选官制度）等制度一样，是假借儒教之名压制豪强地主的高级政策。

庄园的劳动者

后半部分内容主要介绍了庄园内的经营方式。其中，"其营理产业，物无所弃"这句话，是对樊重的经营方式所进行的

[①] "親しい仲にも礼儀あり"，日语中的一句俗语。——编者

综合评价，说明他充分发展和壮大了庄园这样一个事实。如前文所述，豪强为了储备财富，可以采用经商、搞特权、放高利贷等各种手段，但最根本的手段还是土地经营。既然如此，最大限度地发挥庄园的作用，当然就对豪强地主来说至关重要了。

庄园内的劳力被称为"童隶"，这个词很有意思，显示了劳工们在庄园内的身份。"童"虽然也表示小孩的意思，但一般可理解为男仆，而"隶"可理解成奴隶，所以说，樊家主要是使唤男仆、奴隶进行耕作。后世，颜之推（北齐人，他从南朝的梁到北齐，再到北周，辗转求官。他结合自己的切身经历，给孩子们留下了家训，即著名的《颜氏家训》）在留给子孙的家训中说道："耕当问奴，织当访婢。"[1] 由此可见，由奴仆（农奴）耕种土地的情况确为事实。但是另一方面，《韩非子》中则有这样的内容："夫卖庸而播耕者，主人费家而美食，调布而求易钱者，非爱庸客也，曰：如是，耕者且深，耨者熟耘也。"这说明早在战国末期，就已经存在雇佣农业劳动者（庸客）的事实。从前文提及的代田法的技术内容来看，当时的农业技术已经远远超出奴仆耕种的阶段，进入了一个很高的水平。因此不如说，一直延续到后来的是在手工业或商业中使用奴仆，樊家的童隶也不是从事农业的奴仆，而应该是从事手工业或商业活动的奴仆。假设他们从事农业，也不会直接参与耕种，而是从事监督佃农的工作，即发挥佃农头目的作用。

---

[1] "耕当问奴，织当访婢"出自《宋书·沈庆之传》，而非《颜氏家训》，疑原文有误。——编者

水田里的劳动者（土陶，出土于四川省）

关于奴仆的相关内容，汉朝有一篇名为《僮约》（东汉王褒所著，关于这篇文章的研究，有宇都宫清吉氏的著名论著《僮约研究》）的滑稽文章，其主人公是一个叫便了的奴仆，文章讲述的是下面这样一个故事。

蜀郡有个寡妇叫杨惠，她家有一个奴仆叫便了。杨惠的情人王子渊来到她家里，派奴仆去买酒，可是，便了却拒绝说："大夫买便了时，只约守冢，不约为他家男子酤酒也！"子渊大怒道："奴宁欲卖邪？"寡妇杨惠说道："奴大杵人，人无欲者。"子渊当即决定买下他，立约管束。便了却说："欲使便了，皆当上券；不上券，便了不能为也！"子渊生气地答应后，就写下了这道券文：

"神爵三年正月十五日，资中男子王子渊，从成都安志里女子杨惠，买亡夫时户下髯奴便了，决贾万五千。奴当从百役使，不得有二言。

"晨起洒扫，食了洗涤。居当穿臼缚帚，裁盂凿斗。浚渠缚落，鉏园斫陌。杜髀坢地，刻木为架。屈竹作杷，削治鹿卢……

"奴不得有奸私，事事当关白。奴不听教，当笞一百。"

读完了以上内容的券文，便了再也不敢狡辩，他说："早

汉代奴隶，左为打水妇，右为清扫男（土陶，出土于四川省）

知当尔，为王大夫酤酒，真不敢作恶也。"然后就老老实实去
买酒了。

从这个故事可以看出，中国古代的奴仆是任由主人随意
买卖的，但奴仆的工作内容以契约的形式签订这一点却给予了
奴仆相当的自由，与西方历史上的古代奴隶存在很大的不同。
不管怎样，这些奴仆并不是由主人掌握其生杀大权，不是"不
被当作人，只被当作物品"的一个群体。在中国的刑法中，主
人伤害奴仆，其罪行比伤害普通人要轻，但一般也会根据伤害
的大小获刑。而且，一个奴仆一万五千钱（居延汉简中有记
载：两个少年奴仆三万钱），这个价格是相当贵的，所以普通
人不可能拥有很多奴仆，生产性较低的农耕劳作也不可能大量
使用奴仆。

庄园的规模

樊氏家族的庄园有三百顷，其面积大约为1350公顷，作

为水田庄园，这个规模在中国无疑是相当大的。普通庄园的规模具体有多大，我们并不是十分清楚，但前文中提到的颜之推，他曾说过想要得到至少十顷。综合各方面考虑，我认为普通庄园的规模大概有五十顷左右。

樊氏家族并不是零七碎八地购买熟地，而是依靠自己的力量开垦土地。这样一来，他们拥有的广阔土地非常集中，而这有利于他们对大规模庄园内的住家或邻里进一步加强支配。这与宋朝以后单纯购买熟地，收取土地租金的大地主性质截然不同，这一点值得我们关注。

另外，庄园内所建的几栋房舍，表明庄园的内部是划区域经营的。樊氏家族将三百顷土地按照普通庄园的规模，即五十顷左右进行均等划分，每一个划分区域内修建一处房舍，由各分家入住，直接经营和管理各自的辖区。而樊重作为本家，负责对各分家的全局把控，也就是实行间接管理。

樊氏庄园在社会不稳定的情况下，自然而然地提出了自给自足的庄园经营目标。《颜氏家训》中说："至能守其业者，闭门而为生之具以足，但家无盐井耳。"铁和盐不是任何地方都可以生产自足的，所以在庄园里一般也不可能实现自给自足。不过，在四川等产盐地区，庄园在制盐方面倾注了很大的努力。（四川省虽然不临海，但地下有岩盐层，可掘凿盐井，汲取地表浅部或地下天然卤水，经过蒸馏加工制盐，这称为"井盐"。）

庄园与商业

当时的庄园也经营商业，而且具有长期规划。北魏时期的《齐民要术》中有以下记载：

"男女初生，各与小树二十株，比至嫁娶，悉任车毂。一树三具，一具直绢三匹，成绢一百八十匹：娉财资遣，粗得充事。"

这里说的是精打细算种榆树的事情，而《齐民要术》中不仅限于榆树，为了将来的收支精打细算的事例比比皆是。前面虽然说过庄园的目标是自给自足，但庄园在追求商业利润方面也决不放松。崔寔是东汉末期人，出身于河北安平的名门高第，《四民月令》是他模仿古时月令所著的农业著作。（崔寔生活在东汉末年汉桓帝至汉灵帝时期，除《四民月令》，还著有《政论》等。他在任五原太守期间，还曾给塞外的百姓教授农耕，为官颇有政绩。）这部著作叙述一个经营庄园的大地主家从正月到十二月一年的活动，包括祭祀、家庭劳动、农耕生产，及物品销售等。其中比较详细地记录了农作物的买卖情况，比如这个月卖什么，买什么，第几个月要卖什么，买什么，等等。

从中可以看出，田庄主人需持续关注收获期、囤货期、播种期等各个关键时期的具体情况，然后进行买卖，为了追求商业利润，田庄在粮食买卖方面——粮食是最需要自给自足的物品——自然也是下了十足的功夫。即使东汉时期已经回归自然经济，诸如田庄与田庄之间、田庄与庄外的普通农民之间的民间自由买卖依旧十分兴盛。

敲打桐木果实的农夫（出土于四川省的画像砖）

　　前文提到的《齐民要术》，是六世纪中期山东的豪强地主贾思勰的著作，被誉为中国古代农业技术集大成之作，是一部非常珍贵的综合性农学书籍。这本书详细介绍了旱地农业的原则规律，具有很高的实用价值。可以毫不夸张地说，《齐民要术》对日常生活中所需物资的产出方法几乎都有记述，包括谷物类、蔬菜类、水果类、桑楮等经济植物类的栽培方法，还有养鱼、畜牧方法，以及食品加工的方法等。其中关于主要粮食作物的栽培方法，书中是以较小规模的经营，即五人家庭的农户为例进行描述的。而对于一部分蔬菜类（尤其是瓜类等易于换来货币的蔬菜），以及有经济效益的植物类等，书中则向人们介绍了大规模经营的方法，例如瓜类是以种植一顷（4.5公顷）面积为例记述的。我们认为，这种谷类和经济作物栽培规模的不同，也涉及谷类与经济作物栽培者的不同，也就是说相对于谷类栽培以五户为中心来进行这一点，经济作物的栽培是由庄园主统筹安排的。刚才说到的樊重，如果以他家为例的话，那么谷类栽培将会由庄园内各房舍的主人负责调度以确保其顺利进行，而与之相对，经济作物则是由本家樊重在通盘考虑田庄整体发展的基础上，负责安排栽培。如果后一种模式得以实行，那么庄园的商业就只有一个经营窗口，而且直接接触金钱的负责人也只可能是本家。庄园的商业窗口只有一个，而且庄园主可以把所有金钱掌握在手中，这样就可以实现庄园的体系化发展。一般都认为东汉、六朝时期的政界，人与人之间联系极为紧密，上下级关系、主仆关系尤为严格，这背后会不会也暗含着庄园体系化的因素呢？

豪强与乡里

前文引用的樊氏庄园的史料中，最后一部分记述的是豪强地主与邻里之间的关系问题。文中谈及的主要意思是：无论庄园主如何有钱，假如乡里对他们的评价不高，则他们仍然无法成为名门望族；而且没有社会舆论的支持，他们就无法步入政界为官。《后汉书》的作者范晔（398—445年在世，南朝宋国人，参考以前七八种有关东汉的史书，著成现在的《后汉书》）提出，获得巨大财富的庄园主应教导自己的族人，施恩于乡里，这才是豪强的最高境界，是豪强应该表现出的真正姿态。

以上，我们在加入各种想象的基础上，对庄园的内部情况进行了片段式的介绍。当然，虽同为庄园，也会因为土地条件、庄园主的个性等不同，表现出来多种多样的形式，这里所介绍的庄园，应该也是当时最有可能出现的一种类型。

第十四章　乐浪郡与日本

日本首次亮相

在此之前，日本有过好几次出现在中国历史舞台上的机会。最早的一次，是在战国时期中国内地因战争不断而土地荒废，但周边各国却反而保持天下太平的那段时间。位于中国东北角的燕国接纳了内地流亡来的难民，并因此将活动范围扩大到东北地区南部以及朝鲜半岛。虽然是间接性的，但想来中国与日本之间通过这些地区维持着相互联系。

第二次是在秦始皇统一中国的时候，即秦始皇于公元前226年攻陷燕国的首都，并追击落荒而逃的燕王，终于在进入辽东的第五年（公元前222年），将燕王俘虏的那段时间。毋庸置疑，此时为数众多的燕国遗民逃往了朝鲜半岛，不久后秦朝被灭，楚汉战争爆发，中国内地逃亡的人更是不计其数。汉初，卫满（汉高祖末年，燕王卢绾逃亡匈奴时，一起逃出）从中国内地逃亡，之所以能以今天的平壤（当时叫王险）为都城建立朝鲜国，就是因为有这样的一个背景。

第三次则是在元封三年（公元前108年），汉武帝消灭卫满的孙子卫右渠，自东北地区南部至朝鲜半岛北部设立四郡的那一时期。（乐浪郡即今平壤，临屯郡即永兴〔咸南道〕，玄菟郡最初设在咸兴，这已经明确，可是真番郡的位置至今不明。）其中，乐浪郡是以原朝鲜国的首都为中心设置的，所以位于中国领土的最东部，那里既是中国统治范围的最东端，也是中国文化向东推进的最前线。汉武帝的下一任皇帝汉昭帝的始元五年（公元前82年），四郡中的真番、临屯两郡就被早早废止了，玄菟郡也在不久之后退至东北地区，只有乐浪郡没有离开原来的治所，依然是拥有二十五个县的大郡。这虽然是汉朝倾其国力努力维持的结果，但也能反映出从中国内地来的移民主要都集中在这个地方，他们的势力已经与当地不可分离了。

乐浪郡以南地区没有直接受到汉朝的支配，那里有许多独立小国，总称为"韩"，他们通过乐浪郡向汉王朝朝贡。但奇怪的是，西汉的史书中却丝毫没有提及这些国家，相反，对于隔海相望的日本，却有"乐浪海中有倭人，分为百余国，以岁时来献见云"的记载，这又是什么原因呢？班固《汉书·地理志》（记述了西汉时期中国领土的地理情况，其中，行政区划、户口数目等依据的是汉平帝元始二年的统计结果）末尾部分这段话，记录了汉武帝设立四郡以来，倭国的统治阶层屈服于汉王朝的威力，每年向乐浪郡守进贡的情况。

当然，这无疑是关于日本历史的最早记载，不过，对于这段记述，如今我们有必要做进一步的探讨。

王莽的对外政策

汉武帝之后的汉朝，对西、北各民族采取了相当积极的民族政策，相反，对东部民族的态度却堪称消极，前文中提到过，汉朝在朝鲜设置了四个郡，但很快就废掉了两个。而到了王莽执政时，他反而向东、南方向的民族伸出招抚之手。

王莽一直以建立儒教国家为目标，并为此想出了各种各样的理想主义政策，尤其是在夺取汉朝政权方面，他拿出周公摄政辅佐年幼成王的故事作为范本。按照当时儒家的说法，周成王时期的周公，其美德传遍天下，因为对他的仰慕，南方的越裳民族进献白雉，东方的倭人则朝贡了一种香味极佳的香草，叫鬯草。于是，王莽也让今四川塞外的民族进献白雉，寓意他自己也成了周公，这件事在前文中已经说过。更有甚者，他还派使者前往今印度半岛东岸的黄支国（根据藤田丰八博士的研究，即今加尔各答东南的康契普腊姆），要求黄支国王进献一头活犀牛。黄支国是当时中国所知道的最南端的国家之一。

而对于北部的匈奴，王莽同样是派使者送去大量的黄金和丝绸，然后向对方提出自己想要的东西。当时的单于名叫囊知牙斯，他听说在中原，取名单字是一种礼仪，于是，他提出想把自己比较复杂的名字改为一个"知"字。另外，匈奴还希望让王昭君与单于所生之女进入汉朝王宫成为侍女。王莽对此大为高兴，不用说也知道，他肯定会宣传自己的美德已传遍其他民族。

这样到了元始五年（公元5年），天下一片太平，王莽在北方教化了匈奴，在东方使海外各国朝贡，在南方成功笼络了黄支国，只剩下西边尚未控制，所以他又开始拉拢和安抚羌族（西部的藏系民族）。这次自然也是派使者送去众多礼品，让羌族酋长自己提出将领土献给汉朝，愿意成为汉朝子民的请求，汉朝自然接受了对方的请求。当时王莽向太皇太后上奏说："越裳氏重译献白雉，黄支自三万里贡生犀，东夷王度大海奉国珍……"

这里提到的东夷王渡海献珍宝，一定是倭国使者越过玄界滩来到朝鲜半岛这件事。

元始五年以前，王莽学习周公，为了让东西南北的民族都来朝贡，采取了各种各样的手段。具体对倭国使用了何种手段不得而知，很有可能是督促乐浪郡给倭国足够的补偿而劝其朝贡。其结果，倭国使者最终来到了乐浪郡，这才有了《汉书·地理志》中大写特写的那句有名的话。

汉文化影响倭国

当然，倭国这个国家的存在并不是从王莽时期才开始被中国人所了解，早在《山海经》的《海内北经》中就已经有记载，书中提到盖国时称："盖国在钜燕南，倭北。倭属燕。"《山海经》是中国最早的地理书籍，其中古老的部分可以追溯到春秋末期和战国初期，而这段记述的某一部分似乎是后来添加进去的，不过其年代无疑是王莽之前的。这里谈到了倭国与战国时期燕国的关系，这一点颇让人感兴趣。到了汉朝，中国和日本就完全是以乐浪郡为媒介进行交流了。

王莽建立新国后推行强硬的对外民族政策，引起匈奴、高句丽等的反感而导致政策失败，这一点已在前文提及。内藤湖南博士曾指出这一事件在他们之间唤起了民族意识，并就此做了以下论述：

> 王莽统治蛮夷的错误，对东亚的整体形势造成了显著的影响。中国的历史之所以成为东洋史，可以说是王莽的失败造成的。在此之前，也就是从开天辟地到西汉末年，中国文化一直在波及四方，其他种族也都受其影响而不断中国化。甚至连一直以来语言风俗完全不相同的蛮夷也已经中国化，吸收了不少中国的语言风俗。而王莽的失败，使接受了中国文化的诸蛮夷逐渐产生了自我意识，他们意识到对中国进行反抗并不是一件困难的事情。西汉的历史中可以举出不少诸蛮夷屈服于汉朝势力的事例，可是却丝毫看不到他们思考本国来历，有意识自我独立的痕迹。……然而，从此时起，东亚的历史变成了各种族势均力敌的历史，不再单纯是中国文化遍及四方、统一各地的局面。由于各种族的反抗，中国这个大本营发生了巨大变化，开始动摇。(《中国上古史》，313页)

　　这个观点非常有趣，带给我们很多启示。如是一来，外民族开始意识到自身的存在，并强调自我主张，而与此同时，中国也就开始意识到有必要好好地研究这些外民族的情况。有关倭国的一些情况，变得逐渐清晰，就是得益于此。

　　而倭国的情况，并不涉及王莽的对外政策是否失败的问题。王莽时期中国与倭国直接开始交涉，无疑给倭国的形势也带来了巨大的变化。（这个时期正值弥生文化后期，日本受中国的影响越来越大，可以说是即将开始古坟时代的准备时期。）与中国开展直接交流这件事，对于倭国的执政者来说具有绝对的诱惑力，是提升他们权威的最有利因素。王莽铸造的青铜货币不仅在朝鲜半岛各地，而且在济州岛和对马出土的事实，可以让我们想象到，两国曾在王莽时期通过朝鲜半岛频繁交往的情景。（王莽从自身的想法出发，制造了大量形状怪异的货币，从对马发掘出"泉货"货币。）

倭奴国使者

　　因此，从此时起，倭国人突然间对中国的风吹草动十分敏感。王莽的新国灭亡后，光武帝复兴汉朝的消息或许迅速地传到了倭国。东汉完成了国内的统一，其势力开始向周围扩展，这时候倭国当然想要尽快与其取得联系。尤其是建武十七年（公元41年），祭肜任辽东太守，他在东北边境威名远扬，于是中国的势力与西汉时期相比，更加朝着东北方向发展。而韩、倭等国相继向东汉表示朝贡，也都是在祭肜任辽东太守的三十年任期内。当然，这些国家都在乐浪郡的管辖之下，其背后的辽东太守起的是监视作用。

当时，乐浪郡以南的朝鲜半岛由马韩、辰韩和弁韩三部分组成。马韩位于朝鲜半岛的西部，内分为五十四个国家；辰韩位于马韩之东，弁韩位于辰韩之南，各拥有十二个国家。三韩共计有七十八国，稍大的国家拥有一万多户人口，较小的国家约有数千户，分别割据在山间或海边。其中，马韩的面积最大，势力最强，在三韩中处统治地位。不过，由于辰韩产铁（这些铁是倭人进入朝鲜半岛的重要原因。后来，新罗得以在此地区发展壮大，直至统一半岛，也是与产铁不无关系），据说位于朝鲜半岛西北部的濊族以及马韩，甚至是倭人都前来买铁。汉武帝征服朝鲜设立乐浪郡的时候，其统治范围并没有延伸到这些地区。不过，当时的乐浪郡守对这些国家采取了适当招抚和监视的政策，避免他们发生暴乱。

然而，建武二十年（公元44年）秋，东夷韩人苏马諟带领其部族来到乐浪郡，请求成为汉朝子民。此人原为小国廉斯人，所以光武帝授予他汉廉斯邑君的称号，让其归属乐浪郡，四季向汉朝贡即可。建武二十三年（公元47年），高句丽人也率部投靠乐浪郡，成为汉朝子民。刚才所提到的辽东太守祭肜，他实行的对外政策发挥了很好的效果。

如此一来，接下来自然就轮到了倭人。十年后的中元二年（公元57年）正月，倭奴国王的使者抵达了东汉的首都洛阳。据《后汉书》中记载，使者自称大夫，献上了贡品，光武帝则回赠其印绶（绶是指系印信的丝带，以便佩带在身）。

可是，到了第二个月，光武帝就驾崩了。即便光武帝在

光武帝赠予奴国使者的"汉委奴国王"金印（福冈市博物馆收藏）

病榻接到了使者来访的报告，想来他也不可能召见使者了。不管怎样，倭国的使者不远万里来到中国首都这件事被载入历史，本身就是一次划时代的大事件。倭奴国王已经不满足于像从前那样只向乐浪郡派遣使者，而是渴望直接与洛阳的汉朝政府建立联系。估计从乐浪郡到洛阳，使者一路上使用的都是官方驿站。

　　奴国是今九州博多湾沿岸的一个小国，光武帝送给使者的王印，在江户时代出土于志贺岛，即"汉委奴国王"金印。之后又过了五十年，到汉安帝永初元年（公元107年），倭国王（唐代杜佑的《通典》中出现了"倭面土地王"的说法，而内藤湖南博士认为正确的是"倭面土国王"，指大和朝廷）帅升来到汉朝，献上了一百六十个奴隶（生口）。从中我们确实可以看出，在日本人的祖先倭人逐步拥有自我民族意识的同时，日中之间的相互关系也逐渐变得紧密。

东夷各国

不仅倭国，西汉时期尚不为人知的其他东方诸国及民族的情况，到了东汉也渐渐被人们了解。《后汉书》中单设了一卷《东夷列传》正是为此，对中国人来说这可谓是发现了新世界。今天的《后汉书》是五世纪的著作，这一点不用再重复说明了，尤其当中的《东夷列传》，是以三世纪末所著的《三国志·魏志·东夷列传》为主要材料而写成的。但也正是因为东汉时期中国与东夷之间的交往甚密，所以，进入三国时期后双方的关系才取得了进一步发展。

包括高句丽在内，夫余、沃沮、濊貊等国家和民族的名字自西汉起已为人所知，而位于夫余北边的挹娄却是东汉后才被中国所了解的。高句丽是自东北地区至朝鲜半岛这一区域内最大的国家，沃沮位于高句丽东部至朝鲜半岛东北，濊貊位于

东汉时期东夷分布图

高句丽南部的朝鲜半岛东海岸。高句丽隶属于玄菟郡，而沃沮和濊貊隶属乐浪郡，高句丽首先独立出来后，沃沮和濊貊也脱离了中国的郡县统治。夫余位于东北地区中部，属于玄菟郡，但后来归顺了高句丽。位于其北部的挹娄临近旧苏联的沿海州，风俗最为野蛮。

韩的情况前文已经谈过，到了东汉末年的动乱时期，躲避战乱逃亡至此的中国人逐渐增加。不久，辽东的公孙氏建立了独立政权，在乐浪郡南部至韩的一部分地区设置了带方郡，其中心即为今天的首尔。据说韩和倭都开始接受这个郡的管辖。

倭国的情况无疑越来越明了。如前所述，《后汉书》中记载着汉安帝永初元年（公元107年），倭国王帅升等人朝贡于汉。而根据各方面考证得知，实际上来汉的应该是倭面土国王。有说法称这个国家便是后来的大和朝廷，但也有另一种说法称其乃倭面土国，位于九州松浦半岛一带（桥本增吉博士认为这就是《魏志·倭人传》中提到的末卢国，即为九州松浦半岛的一个小国），至今尚无定论。总之，西汉末年，倭国曾分裂为百余个小国，而到东汉时只剩下三十国，因这些小国均向中国朝贡，可以肯定这次记载的也必是其中一国。到了二世纪后半期，即东汉桓帝、灵帝统治时期，倭国发生大规模战乱，后由邪马台国女王卑弥呼实现了统一。

第十五章　佛教传入中国

托梦金佛

东汉的第二位皇帝汉明帝一天晚上做了个梦，他梦见一位满身呈金色、头顶上放射白光的神仙从天空飞过，降临于宫殿前。第二天，汉明帝便召集群臣来解梦，博学的傅毅向明帝进言道："臣闻西方有神，传名为佛，陛下所梦之物莫不是佛？"[1]明帝听后，对此深信不疑，于是决定派遣使臣前往西方寻求佛法。

西行求法的使臣有郎中蔡愔和博士弟子秦景。郎中是指在宫殿上协助皇帝处理事物，或者受皇帝差遣外出办事的侍从官，是将来会被提拔为高级官员的候补人员，所以蔡愔很可能就是当时使臣团的负责人。博士弟子（汉武帝设立的官职，

---

[1]　作者这段描述或出自《太平广记》中的相关纪实小说。据《后汉书》记载，群臣或曰："西方有神，名曰佛，其形长丈六尺而黄金色。"——编者

博士自秦代开始出现）也是官职的一种。博士这一官职之前便有，担任这一职务的人精通儒学，一般从儒学角度出发解答国家管理过程中出现的问题。东汉时期，博士的名额为十四人，他们由一名博士祭酒领导；博士之下又设有博士弟子五十人，他们协助博士处理工作的同时也接受博士的指导。秦景之所以被列入使者团，可能是他所处的职位比较适合学习新知识的缘故吧。

蔡愔、秦景带领随同一行向西域出发。到达天竺后，他们手抄佛经，并将手抄本装入榆木箱，驮在白马背上带回了都城洛阳。另外，使臣们在天竺还结识了摄摩腾和竺法兰（据竺法兰的传记记载，二人为中印度人。据传他们翻译了《四十二章经》等五部经典）两位高僧，并向二位高僧说明来天竺的目的是寻求佛法，随后，两位高僧也随同使者们一同来到了中国。汉明帝为了欢迎他们，派人在洛阳以西修建了一座寺院，名为白马寺。这一年为永平十年（公元67年），佛教首次传入了中国。

不过，这个佛教首次传入中国的传说，是围绕白马寺修建的传说而产生的，虽然早在三世纪末就已经形成，但其内容也发生了很多变化。也有一种说法称摄摩腾和竺法兰二人用白马驮着佛经欲前往中国，正巧遇见到达大月氏的中国使者，于是使者们带二位高僧一同来到了中国。

佛教传入中国的诸多传说

另外，还有一种说法称，佛教早在东汉明帝之前就已经

洛阳白马寺佛塔，据传是中国最古老的佛塔

传入中国。据说，汉明帝同父异母的弟弟楚王刘英曾为浮屠（即佛陀）建祠祭祀。于是，有人提出既然皇族中都已经出现了信徒，那么佛教应该是在更早的时期传入中国的。据说西汉哀帝时，公元前2年，大月氏王派遣使者伊存来汉，此人当时曾向博士弟子景卢口头传授过浮屠经。因此，有人认为佛教在西汉末年便已传入中国。

也有一种说法认为，佛教传入中国的时间更早。汉武帝时张骞出使西域，他到达今阿富汗北部地区的大夏国时，在给汉武帝的回国报告文书中曾经提到过身毒国的情况。身毒国即今印度，与大夏国有过交往。由此可以推测，此时中国人第一次听到了浮屠的教义。而且，霍去病率军远征匈奴，匈奴浑邪王因畏其威名归降之时，汉还曾缴获一座金人，据说这座金人就是佛像。

在唐代的佛教典籍中，甚至还有这样一段记载，其大致内容是：

秦始皇时期，以沙门释利防为首的十八位贤者因读经诵佛而遭到秦始皇监禁。一天夜里，一位身高一丈六尺的人前来劫狱，将十八位贤者全部救走。秦始皇得知后又惊又恐，急忙赔罪致歉。

这个故事在汉代和六朝时期的书籍中完全没有记载，却首次出现在唐代，而且是佛教的书籍中，这不得不让人怀疑其真实性。此外，一提到金人便想到佛像，一听说印度就联想到佛教的话题，这不得不说是深信佛教教义的信徒由于十分推崇佛教，而渴望佛教传入中国的时间更早的一种迫切心情，并不能说明这些就是真正的历史事实。另外，并不一定是朝廷派遣使者求回佛法后，佛教才得以从宫廷开始传播。居住在中国西部边境的人们自然会与佛教信徒西域人有所交往，从中就能接触到佛教的礼仪。

关于佛教传入的时间历来众说纷纭，但其中较为可信的是佛教于西汉末年传入中国。

西部魅力与东部魅力

中国的西部沙漠广布，那里会有些什么呢？ 或者，曾经有过什么呢？ 比如我们在日本法隆寺，看到运用古希腊多利安式建筑手法（梁柱的中间部分最粗，越向上方柱子越细）建造的梁柱时，便会想到其起源于希腊，而在追根溯源之时，我们又会对连接希腊与东方之间的沙漠地带产生诸多好奇。如今，人们还在不停地书写或者阅读西域的相关书籍，这足以证明这一地区的无穷魅力。二十世纪初，为了认识那片未知的领域，掀开它神秘的面纱，一群幸运的日本人踏上这片土地，开启了他们的探险之旅。他们就是大谷光瑞及其随行人员橘瑞超、吉川小一郎等人，即大谷探险队的成员。

对于古代的中国人来说，西域是一个盛产美玉、宝马和美味葡萄的地方，西域的现实魅力便在于它盛产这些奇珍异宝。而对于居住在西部沙漠的人们来说，东方因盛产美丽、轻薄而又结实的丝绸也同样具有无限的魅力。丝绸之路这个名字是由德国地理学家李希霍芬（1833—1905年在世，1860—1862年作为普鲁士大使的随行人员来到了日本。作为近代地理学、地形学的创始人，受到后世敬仰，有关中国的实情也是由他介绍到欧洲的）创造出来的。在当今日本，这个名字一般被当作中亚地区的代名词，而从孕育出这个名字的国家的角度来看，这个词则充满了无限的东方魅力。对于罗马来说，东方魅力就是指盛产丝绸的现实魅力。

李希霍芬便是沉迷于东方魅力之中的一个人。此外，斯文·赫定也是一位不容忽视的人物，他受到李希霍芬的学术影响，并取得了不亚于李希霍芬的研究成果。

极地的召唤

斯文·赫定生于1865年，1952年去世。他从斯德哥尔摩大学毕业后便去柏林大学留学，后来受李希霍芬的影响，立志前往中亚探险。极地的召唤和神秘东方的魅力可谓牵引着他一生的步伐。

斯文·赫定曾在1893至1897年、1899至1902年、1906至1908年、1927至1935年期间，先后四次去探险，除了发现喜马拉雅山脉，他还接连探明了塔克拉玛干沙漠和西藏的地理情况，填补了中亚地图上的空白，并对中亚地图上存在的错误进行了修正。由于费用方面的问题，大多情况下的探险都只有他一个专家参加。但在最后一次探险中，他与瑞典及中国的学者组成了一个大型考察团，除了研究地理学、地质学的专家，还有气象、动物、植物、考古等各个领域的专家参与其中。

这次考察的研究报告多达数十册，赫定去世后，这些报告仍不断地由其共同研究者陆续出版。在第三次探险后，赫定还到访过日本。（有关此次赫定访问的新闻报道、演讲内容节选等，均集中收录于高野弦月编译的《赫定博士秘察国探险》一书中。）

旧湖·新湖

在赫定的研究成果中，非常著名的一项就是确认了罗布泊的周期性移动。"泊"是湖的意思，罗布泊是塔里木河注入形成的内陆湖，在汉代被称为盐泽或蒲昌海。由于是内陆湖，所以虽有水系注入，但却没有水系从湖中流出。汉朝人对此感到十分神奇，他们认为从罗布泊流出的水系潜行于地下，到达积石山附近才流出地表，由此成为黄河的源头。汉代以后的文献中对罗布泊位置的记录多为在塔里木盆地东部某处，但在地图上，关于罗布泊的位置其实始终是空白。因此自十九世纪末以来，包括赫定在内的许多探险家纷纷深入中亚地区，希望能够找到罗布泊的踪影。

俄罗斯地理学家普尔热瓦尔斯基（1839—1888年在世，俄国军官，他为探明亚洲内陆地区的自然状况做出了重大贡献，其中较为有名的是，他发现了一种野马，并以其名字命名）是最早进入这片区域的探险者，他经过调查，发表了关于罗布泊位置的报告。但是，李希霍芬对此提出了反对意见，他依据中国古文献的记载，认为普尔热瓦尔斯基提出的位置过于偏南。而对于中国古文献中记载的才是罗布泊的真正位置这一观点，普尔热瓦尔斯基自然再次提出反对意见，他认定自己的调查结果无误，由此便拉开了地理学研究上著名的罗布泊争议的序幕。

百闻不如一见，赫定作为李希霍芬的学生，当然有必要详细了解罗布泊的情况。赫定第一次探险，在中国文献上所记载的罗布泊位置附近发现了四个小湖泊，他推测这四个湖泊是由罗布泊分离而成。而普尔热瓦尔斯基的学生科兹洛夫对此又提出了反对意见。科兹洛夫（1863—1935年在世，俄国军人，在1907—1909年的探险过程中发现了西夏废都黑城，1924年在今内蒙古自治区诺彦乌拉山发现了匈奴墓）在1893至1894年的探险中，沿塔里木河左岸的干涸河床进行考察，最后到达了普尔热瓦尔斯基报告中的喀拉库顺湖。由此，科兹洛夫认为自己老师所发现的这个地方就是今日也是历史上的罗布泊所在地。鉴于科兹洛夫的这一反论，赫定不得不在第三次探险中对此区域再次进行考察。1900年3月，赫定进行了横穿罗布泊的探险旅行。

移动的湖泊

赫定一行曾一度赴西藏探险，时隔整整一年后又再次踏入罗布泊这片土地进行发掘工作。其实一年前离开这里时，他们发现了两枚带有忍冬纹和涡卷纹的美丽木雕，这就已经预示了此地可能存在较大的遗址。

最终，他们果然在这片大型住居遗址中陆续发掘出土了棉毛及针织物残片、耳环、靴子等物品，甚至还有汉字和佉卢文字（以印度西北为中心，包括阿富汗、俾路支斯坦，以及部分中亚地区在内的地区曾经使用过的文字）的古书籍，而前一年发现木雕的地方其实是佛教寺院的遗址，这一点也得到了证实。

与此同时，考察队对横穿这一废墟的孔雀河的干涸河床也进行了考察，发现此河床并非如科兹洛夫所说延伸到了喀拉库顺，而是进入了一片广阔的洼地。经过对出土文物的研究，赫定推断这片废墟很可能就是神秘的楼兰古国遗址。楼兰是从中原进入西域后途径的第一个绿洲国家，直到四世纪中期仍十分繁盛。

于是，赫定做了一个大胆的推论，他认为由于水流冲蚀、泥沙堆积及风蚀作用，沙漠中的河道发生了改变。塔里木河曾流经孔雀河，穿过楼兰城镇后流入这片洼地，但后来河流改道，转而流向了今喀拉库顺地区。而且随着泥沙在喀拉库顺的湖中不断堆积，楼兰遗址附近的沙漠也不断遭受风蚀，不久后罗布泊应该还会回到李希霍芬所推定的位置。对于赫定提出的这个观点，当时既有人反对，也有人赞同。然而，在赫定的第四次探险之旅中，他听说了塔里木盆地中的塔里木河自1921年以来一改其向南的流向，而开始向东流去，便于1934年乘划艇沿新河道顺流而下，进入新罗布泊，由此证实他三十年前的预测已经成为事实。

作为一名研究自然的地理学家，赫定能够亲眼看到自己的学术观点由推测变为现实，与其说他是一名优秀的学者，不如说他是一位非常幸运的学者。之所以这样说，是因为被赫定命名为"游移湖"的罗布泊，其位置变换的周期是一千五百年，赫定能够在自己的有生之年恰逢其周期改变，而且还能不是一次，而是两次、三次进入渺无人烟的区域进行探险，这样的经历简直太让人难以想象。

门户朝西

前文之所以花费较多笔墨讲述赫定的故事，是因为像赫定这样的众多探险家的活动，弄清了许多真相，而这些正是我们考察东汉时期的西域交通，以及讲述东汉文化时所必需的知识。

另外一点，就是希望日本读者能够通过赫定的故事了解沙漠自然环境的严酷性。湖泊居然会改变位置，这在日本的自然地理环境中是难以想象的。与丝绸之路这一动听的名字相反，当时的贸易活动是在相当严峻的环境中进行的。虽然环境严酷，但包括贸易活动在内，与丝绸之路沿线国家的外交关系一直是中国外交史上的中心课题。

在记载中国历代王朝历史的"正史"（共有二十五部又称二十五史，是以传记为主要内容的纪传体史书）中有关于外国的相关记录。日本古代史中备受关注的《魏志·倭人传》（《三国志》为正史之一，由《魏志》《吴志》《蜀志》三部分组成，《魏志》中的《东夷传》讲述的是居住在中国东部的非汉民族的故事，其中有关于倭的记载）也只不过是其中极小的一部分。相对于居住在东部、南部的民族而言，中国与西部、北部民族的关系在中国古代外交中更受重视，在古代史书中的记载所占比重也更大。总而言之，中国对外交往是长期侧重于西方的，交往的门户也是长期面向西方而设的。日本从东面寻求与中国的交往，就好像从中国的后门进来拜访一样。

然而，由于地理上的重大发现，不断有欧洲人航海而来，中国也不得不打开了面向东方的大门。由此，作为主干道的陆路交通逐渐衰落，并慢慢从人们的记忆中褪去了身影。

地处沙漠的楼兰等国，由于其严酷的自然环境，必须建在临近珍贵水源的地方，而且这里资源匮乏，人们只能依靠将一地之物搬运至另外一地生存，除此别无他法。但是，既然水源地是固定的，交通路线便也不会变动，这些国家若想依靠中间贸易发展经济，就要保证交通路线的畅通和稳定，不得不依附于当时的强国。

因此，西域各国在中国强盛之时归顺依靠，在中国衰落之时弃之而去，如此反反复复也只能看作是他们的宿命。

战略要冲——车师国

汉武帝时，经过张骞的不懈努力，汉朝与三十六个西域国家建立了深厚的外交关系。从此，汉朝便一直向西域派遣使臣。到了汉宣帝时期，派往西域的使者的名称被改为西域都护。"护"这个字有守护之意，另外还有监督的意思，都护的"护"当然是监督的意思。

汉宣帝之后，汉元帝又增设了戊校尉、己校尉两个官职（在汉代的军事组织中，校尉所率领的部队是最大一级的战斗集团），屯田于车师前国。车师前王统治着今新疆维吾尔自治区的吐鲁番盆地地区，建都于吐鲁番盆地西北的交河城。吐鲁番盆地北高南低，南部低地有富含盐分的湖泊艾丁湖，海拔最低处低于海平面三百米，气候炎热。屯田是指军队在驻扎地开垦田地，实现粮食自给自足，同时肩负防御的任务。汉朝的边境守军时常采用这种方法避免战时出现供给不足的情况。当然，这种做法也需要整体的大环境趋于和平才行。

为什么选择在车师前国驻兵屯田呢？ 因为这里是汉朝的宿敌匈奴南下攻打西域时的入口，于是，戊己校尉率领的屯田

兵就以今哈拉和卓地区的高昌壁为中心分散驻扎开来。另外还有一个原因就是，车师前国是由此向西通往天山南路北道的起点。

提高西域监察官的地位以及增设戊、己两校尉都意味着汉朝积极推行西域政策，但是王莽夺取政权后，将西域各国的国王由王降为侯，引起西域各国王的不满，他们纷纷选择投靠匈奴。

西域战乱

东汉光武帝虽然消灭王莽复兴了汉王朝，但由于内乱导致国力衰弱，光武帝为了恢复国力一心加强国内统治，无暇顾及他国。所以，他对西域各国的态度也比较冷淡。

因不满王莽新政而投奔匈奴的西域各国，后来由于不堪忍受匈奴的沉重税收，又开始想要归顺汉朝。在西域诸国中，唯有莎车国王即使在王莽时期也没有归顺匈奴，而是征服并统治周边国家，与匈奴展开对抗。莎车国王派遣使者觐见光武帝，请求光武帝向莎车国派遣西域都护。然而光武帝无暇顾及莎车国，便决定任命莎车国王为西域都护。

但是，管辖中国西部边境的敦煌太守（治理郡的地方长官）裴遵听闻此事后表示反对，他认为不可将如此大权交与外民族，如果莎车王成为西域都护，便会令其他各国非常失望。既然裴遵担负着与西域毗邻地区的治理工作，那么他对形势应是非常敏感的吧。于是，光武帝便撤销莎车国王西域都护一职，而任命其为大将军。莎车国王对此深感不满，便私自打起大都护的旗号，对周边各国发号施令。

面对莎车国一改常态后的盛气凌人，鄯善等十六国作为曾经的盟友，不知所措，只能寄希望于汉朝。于是，他们将人质送往汉朝以表示对汉的顺从之意，并恳求汉王朝设西域都护以保证他们的安全。但是光武帝对此仍无动于衷。无奈之下，他们只能再次向匈奴寻求保护。没有可依靠的后盾就无法生存，这便是绿洲国家的悲剧。

另一方面，于阗王坚持与莎车国王对抗，趁莎车国疲于战斗之机将其消灭。匈奴看到这种形势，就命令已经归顺自己的龟兹、焉耆两国派兵攻打于阗。于阗王虽然很快表示投降，但是当匈奴兵离开后又马上挑起战事，西域地区始终纷争不断，不得安宁。

汉军出击

由于汉王朝一味采取消极态度，匈奴有了喘息的机会，得以卷土重来。东汉第二任皇帝汉明帝永平年间（公元57—75年），匈奴甚至进犯到汉武帝时期设立敦煌四郡的河西走廊地区。

这样一来，汉在很大程度上就要让步于匈奴，这让汉朝备感威胁，因此决定派兵出击匈奴。汉军的将领叫窦固，他是东汉建国功臣窦融的外甥，娶汉光武帝之女为妻，可谓出身名门中的名门，但因受堂兄的牵连，失去了官位。朝廷拟派兵攻打匈奴之际，他被任命为奉车都尉（负责掌管皇帝御用车辆的武官），得以率远征军出击，这对于他来说，可以说是一次恢复名誉的绝好机会。

永平十六年（公元73年），他率部队在天山山脉东部地区击败了匈奴呼衍王的军队，占领了伊吾卢。伊吾卢即今新疆哈密附近，天山南北两侧的绿洲沿线道路在这里被沙漠截断，所以这里是非常重要的战略要地。

汉随即在此地设置宜禾都尉，并开始屯田。"宜禾"的"禾"指乔木科植物，即五谷的意思，由此可见，"宜禾"一词与屯田兵队长这一官职非常相称。而窦固之所以能够通过与西域交战证明其价值，其部下班超的作用功不可没。

班超是当时的右扶风安陵人，即今陕西省咸阳市人，出身书香门第。他的父亲班彪是当时著名的史学家，著有《王命论》一书；其兄班固乃西汉王朝的历史著作《汉书》的作者；而妹妹班昭则是文学家，以擅长文章著称。班超饱读诗书，能言善辩，丝毫不逊色于他的父亲和兄妹。后来因为其兄班固要去洛阳任职校书郎，班超便随兄长一同迁居洛阳。为了协助兄长养家糊口、赡养母亲，他时常做一些帮官府抄写文书的工作。

然而班超的志向并不在此，一天，他突然辞去工作，投笔于地并说道："大丈夫无它志略，犹当效傅介子（西汉武将，曾出使楼兰，施计将楼兰王杀死，因立功而获封义阳侯）、张骞立功异域，以取封侯，安能久事笔研间乎？"随后，他投笔从戎，随窦固出征，在战场上斩杀、俘虏敌人无数，那时他四十二岁。

不入虎穴焉得虎子

战场上的英勇表现使班超深受窦固的赏识，窦固决定派班超出使西域，去说服西域各国归附汉朝。但是，这个任务单凭武力是绝对无法完成的。

班超首先去往鄯善国，鄯善国位于塔里木盆地东南部，占据古罗布泊西侧、且末河附近及以南地区，曾是西汉管理西域南道诸国的驻军基地。鄯善王起初对班超一行盛情招待，但在他们逗留期间，鄯善王的态度却突然发生了一百八十度大转弯。

班超敏锐地觉察到鄯善王态度的转变，他认为态度改变的原因必定是匈奴使者也来到了这里，而鄯善王正在犹豫应该站到哪一边。于是，班超找来负责接待他们的鄯善侍者，出其不意地问道："匈奴使来数日，今安在乎？"侍者又惊又怕，说出了全部实情。为了防止侍者走漏风声，班超下令将他关了起来。随后，班超召集三十六名部下前来喝酒，待大家喝到酣畅之时，他高声说道："卿曹与我俱在绝域，欲立大功，以求富贵。今虏使到裁数日，而王广礼敬即废；如令鄯善收吾属送匈奴，骸骨长为豺狼食矣。为之奈何？"听罢此言，部下齐声说道："今在危亡之地，死生从司马。"于是，班超又说："不入虎穴，不得虎子。当今之计，独有因夜以火攻虏，使彼不知我多少，必大震怖，可殄尽也。灭此虏，则鄯善破胆，功成事立矣。"

这天晚上，恰巧狂风大作，班超命十个人绕到匈奴驻地后面，约定一见火起就擂鼓呐喊，使其误以为汉朝使者人数众多。他又命剩下的人全部拿着刀枪箭弩埋伏于门外，顺着风向将火点燃。在敌人惊慌之际，班超亲手杀死三个匈奴人，其部下也将匈奴使者及随行人员共三十人全部杀死，其余的百余人亦全部葬身火海。第二天早上，班超将匈奴使者的首级交给鄯善王，不仅是鄯善王，就连听闻此事的鄯善国国民也感到胆战心惊。

经过班超劝告，鄯善王终于答应归附汉朝，并愿意将王子送给汉朝当人质。

三十余人足矣

班超入虎穴，得到了鄯善国王子这个"虎子"，他成功完成使命，并将此事报告了窦固。窦固大喜，将班超的功绩上奏皇帝，并请求皇帝再选派使者出使西域。汉明帝认为既然有班超这样难得的人才，就无须再另选他人，于是下诏再次派遣班超出使，将其由原来的假司马升至军司马。（将军之下设有部校尉五人，部校尉之下有军司马，掌管军事。假司马是指军假司马，即代理军司马。）

窦固在班超再次出使之时，想为他增加一些人手，但是班超却回答说："愿将本所从三十余人足矣。如有不虞，多益为累。"这次班超一行前往的国家是于阗。于阗国位于塔里木盆地南边，受到发源于昆仑山的玉龙喀什河和喀拉喀什河（即白玉河和墨玉河）的润泽，是一个东西长约三十五公里、南北宽约二十公里的大型绿洲。于阗虽战胜了莎车国，但却败给了匈奴，匈奴的监护官常驻于此，所以于阗国国王对班超一行态度颇为冷淡。而且当地民众信奉巫术，班超一行到达时，巫师对于阗王说："神怒何故欲向汉？ 汉使有騧马，急求取以祠我。"于是，国王听信巫师之言，派人向班超提出了要马的请求。班超早已清楚事情的原委，他痛快地答应了于阗王的请求，但他提出要巫师亲自来牵马。

等到巫师来后，班超不由分说当即将其杀死，并将其首级送还给于阗王，晓以利害。于阗王早就听说了班超在鄯善时的英勇事迹，十分惶恐，当即亲手杀死匈奴的监护官，表示投降。班超和三十余名勇士再次让一个国家臣服于汉朝。

之后，西域南道的不少国家震慑于汉朝的威名，纷纷将王子送往汉朝充当人质，以示通好。

自王莽施政起的六十五年间，汉朝失去了在西域的威信。其间，北道匈奴的势力强盛，龟兹国（今库车，位于新疆维吾尔自治区的一片绿洲）国王依靠匈奴的力量杀害了疏勒王，并立龟兹人为王。班超出其不意杀了龟兹在疏勒所立的国王，并立原疏勒王兄长的儿子为王，使得疏勒民众大喜，表示愿意归附汉朝。

另一方面，窦固出兵攻打车师国，打败了车师后国之后，车师前国遂宣布投降。至此，汉朝再次在西域设立西域都护及戊己校尉。

以夷制夷

匈奴被汉朝夺走车师前国这个战略要地后，一直伺机卷土重来。他们利用汉朝明帝去世，章帝继位的大丧之机，支持焉耆（今哈喇沙尔）与龟兹叛变，杀害了西域都护陈睦，再由匈奴进攻己校尉，匈奴与车师的联军进攻戊校尉。汉朝虽已准备出兵救援，但是听闻己校尉战死的消息后，汉章帝决定暂缓出兵，甚至召回了伊吾卢的屯田兵。这样一来，之前对西域的苦心经营将全部化为泡影。朝廷向班超也发出了召回令。

然而，令人意想不到的事情发生了。疏勒、于阗等国的民众认为倘若班超回国，他们将会再次被匈奴统治，遭受龟兹等国的侵略，于是，他们纷纷请求班超继续留任。原打算暂且回朝的班超见此情形，决定先出兵攻打附近的叛国，同时上书向皇帝表明自己的意见。他在奏折中说道：

"臣前与官属三十六人奉使绝域，备遭艰厄。自孤守疏勒，于今五载，胡夷情数，臣颇识之。问其城郭大小，皆言'倚汉与依天等'。……今宜拜龟兹侍子白霸为其国王，以步骑数百送之，与诸国连兵，岁月之间，龟兹可禽。以夷狄攻夷狄，计之善者也。臣见莎车、疏勒田地肥广，草牧饶衍，不比敦煌、鄯善间也，兵可不费中国而粮食自足。……臣超区区，特蒙神灵，窃冀未便僵仆，目见西域平定，陛下举万年之觞，荐勋祖庙，布大喜于天下。"

汉章帝采纳了班超的意见，并派兵千人前往支援班超。援军首领叫徐干，素与班超志同道合，他率领一些"弛刑之士"（汉朝的法律规定，犯人随军出征可减轻刑罚，此规定并非强制，只要申请便可获得批准。汉朝将这些人称为"弛刑之士"）以及义勇军组成了救援部队。然而，事实上平定西域的过程并非如班超上书的那样简单。汉军中途曾遭遇疏勒王叛变，而且位于锡尔河下游地区的突厥系国家康居也支持疏勒叛变。为了让疏勒降服，班超甚至派人前往大月氏，请大月氏出面说服康居罢兵。

虽几经波折，但后来班超合疏勒、于阗之力进攻莎车，并且击败了企图集合周围兵力救援莎车的龟兹军。至此，莎车投降，西域平定，大多数国家归附了汉朝。

西域都护定远侯班超

另外一个问题也意外地得以解决，那便是匈奴势力的衰竭。匈奴曾经分裂为南北两部分，因南匈奴已归附汉朝，所以与汉军抗衡的无疑只有北匈奴的军队。但北匈奴因根据地遭受南方南匈奴、北方丁零、东方鲜卑族（游牧民族之一，据说接近突厥系，后建立北魏王朝）的联合夹击，实力大减。再加上西域各地纷纷归附汉朝，北匈奴的势力愈加衰弱，部族中归顺南匈奴的人数也逐渐增多。章和元年（公元87年），北匈奴的五十八个部族多达二十八万人抵达汉朝国境，表示愿意归附。以此为契机，永元元年，汉朝派将军窦宪率军北征，使得北匈奴的八十一个部族二十多万人降服。

至此，西域各国失去了匈奴这个能与汉朝对抗的后盾，只能选择归顺汉朝这一条路。于是，汉朝在西域三设西域都护和戊己校尉，而能够胜任西域都护一职的除班超别无他人。班超任职期间，曾经挑起过战事的大月氏也来朝贡汉朝，而位于西亚的帕提亚（汉语名为安息）也派来了使臣。以帕提亚为媒介，汉朝与东罗马帝国，即当时的大秦国交往甚为密切。

当时班超想与大秦国直接取得联系，于是派甘英前往大秦国。但是，当甘英到达一个叫条支的地方时，却遇到了茫茫大海。据说当时一位生活在安息国西部边境的船夫告诉甘英："海水广大，往来者逢善风三月乃得度，若遇迟风，亦有二岁者，故入海人皆赍三岁粮。海中善使人思土恋慕，数有死亡者。"听罢，甘英便放弃了渡海。据说这片海域就是现在的波斯湾。

开辟一条通往大秦国的交通线路这一梦想未能实现。但是，班超实现了自己立功异域、获封列侯的梦想。为了表彰班超的功绩，汉和帝封其为定远侯，邑千户。对于平定异域的班超来说，这一封赏名副其实。班超晚年最后的愿望便是回到阔别三十一年的洛阳，于是他向皇帝上书（中国的官员无皇帝许可，如擅自离任将被治罪）表明了自己的想法。班超的妹妹曹夫人班昭为了帮助兄长实现愿望，也发挥了她出众的文采亲自上书皇帝。班超获得了皇帝的许可，再次回到洛阳，一个月后便去世了。

沙漠与绿洲魅力无限，使得班超倾其一生经营西域，也使得赫定终生致力于中亚探险。

海上来客

班超欲与大秦国取得直接联系的愿望未果，但却有记载表明，大秦人曾经从令人意想不到的途径来到过汉朝。汉桓帝延熹九年（公元166年），大秦王安敦的使者从日南的徼外来到汉朝，进献了象牙、犀牛角、玳瑁等礼品。

日南的徼外指的是日南郡最南端的象林县，即今越南。安敦是罗马皇帝马克·奥勒留·安东尼名字中"安东尼"的音译。当然，并不能确定来访的使者确为大秦王派遣的使者。尽管进贡的物品确实是南方的特产，但这仅可以表明当时的大秦国民曾经到过东南亚一带。

大秦使者并不是由主干道的陆路而来，而是从不被重视的海道而来，这对于苦心经营西域的班超来说，似乎有些讽刺和残忍。而通往西方的陆路主干道，也在班超死后，再次因为各种不稳定因素而逐渐中断。

第十六章　纸的发明

木简上写字

在没有纸的年代，人们写信或者写书一般都在竹子、木头或者布匹上。用竹子制作竹简时首先要去掉竹青，称为"杀青"，而用木头制作木简时就不需要这个步骤。在这之后，要将竹子或木头削细，削长，再削薄。按照汉代的标准，制成的竹木简长约23厘米，宽约1厘米，厚度为2至3毫米。竹制的简称为"竹简"，木制的简称为"木简"，汉代的简称为"汉简"，总称为"简"。从"简"字的部首是竹字头这一点来看，最早的简应该是用竹子制成的。

简的标准长度之所以是23厘米，是因为汉代的一尺长度换算成厘米即为23厘米，也就是说简的标准长度是汉尺的一尺。所以，即使字写得很小，也很难将全部内容写在一片竹简上，这时就需要续写在另一片竹简上。以此类推，一篇文章如果用了两片、三片，或者更多竹简，最后就用绳子将竹简串联在一起，称为"册"。（本来册是由长竹简和短竹简交替串联而成，但由于这种形式并不实用，后来便只用于各种仪式中。）"册"是一个象形文字，它的形状就像用绳子把两片竹简连接在一起。还有一种比简略宽的四方形木板称为"牍"。由于人们常常把书信内容写在一尺见方的尺牍内，所以，不知从何时起，尺牍就成了书信的意思。即便后来不再使用木牍写信，"尺牍"这个词依然是书信的代名词，并流传至今。

关于木简还有另外一种用法，就是将文字书写在两枚木简的接缝处，使两枚木简上各有一半字体，然后将其中一枚留于关卡，另外一枚木简则交由旅行之人自行保管。待此人再次通关时，将所执木简与留在关卡的木简对接，文字完全对得上即可确认本人的身份，这时方可通行，这便是"符"。在日本室町时代的日明贸易中所使用的勘合符即是如此。（一半符板由中国港口保管，另一半符板由日本保管。当日本船只到达中国港口时，需将两枚符板合并，文字相符则证明来航的日本船只不是倭寇，这时方可通行。）这就如同我们现在作为凭证的票据，或者签订合约时的合同。

汉代的邮驿

打仗时不可能将军队的命令书写成册，沉甸甸地运来运去，而是会将内容简明扼要地写在一枚长简上，这种长简称为"檄"。战时的军令刻不容缓，所以就有了"飞檄"的说法。

如果是机密的内容不希望别人看到，就用另一枚木简将写有文字的一面盖上，然后用绳子将两枚木简捆起来。这种简札称为"检"，一般会在表面的木简上书写邮寄地址及发信人的姓名，并在绳结处用小泥块封上，盖上印章。一旦泥块凝固之后，只要不将泥块敲碎，绳子是不可能解开的。这种做法恰巧与西方的封蜡方法相同，这种泥块封签称为封泥。为了使盖上印章之后封泥上的字能够凸显出来，汉代印章的刻字都是下凹的。后来，随着纸张的普及，盖印的方式改为蘸了印泥后盖在纸面上，所以印章也变为刻字向上凸出、周围向下凹陷的样式。

国家在道路沿线专门设立了一个个驿站，像接力赛一样传递这样的公文。在大城镇设立的驿站，一般还设有为过路旅客提供方便的宿舍、车辆等，小的驿站则常备快马。大驿站为"传"，"传"一般设在政府所在地；小驿站为"驿"，"驿"一般每三十里设有一处。另外，两驿之间每十里设一亭，每五里设一邮。普通文书一般是从一个邮送到下一个邮，这便是邮驿。不过，也有的文书指定用"以亭行"的方式传递，即从一个亭传到另一个亭；有的则是指定送信人骑快马传递，称为"吏马驰行"。这便是快递或加急快递。（指定的内容通常要事先写在检上，普通的书信一般会集中起来统一传递。）另外，为了明确责任，一份文书由哪家驿站在何时收取、由何人在何时派往何地等信息都有明确的记录。

钢笔与木简

前文曾提到过斯文·赫定的第四次探险队西北科学考察

团，这个团中，有一名担任考古的瑞典学者，名叫伯格曼，他那段时期正在对位于内蒙古自治区额济纳河流域的汉代遗址进行考察。那里正是汉代张掖郡所在地，作为防御匈奴的最前线，建有一座挨一座的瞭望台。

1930年某日，伯格曼正要结束考察准备离开之时，一不小心将钢笔掉在了砂土地上。当伯格曼蹲下来拾钢笔的时候，却意外发现了一枚保存完好的汉代五铢钱。原来这里是一处汉代遗址。以此为契机，他们展开了挖掘工作，后来，他们沿着额济纳河继续进行挖掘，最终出土了多达一万枚的木简。由于是在张掖郡居延县发掘出土的木简，故人们将其命名为“居延汉简”。就是说，这个木简群是继一枚古钱后出土的。

而这一次并非木简的首次发掘，赫定在第二次调查的过程中，就已经在楼兰的遗址中发现过晋简。另外，与赫定齐名的马尔克·奥莱尔·斯坦因（1862—1943年在世，匈牙利人，后加入英国国籍。1900—1901年、1906—1908年、1913—1916年，他曾三次到达中亚探险，是发现敦煌文书的探险家）也曾致力于中亚探险，1906至1908年，他在第二次探险旅行中，于敦煌地区发现了约七百枚木简。这一批木简后来被称为“敦煌汉简”。除此之外，与伯格曼分头行动的中国考古学家黄文弼也在罗布泊河畔发现了少量木简。

而说到竹简，长沙曾经出土了战国时期楚国的竹简。居延汉简因其数量众多而受到世人瞩目，但由于太平洋战争的爆发，在北京进行的整理工作只能暂停，对居延汉简的研究过了二十多年才正式开始。通过研究人们发现，居延汉简的涵盖内容丰富，涉及当时镇守边境的防卫部队在政治、经济、军事等各方面的情况，这些研究成果大大推动了汉代史研究的进程。

随后，1959年在甘肃武威磨咀子又发现了汉代古墓。这是一个东西约三百米、南北约二百米的墓葬群，大约有二百座墓穴。发掘当年人们整理了其中的三十七座墓穴，并在第六号墓穴中挖出了木简和竹简，其中包括由四百六十九枚木简组成的书籍《仪礼》。经研究证明，这批木简大体上是西汉末年或者王莽时期的物品。

木制教材

一世纪初期的书籍终于在二十世纪后半期被发现了，而且还是木制的书籍。《仪礼》可谓是儒教的基础教材之一，书中记录着当时的统治阶层在举行各种仪式时必须遵守的程序和礼节。各种仪式包括被称作冠礼的成人礼、被称作昏礼的结婚典礼、葬礼，以及祭祀祖先、宴会、访客与迎客的程序等，既有一生只经历一次的重要仪式，也有各种日常性仪式。不过，《仪礼》中所记载的内容是自古便一直流传下来的，并不是随着第六号古坟的出土才为世人所知。

《仪礼》的内容较长，所以自然是使用了多枚木简书写。这些木简从墓穴出土时，因串联木简的绳子已经断开，故而十分散乱。相传"韦编三绝"（表示反复咏读书籍的意思）这个成语源自孔子反复阅读《周易》的故事。孔子所读的《周易》是写在竹简或木简上的，为了方便阅读，人们用韦（牛皮绳）将其串联在一起，孔子因反复阅读此书曾使韦编断了三次。经历了漫长的两千年，从古墓中出土的书简自然也会出现因串绳断开而遗失的情况。

木简书籍一旦因为串联简牍的绳线断开而被长时间放置不顾的话，想要恢复原有的木简顺序就会十分困难。整理排序重新串联时，如果有一枚木简遗落，那么内容就不能连贯，这种情况被称作"脱简"，相当于现在所说的"缺页"。另外，即便简牍数量完整，如果发生排序错误，则文章的内容也无法理解，这便是我们今天仍然使用的"错简"一词，即"错页书"。而从武威汉墓中出土的《仪礼》一书，为了避免排序错误，木简的下端均标有表示顺序的数字编号。这种做法与当今标页码的做法相同。

中国科学院用模型展示了木制书简卷起摆放时的情形，通过展示我们还可以了解到，当时的书简为了能让书籍的标题显露在外，特意将标题写在中间一片木简的背面。

由木头到纸张

用于书写的材料除了竹、木还有帛，帛是一种轻薄的白色熟绢。1930年后半年，在湖南省长沙市的城市建设过程中发现了一座古墓。这座古墓的上下两部分不同，分别是战国时期和汉代这两个时期的遗址构造。人们从其中的战国时期墓穴中，发掘出一个装有帛书的木箱，绢帛上记录着祭祀神仙的内容。（此次发掘同时出土了战国时期的竹简。另外书写在绢帛上的汉代书信，则是由斯坦因在敦煌发现的。）

公元前100年，汉朝派往匈奴的使臣苏武被匈奴扣留，但十九年间，他始终坚守节操不曾屈服，最后终于返回了汉朝。苏武被困匈奴期间，为了告知其他人自己虽被扣留但仍活在人世的消息，他把书信绑在大雁的脚上，希望可以飞雁传书。神奇的是，这封信竟然真的送到了汉朝皇帝的手中，皇帝由此得知苏武仍然生存的消息。苏武的这封信就是写在绢帛上的。绢帛的特点是又轻又薄，唯一的缺点就是价格昂贵。而木简虽然价格便宜，但是很重。

东汉和帝元兴元年（公元105年），身为中常侍的宦官蔡伦创造出一种能够弥补绢帛和木简缺点的新材料呈献给了皇帝。这种材料是由从树皮、麻、破布、渔网等原料中提取的植物纤维制作而成，堪称世界历史上的一项重大发明，世人称之为"蔡侯纸"。

也有学者认为，在蔡伦发明纸之前，世上就已经出现了纸，而在西域探险队提交的报告中也曾提到他们发现了早于蔡侯纸的纸，但这些说法并未得到证实。学界普遍认为，是蔡伦制作出这种价格低廉的纸张，并发现了大量生产这种纸张的方法。

纸的发明者蔡伦的故乡，今湖南耒阳
图中池塘即为蔡伦造纸的地方，被称作"洗纸池"

在此需要注意的一点是，一提到蔡伦造纸，人们很容易误认为随着纸的发明，纸张便全部替代了其他所有书写材料，而这其实是一种错觉。因为即便是现在，有时也会根据实际用途而选择使用木头。例如，在容易被水浸湿的地方，用木头就比用纸更合适。另外，告知他人自己在不在的木牌就是受古代门籍的影响而出现的。（门籍是写有官位、姓名等的记名牌，官员进宫时会在门卫处接受核查。）而在更加遥远的古代亦是如此，例如提到奈良时代，人们都清楚这一时期留存了大量的天平写经、正仓院文书，已经使用了纸，然而近来从平城京遗址中又出土了多达万枚的木简，被称为"平城木简"。由此可见，一种新事物由发明之初到全面普及其实需要经历一个漫长的历史过程，这一点希望大家不要忘记。

木制书籍的内容

纸有一个缺点，就是容易破损，但从另一个角度来说这也算是一个优点，一旦将文章写于纸上，想要修改就比较困难，所以不容易作弊。在汉代，人们在木简上写字时，如果出现了错误，就用小刀将错字削去重新书写。因此，那些抄写书籍的下级官吏也被称为"刀笔吏"。然而，即便是最低级的刀笔吏，因为他们识文断字，所以也是很了不起的知识阶层。无论是写在木头上，还是纸上，书籍总是与知识阶层有着千丝万缕的联系。

这一时期的书籍所表达的主要思想就是儒学思想。自从汉武帝时期确立了尊重儒学的方针，儒学思想便成为汉代统治阶层的指导思想，根深蒂固，影响深远。东汉时期，儒学成为一门以解释和注解字句为主的学问，这种学风一般被称为训诂学，而训诂学在这一时期盛行是有其原因的。

秦始皇为了加强思想统制，实行焚书坑儒，一时间书籍从世间消失。然而，到了汉代，随着思想统制逐渐解除，世人再次表现出对书籍的需求。书籍出现的方式多种多样，例如《尚书》（又称为《书经》，是最基本的经典之一，是周朝史官对君王言论的记录，现存五十八篇）是经历了秦汉两朝的学者伏生为了将自己烂熟于心的内容传授给学生，而整理出的一本教材。这本书是用当时汉代的通用文字，即"当今的文字"隶书记录而成，故称"今文尚书"。

而在汉景帝时期，鲁恭王为了扩建宫殿，将孔子的旧宅拆毁，在院墙中发现了藏匿于其中的书籍，这便是用从前的旧文字书写的《尚书》。人们称之为"古文尚书"，以区别于另一系列的"今文尚书"。这两种教材内容多有不同，自然也导致出现不同的学派。除了教材本身不同，针对同一教材的解释也不尽相同，各学派自成一家，传承和发扬自己的主张。例如《易经》（原本为占卜类书籍，因其中包含儒教伦理和宇宙论的内容，而成为经典中最重要的哲学书籍）学派就出现了五家，《今文尚书》学派有三家。另外，西汉时期的学者提倡的是专攻一经的学风，他们不需要像东汉以后的学者那样必须全部精通儒教的五部基本经典，也正因为如此，他们对各自正统性的论证才会变得愈发激烈。

最早的字典

为了纠正这种西汉流传下来的学术风气，人们开始尝试修正经典原文中的不同之处。汉章帝建初四年（公元79年），班固等众多儒学者齐聚宫中的白虎观，讨论五经之异同，并作书《白虎议奏》。如今被称作《白虎通》或《白虎通义》的书籍便是当时白虎观会议的记录。

另外，汉灵帝在熹平四年（公元175年），命人将校订后的《鲁诗》《周易》《尚书》《春秋》《仪礼》《论语》刻在四十六块高一丈、宽四尺的碑石之上，并将这些碑石立于都城洛阳的太学门前，其目的是向世人展示这些典籍的标准版本。这些石碑被称为"熹平石经"。虽然熹平石经流传于今只剩下断片残骸，但是将典籍刻于碑石之上的习惯对后世却产生了巨大的影响。（熹平石经全部用隶书写成，而后来魏的正始石经〔公元240年〕则是用古文、篆书和隶书三种字体写成，唐朝开成石经〔公元833年〕的正文全部是楷书。北宋、南宋、清朝也都有类似的石刻。）

这种力求内容正确、释义精准的学术倾向自然而然地推动了训诂学的发展。而学者中也出现了不同于西汉时期的专攻一经，而是精通多部典籍之人。东汉中期的马融和贾逵便精通多部儒家经典，尤其是，马融的弟子郑玄是集今文学派和古文学派之大成者，他为《周易》等众多古典书籍加注释，其中为《礼记》《仪礼》《周礼》三礼所做的注释后来成为礼学之大宗，时至今日仍备受重视。

郑玄像

　　这种儒教学问的兴盛，使得儒教伦理的影响力不断扩大，儒学中所提倡的孝行甚至成为选拔普通人晋升官吏的标准，这也成为东汉时期的一大特色。

　　乘着这股训诂释义学发展之风，现存最早的汉字字典问世了，这便是许慎编撰的《说文解字》。《说文解字》是分析字形、考究字源的书籍，于汉和帝永元十二年（公元100年）完成，并被进献给皇帝。许慎对于经书的精通程度，在当时来说堪称无人可比，但他并未选择仕途高官，而是甘心作为一名民间学者成就了如此大业。在这一点上，他与不谋官位、埋头做学问的郑玄完全相同。许慎选取了当时通用的9353个文字，以小篆为主，比较了秦代大篆以下八种字体，以及王莽时期的古文以下六种字体，确定了各个文字的正确释义。

历史之父司马迁

　　了解汉代的学问时，其中不可忽视的一项内容就是历史方面的知识。如果说希罗多德是西方历史之父的话，那么司马迁便是东方历史之父。

司马迁的父亲司马谈是记录占卜、历法的官员，即太史令。司马迁自小便受命于父，学习《国语》（春秋时期一些大国的国别史著作）、《左传》（对孔子《春秋》的注释之一，因其作者为左丘明，故称《左传》，详细记述了春秋时期的现实情况）等春秋时期的历史知识。他二十岁时便开始游历江淮和山东等地，一边收集战国时期各诸侯的相关记载，一边实地考察，丰富自身的见闻，不久后即任郎中一职。公元前110年，汉武帝在泰山举行封禅大典时，司马迁的父亲司马谈因病无法随行，便拉着司马迁的手，泪流满面地将自己未能实现的编纂历史书籍的事业托付给了司马迁。

父亲过世后，司马迁任太史令一职。公元前99年，讨伐匈奴的将军李陵因遭到匈奴大军围困而被俘，其家人因受到牵连即将全部被杀。司马迁为李陵一家求情不料却获连坐之罪，

司马迁像

被处以宫刑（损坏生殖器的一种刑罚，如果是对男子行刑，则阉割其生殖器。宫刑是一种肉刑，接受了宫刑的人多成为宦官）。司马迁为了遵守与父亲的约定，忍辱负重，坚持不懈地编纂历史书籍，终于完成了一部不朽的历史名著——《史记》。这部书记载了上起上古黄帝时代下至司马迁所生活的汉武帝时代的历史。

《史记》采用了一种历史书籍的全新写作方法，以"本纪"和"列传"，即历代帝王的年代记录及帝王以外的人物传记为主要内容，运用一种为个人立传的方法来书写各个时代的历史。后来，这种记录历史的方法被称为纪传体。近来日本的体育报纸上还能看到"最强棒球击球手列传"之类的报道，这就是《史记》的影响仍在继续的表现。而司马迁在收集每个人物的传记时，无法将音乐、宗教、经济、治水等各种文物制度的变迁也全部涵盖在内，于是为了弥补这方面的不足，《史记》中以"书"作为补充，单独记录个别较为特殊的历史事实。还有，在个人列传中可能出现年代重复，或者时间有间隔的情况，为了避免这些情况，《史记》中附有名为"表"的年代表。另外，春秋战国时期的诸侯割据一方，治理本地事务，记录诸侯一族的历史变迁，事实上也就是对当地历史的一种记载，这种历史在《史记》中被列为"世家"。《史记》是一部由本纪、列传、表、书、世家（"书"在《汉书》以后被称为"志"，《汉书·地理志》即为其中之一。"世家"在《史记》之外并无出现）五部分组成的新形式历史书。

两个历史

《史记》的编写体裁为之后两千年中国历史书籍的编写提供了一个范本。东汉时期，前文中出现的西域都护班超之兄班固，也用纪传体的形式写下了一部关于西汉历史的史书，即《汉书》。

班固在《汉书》中，将司马迁《史记》中所记载的汉朝史实，尤其是较早年代的一些重叠内容几乎完全照搬，并添加了司马迁死后的历史内容，但仔细研读还是可以发现《汉书》中有一些变化。司马迁编写的《史记》止于汉武帝时期的历史，这段历史对于司马迁来说算是现代史；而生活在东汉的班固单就西汉历史进行编写，却只把过去当成了历史对象。关于这一点，尽管二人都未做任何言论，但是这种对待历史态度的不同，至今仍是一个值得探讨的问题。不过，像班固这样只选择过去的某一个朝代，并以纪传体的形式来记载历史的方法，后来被很多中国历史学家所继承。这种以断代史方式编写的历史，唐代以后被称为正史。而正史的数量从《史记》开始共有二十五部，因此被称为二十五史。

书法与石碑

《说文解字》虽以小篆为主逐字分析字形、考究字源，但这主要是为了追溯到汉朝的前一个朝代秦朝的文字，而汉朝当时的通用文字是隶书。

隶书比秦篆简单，前文提及的"今文"指的就是隶书，木简上的文字一般也是隶书。汉朝灭亡后，隶书被进一步简化，发展成为今天的楷书字体。隶书的特点在于起笔逆锋切入，中间行笔有波势俯仰，收尾有磔尾，这种带有明显波磔特征的隶书称为"八分"。一直以来人们都认为八分出现在东汉，但后来从西汉的木简中发现了带有八分特色的文字，这表明八分字体在东汉之前就已出现。而八分字体的全面形成则是在东汉中期以后。

如今学习书法的人多临摹汉碑上的字体。有名的汉碑大多是东汉石碑，其中包括保存至今的山东曲阜和陕西西安的碑林。（曲阜孔庙前保存有许多古代所立的石碑，而西安市碑林作为陕西省博物馆的一部分，也保存了很多古代石碑。）东汉盛行立碑，东汉末年朝廷认为立碑过于奢侈，遂下令禁止立

东汉时期隶书的顶峰之作，曲阜"鲁相韩敕造孔庙礼器碑"的一部分内容

碑，但并未起到太大的作用。

从内容上看，石碑的种类大致可以分为歌颂人物政治功绩的纪功碑、赞扬某人德行的颂德碑，以及记录某人生前行为的墓碑等。这些碑石一般都是由侍奉故人的下级官吏或者受教于故人的门生弟子集资而立。东汉时期的碑石上，一般会将集资者的姓名刻于背面。随着儒教思想不断普及，向曾经关照自己的上司或恩师表达感谢之情的风气变得十分普遍，这也助长了立石刻碑的风气。而这种强调个人关系的思想意识不仅在官僚圈中逐渐导致党派集团的形成，同时也促使既是土地所有者又是地方豪族的高级官吏在汉王朝势力逐渐衰弱的情况下，纷纷独立于地方，这成为国家走向分裂的主要原因之一。

汉末有一位著名的书法家叫蔡邕，据传熹平石经就是他的作品，但并无事实考证。直到六朝时期，书法家才开始留名于世，书法作品也流传于世，换句话说，直到那个时期，字体才真正与文章内容无关，能够单纯作为艺术品来供人鉴赏。另外，东汉时期还出现了一种隶书的速写体书法，即早期的草书——章草。

墓穴的装饰

绘画并不纯粹是用来鉴赏，无疑也多用于宫殿墙壁的装饰。我们今天之所以能够欣赏到东汉时期的绘画，就是得益于画像石。

所谓画像石，就是在平整的石材表面雕刻出形形色色的画像。鉴赏画像石并不是要单独鉴赏每一块石头，而是应该鉴赏由平整石材组合搭建而成的一个整体。这种石制建造就是东汉时期迅猛发展起来的墓上建筑石制祠堂（灵堂）、石阙（石门），或者墓穴中的石室、石棺等，总之修建这些主要是为了墓穴装饰。如果再考虑到刚才提及的立石刻碑盛行一事，可以说东汉时期利用石材的技术已经非常先进。可以认为，随着儒教的盛行，人们尊重祖先、厚葬故人的风俗日渐兴盛，随之而来的便是制作非常豪华的石制墓室、石棺等。山东省盛产优质石材，所以这里的石制墓穴遗址数量最多，其他如山西、河南、江苏、安徽、陕西、四川等地也相继发现了一批遗址。

画像石除了刻有几何图形的图案，有的还采用浮雕的方式刻有墓室主人生前的生活、战争的情景、宴会的场景等，有的还雕刻着历史故事、历史上著名皇帝的形象，以及从孝子故事到神仙鬼怪林立的各种图案。我们欣赏这些栩栩如生的线条的同时，也可从中了解到当时人们的生活、思想和信仰等方面的内容。

另外，墓穴中还埋葬着被称为明器的陪葬品，包括各种

用于装饰地下墓门的东汉画像石（山东省沂南县）

袖珍版的人偶、房屋和灶台等。这些随葬品是当时的人们为了
让死者去世后，在墓穴中也能过上与生前相同的生活，而摆放
在墓穴中的。墓穴中挖掘出的谷物仓库、脱谷场、猪圈、水鸟
窝等模型的随葬品形象逼真，为我们生动再现了当时的生活。

第十七章　清流与浊流

孝行与太学

在强调"不忘祖训"的中国，很多情况下，第一代皇帝的性格会影响到之后整个王朝的发展趋向。东汉也不例外，光武帝严谨的性格对整个东汉的发展都产生了巨大的影响。他钟爱注重形式的儒学，即位后积极推行奖励儒学的政策，先是于建武五年（公元29年）兴办太学，推行古籍教育，接着又于中元元年（公元56年）开设辟雍（原为周朝的学校名）。开学当天，光武帝亲临现场发表了一席演讲，随后儒学者手捧经书在天子面前展开辩论，可谓是一派"冠带缙绅之人，圜桥门而观听者盖亿万计"的盛况。之后的汉明帝在永平九年（公元66年），为了让皇帝的外戚樊、郭、马、阴四个家族的子弟接受教育而开立学校，另外他还命令期门、羽林的近卫兵们学习《孝经》的章句，将孝亲和忠君联系在一起。接下来到了汉明帝之孙汉和帝时期，朝廷曾赏赐每位太学学生三匹布。此后太学虽一时衰落，但到了汉顺帝（公元125—144年在位）时期，其势力得到恢复。顺帝将太学校舍增至二百四十房、一千八百五十室，而且任用全国的名儒作为博士担任教授工作。另外，他还让公卿子弟入学，并在选拔官吏时予以优待政策。如此一来太学日益发展，到东汉末期，在太学学习的人数已多达三万。

在官学兴盛的时期，私学也在大批量地出现。东汉时期，各地还曾出现拥有数百乃至数千弟子的大型私学。而且当时的老师与门徒之间的关系极其紧密，门徒即使从私塾毕业，也会终生不忘师恩侍奉于师门，这已经成为一种常态。换言之，就是学派党派意识很强。

独一无二的学问

话说从汉武帝时期开始，儒教变成了西汉的国教（汉武帝接受董仲舒的建议做出的决定），与其相抗衡的学问完全消失了。在此背景下，如果官学得到发展，并出现强有力的私塾的话，那么儒教的内部自然就会形成竞争，儒学会朝着专业分化，甚至思想固定化的方向发展。

学问的专业化缔造了各个流派的传统学问。正如日本平安时代的阴阳学有安倍家、占卜学有卜部家一样，每一门学问都有这个学问的专门大家，中国的易学也有其大家，春秋学也有其大家。

但是，这种现象却带来了一定的弊端，那就是对学问的探讨过分拘泥于细枝末节而失去了其精神实质，进而导致陈规俗套的产生。中国社会之所以长期被贴上"一成不变的社会"这样的标签，东汉时期儒学的模式化可以说是其中的主要原因之一。但从另一个方面来说，学术争论的要点变得更加细致，也使得东汉的训诂学（诂即为解读字词的意思，训诂是指以解释古文为主的学问）得以繁荣发展。

中国的选举

在氏族制度社会能成为官吏者仅限于氏族同宗。春秋战国时期，各国间的纷争日趋激烈，随着官僚组织逐步完备，任人唯才、"野无遗贤"成为当时的时代要求。到了汉代，为了发掘人才，国家推行积极的荐才制度，命令各地方官将符合贤良、茂才、直言、孝廉等道德规范的人才推举到中央。

中国自古以来一直有一种深入人心的观念，即如果天象出现异常，则表明皇帝的统治违背天意。因此，不管出现刮风还是下雨，皇帝都应该为了顺应天意而推行善政，于是朝廷就会命令地方官举荐各自辖区的优秀人才。选举其实就是指这样的举荐，而并不是像现在这样根据国民投票来进行的选举。西汉时期，前文提到的各种道德规范十分受重视，但到了东汉，由于推行孝悌奖励而使得孝廉制成为第一重要的内容，甚至连选举都变成了举孝廉的意思。

东汉的举孝廉

东汉起初规定人口在五十至六十万左右的大郡应推举两人为孝廉，而混居着蛮夷外族的边境郡县人口在二十万左右，也是推荐两人为孝廉。但是到了汉和帝时期，由于这种选举办法有失公正，所以朝廷重新规定了推举人选的比例，即各郡按照二十万人选一人的比例推举，边境郡县如人口超过十万则每年推举一人，人口五至十万的隔年推选一人，人口五万以下的三年推选一人。按照这样的推选比例，虽然数字可能不精确，但每年至少有两百名官吏通过孝廉制得到提拔，所以这些孝廉派阀成为官界的一大势力也是在所难免。

但是孝廉制也存在诸多弊端。无论孝悌还是清廉，都相当重视实践，而实践的判定标准却无法像笔试那样客观公正。（孝廉最初没有考试，后来为了防止被推选出来的人一字不识，设置了学问考试科目，不过自然不被重视。）于是，郡守的意见便理所当然地被纳入其中。为此，孝廉制一定需要公正无私的人来做考官，但这是相当困难的。

汉朝太守的权力相比于后世来说算是比较大，但太守毕竟是地方官吏，所以还是会顾及中央实力派的情绪。因此，那些与朝廷要员沾亲带故者，或者手持朝廷要员介绍信的人就自然有望被推举为孝廉。

曾有一个故事讲的是，河南尹（相当于东京都知事？）田歆对善于慧眼识珠的王谌意味深长地说道：“今当举六孝廉，多得贵戚书命，不宜相违，欲自用一名士以报国家，尔助我求之。”不久，就有一个人被推选出来，他就是声名远扬的种暠（河南洛阳人，后来成为士御史从而大显身手，又出任度辽将军抵御匈奴入侵，最后升任三公之一的大司徒）。

这个故事或许属于有点极端的例子，但从中也可以窥视

出推举人选不公正的问题。另外，由于没有正当履行选举职责
而被问罪的郡守也有很多。历代皇帝都曾屡次下诏惩戒选举不
当的行为，这也从反面证明了敕诏根本就不起作用。晋代的
葛洪（葛洪是有名的博物学家、炼金术者，除《抱朴子》，还
著有《神仙传》《集异传》等）在其著作《抱朴子》中，对东汉
末期的选举制度进行了如下嘲讽："举秀才，不知书。举孝廉，
父别居。寒素清白浊如泥，高第良将怯如鸡。"

由此可见，要说选举制度一直是正常运行的，那简直就
是无稽之谈。

这样一来，似乎人们会认为罪责全部都在推举者一方，
但实际上并非如此。接下来我们就从被推举者一方来看看吧。

付诸行动的人

要想在二十万人中成为被推举出来的那一个，确实如与
众人挤独木桥一般，十分困难。仅靠在日常生活中尽心侍奉双
亲、勤恳维持家计是毫无指望的，不做出一些惊人举动，或者
不故弄玄虚的话，就不可能通过孝廉考察。于是，做事过激或
者考试舞弊的情况就时有发生。

有一个叫赵宣的人在双亲去世后，并未关闭通往墓室的
通道，而是二十多年间一直进出墓道为双亲服丧。服丧期间食
肉或者交欢当然都是被禁止的，所以服丧其实是一种非常艰苦
的修行。世人为赵宣的孝行所感动，向当时的太守陈蕃举荐了
他。而陈蕃是东汉著名的大臣，他认为赵宣的行为过于夸张，
便进行了调查，却发现赵宣在这二十年里竟生了五个孩子。不

忙于狩猎和耕种的人们（出土于四川省的画像砖）

用说，作弊者赵宣自然是受到了严惩。

　　还有一个叫许武的人，他受到太守第五伦（建武年间被推荐为孝廉，历任会稽太守等，因清廉而闻名）的推荐，成了孝廉。但是，他的两个弟弟许晏和许普却迟迟未能成为孝廉。于是许武心生一计，他将家中财产进行分配，自己独占良田和健壮的奴仆，而将贫瘠的田地和老弱的奴仆分给了两个弟弟。当然，世人都指责许武贪得无厌，但同时人们对甘于接受这种分配方案的两个弟弟拍手叫好，认为他们品质高尚。两个弟弟由此也被推举为孝廉。

　　话说一日，许武向两个弟弟坦白，说自己之前所为乃是为了帮助二人成为孝廉所施的苦肉计，并在家族亲朋面前将财产进行了重新分配。这是一个赞美许武高尚品格的知名故事，但它同时也说明了当时之人为了成为孝廉而费尽心机，不择手段。

　　那么，人们究竟用什么样的方法来获取好名声呢？　如果要算上一些特殊事例的话，方法当然是各种各样，这里大概分为以下五类。

（一）孝悌者。

（二）清廉者。简单来说，清廉就是将财产散发给族人或乡里，而不是自己独占。如果往歪处想，这有可能是政府为了分散豪族和大地主的势力，而有意识进行引导的一个策略。

（三）敢于拒绝有权有势之人的提携而不仕官位的人，或者即便是想为官，也要经过多次谢绝后才就任的人。最终不出来为官的人被称为隐逸，这样的人更受人尊敬。

（四）因知恩图报而闻名于世的人。对双亲、手足以及恩师报恩是理所应当的，当时，哪怕只当过一次下属，也要终生侍奉上司。与其说这种行为有值得赞赏的地方，不如说它造成了派阀林立，带来了更大的弊端。

（五）因复仇而闻名于世的人。在中国古代，某种程度上的复仇曾经是得到认可的。这是因为在多国并立的时代，假如有人在甲国做了坏事，人们却任其轻易逃亡到乙国，那么无疑是在引诱大家做坏事。然而，天下统一后，私斗行为则依法要遭到处罚，也就是说私下报复成为触犯法律的事情。尽管如此，东汉时期的舆论还是把复仇视为一种美德，于是就出现了主动为他人报仇的人，他们确实称得上是侠客。

学问与选举的影响

以上的介绍让人仿佛觉得儒学与选举净是弊端，唯有害处，但其实任何制度都是利弊共存的，这种制度也不例外，并非只有缺点。就算孝廉制录用的一多半人并不是适合其官职的理想人才，但还是有相当一部分人是因其儒学修养或者孝廉行为而被选拔出来的。

　　光武帝在姐姐湖阳公主变成寡妇后，想为其物色一位合适的夫婿。在与群臣商议此事时，众人皆向光武帝推荐宋弘（西汉遗臣，光武帝时期历任大中大夫、大司空，后来获封宣平侯）。于是光武帝召见宋弘，并让姐姐在屏风后面偷偷观察。光武帝装作一无所知的样子，故意对宋弘说："谚言贵易交，富易妻，人情乎？"宋弘义正词严地反驳光武帝道："臣闻贫贱之知不可忘，糟糠之妻不下堂。"

　　还有一次，有人给杨震（通晓经学，博闻强识，广受赞誉。受到宦官樊丰等人的谗言陷害，饮鸩而卒。有一只大鸟飞落在杨震灵柩前悲鸣，于是人们雕刻了一座大鸟石像，立在杨震墓前，以纪念大鸟吊孝之事）行贿送礼，杨震拒绝说："天知，神知，我知，子知。何谓无知！"

　　从以上这些事例可以看出，东汉时期注重名节的官员也

炉灶（东汉明器）

有很多，从这个意义上来说，奖励学问、推行孝廉制还是取得了一定的效果。

第二个效果就是尊重社会舆论。当时所谓的舆论，其实仅限于知识分子圈子内的一些评价，与一般老百姓几乎没有任何关联。所以，即便某人已经博取过众人的青睐，但由于舆论范围很窄，也就不可能像现在这样一经当选就可以不管不顾。因此，被推举之人通常要受到极大的舆论牵制，这也使他们做事不能随意任性，而懂得适可而止。

想获得好评的秘诀之一就是择善为友。之后我们还会讲到，当一部分人与宦官形成对立时，便会出现"清流"之间彼此交好、"浊流"与"浊流"狼狈为奸的情况，党派也就由此产生，而个人的对立很可能就会发展成为党派之间的对立。况且，宦官是失去了正常性情的一些人，而"清流"之中则有很多因重情义、行动力强而闻名于世之人，双方一旦发生冲突，就会碰撞出激烈的火花。

话说在舆论社会，人与人之间的相互批评受到世人的欢迎，并且日趋盛行。在知识分子中间，非常流行一针见血的人物评论方式。汝南的许劭尤其是这方面的大家，他每月初都要发表对人物的评论，惹得天下一片沸腾。（所谓的月旦评即由此而来。）

讨论激烈的一方往往能够取得胜利，而且也更容易为人所熟知。如此一来，多达三万的太学生的一言一行便不可忽视。单纯从数量上来说他们就已经十分惊人，而他们的言行举止，虽然有些不切实际，但却充满了正义感，具备引导舆论走向的潜质。他们的动向对正、反两股势力的冲突造成了不小的影响。当时的一位有识之士申屠蟠（后来被董卓召见却不予回应，当众多名士被董卓所害时，唯独他独善其身，终其一生）对社会动向深表担心，曾感叹说："昔战国之世，处士横议，……卒有坑儒烧书之祸，今之谓矣。"而后来的事态正是逐渐朝着他所担心的方向发展。现在让我们换一个角度，站在对立的一方，即外戚和宦官的角度来讨论一下。

范晔的宦官论

范晔在其东汉断代史著作《后汉书》中说过："三代以嬖色取祸，嬴氏以奢虐致灾，西京自外戚失祚，东都缘阉尹倾国。"

这的确是关于东汉前各王朝灭亡原因的精辟总结，不过虽说西汉是因为外戚夺权而灭亡，但外戚却并不是唯一的原因，东汉的外戚同样祸国殃民，丝毫不亚于宦官。

中国宦官（关于中国宦官的著作，有三田村泰助的《宦官》〔中央新书〕、桑原隲藏的《中国的宦官》〔东洋史说苑，1927年〕等）的历史悠久，早在春秋时期就已存在。众所周知，他

汉代鸟饰烛台（青铜制）

们是丧失了男性功能的一个群体，在宫廷里充当各类杂役。桑原隲藏博士认为，中国古代之所以使用众多宦官，是因为中国人的猜忌心在作祟。不过最近，有事实证明，很多俘虏和人质也曾被变成奴隶或宦官，由此可见，其目的也可能是向外国人炫耀本国的优越。

说起来，应该是汉武帝奠定了宦官在汉朝得势的基础。他由于厌倦了长期的政治生活，晚年终日沉迷于游乐和酒宴，政令事务自然全权交由心腹处理。当时朝廷有很多十分优秀的宦官，不知道这该算是幸事还是不幸。之所以这么说，是因为当时很多名人都在专横的汉武帝手下获罪遭受了宫刑，也有很多宦官能在汉武帝说过话后，将他的旨意起草成诏书，指挥一般官员行事。这样宦官就开始参与政事，其中的一名宦官甚至被委任为专门为皇帝拟诏的中书令，而他不是别人，正是历史学家司马迁。

汉武帝之后的汉昭帝身边有忠心耿耿的霍光侍奉左右。接下来的汉宣帝虽是汉武帝的曾孙，却是在民间长大的劳苦之人，成为天子后，尤其重视对地方官的任用。汉宣帝是一位非常英明的天子，他执政期间是整个汉朝政治最为稳定的时期，所以没有出现宦官肆意玩弄职权的情况。

然而，接下来的汉元帝和汉成帝均为平庸的天子，宦官得以再次假借天子之威干涉朝政，尤其是石显和弘恭很是有名。石显精通法规，而汉元帝由于身体多病且沉迷于音乐，故而讨厌谈及政事，于是石显的势力逐渐压制了朝臣。应该说，东汉时期的宦官势力早在西汉时期就已经开始萌芽。

外戚得势

让人觉得不可思议的是，除了始祖光武帝、第二代皇帝汉明帝和第三代皇帝汉章帝，东汉的皇帝即位时几乎年龄都很小，而且大多数都短命，这不禁让人猜测他们的短命乃人为所致。请参照以下表格（此表参考市村瓒次郎《东洋史统·卷一》中表格，略有修改。"清流与浊流"一章多处参考此书）。

皇帝姓名	即位年龄	死亡年龄
光武帝	30	62
明帝	30	48
章帝	21	33
和帝	10	27
殇帝	出生 100 多天	2
安帝	13	32
顺帝	11	30
冲帝	2	3
质帝	8	8
桓帝	15	36
灵帝	12	34
献帝	11	55

话说年幼的天子一旦即位，便开始由皇太后摄政。比起皇室一族的刘氏贵族，皇太后更加信赖与自己有血缘关系的父

亲或兄长，于是便让他们成为自己的政治顾问。这样一来，皇太后娘家人的发言权就不断增强，政权也随之逐步转移到他们的手中。从这个意义上来说，东汉时期的这种现象并不难理解，因为日本历史上也出现过类似的情况，比如平安时代掌控天皇的藤原氏就是皇太后的娘家人。

外戚的势力能否从一开始就得到扩张，这很大程度上是由皇太后的人品决定的，而并非取决于外戚中的男性势力。也有很多人认为，东汉前三代皇帝执政期间，外戚之所以没有掌权，除了皇帝自身的原因，还得益于汉明帝的马皇后。马皇后是伏波将军马援（东汉建国名将，七十多岁时成为征讨今越南的大将。光武帝对他的老当益壮感到十分钦佩，盛赞他"矍铄哉是翁也"）之女，身高165厘米，光润的秀发一丈多长，不仅长相俊美，而且德才兼备。据说每当汉明帝愁眉不展时，她总能提出解决问题的办法。当上皇太后以后，她有意识地避免自己的娘家人干涉政治。

但是像马皇后这样的人并不多见。接下来汉章帝的皇后窦氏成为皇太后以后，其兄窦宪的势力随即压制住满朝文武。窦氏是个才女，六岁时便能写得一手漂亮好字，不仅如此，她还是一位绝代佳人，汉章帝对她一见钟情，马太后也赞其美艳。可惜她用心叵测，与马太后大相径庭。由于汉章帝和窦氏之间没有子嗣，所以马太后将宋妃和梁妃两位妃子的儿子一人立为皇太子，一人送给窦氏作为养子。而窦氏不仅将皇太子及其母宋妃迫害致死，立其养子为皇太子，而且还将养子的母亲梁妃杀害。这位皇太子十岁时即位，即汉和帝，窦氏便成为皇太后。窦氏的哥哥窦宪也是一个心狠手辣之人，与其妹不相上下。他因为掠夺皇族的庄园，做了很多坏事最终面临着制裁，于是窦氏为其兄巧立赎罪的名目，让窦宪带兵去征讨已经衰弱无力的匈奴。[1]（在击退匈奴制作纪念碑时，为其撰文立说的人是《汉书》的作者班固。）结果，窦宪当上了大将军，在成为朝廷一大势力的同时，也成为外戚势力中的头号恶贼。

如果说窦宪是第一位权势人物，那么梁冀就是第二位了。据说年仅八岁的汉质帝曾指着梁冀骂他是跋扈将军，可见是对飞扬跋扈的梁冀忍无可忍了。梁冀为了扩张势力不择手段，在他势力最强的时候，梁氏家族曾出过三位皇后、七位诸侯、六位贵人和两位大将军，此外还有七位女性获得领地，三人成为驸马，五十七人就任要职，这情景简直可以说是梁氏以外再无他人。

待到汉冲帝和汉质帝死后，本是外藩的汉桓帝即位，梁冀立即与宦官曹腾（曹操的养祖父）勾结，让自己的妹妹当上了汉桓帝的皇后。而经过此事之后，宦官逐渐取代了外戚，其势力日益增强。

交替称霸

话说梁冀让妹妹当上皇后以后，其势力日益增强，但俗话说月满则亏，随着元嘉二年（公元152年）梁太后（顺帝的皇后）去世，延熹二年（公元159年）梁皇后死去，梁氏与宫

[1] 据《后汉书》记载，窦宪是因为刺杀太后幸臣，惹怒太后才请命征讨匈奴的。此处不准确。——编者

廷之间的羁绊逐渐消失。于是，汉桓帝认为时机已到，便与宦官单超、左悺等共商计谋，发兵包围梁冀的宅邸，没收其大将军的印绶。梁冀最后在绝望中与妻子一同自尽。这一事件中梁氏一族全部被斩，尸体被当街示众，而且卷入其中的官吏多达数百名。最终，外戚祸患宣告终结，而讨伐梁冀有功的宦官随之取代了外戚，可谓一波未平一波又起。

宦官握权后，立刻表现出了其非常人的一面。这些人因为被阻断了色欲方面的需求，自然就会将欲念全部转化为物欲和权力欲，而如今权力也一朝在手，所以对他们来说就剩下利用权力一心追求物质了。让我们来看看宦官之一侯览的例子。

据说他"前后请夺人宅三百八十一所，田百一十八顷。起立第宅十有六区，皆有高楼池苑，……僭类宫省。又豫作寿冢，石椁双阙，高庑百尺，破人居室，发掘坟墓。房夺良人，妻略妇子"，简直是无恶不作。

张俭就此上书天子弹劾侯览，却受到宦官阻挠，反遭迫害。（张俭是今山东省邹县〔已撤县改为邹城市——编者〕一带人，因此次上奏而遭到通缉，四处流亡。他在民间颇有声望，逃至各地后得到众多百姓相助，不少人甚至因此招来杀身之祸。）再举一个例子，据说宦官张让劝汉灵帝修建宫殿，要求各地运送珍贵的木材和名石来京，而当这些东西送来后，他又呵斥那些运送木石的人，说东西不合格，并且强行折价，以贱价收买，十分的只给一分的价钱。

而无论是外戚还是宦官，其实都只是倚仗天子嚣张跋扈，也就是所谓的"狐假虎威"。不过，东汉的大多数外戚既是地方望族又是大地主，他们与清流之士有着相同的根基，而且其中还有一部分人颇受清流人士的尊敬。与此相反，宦官本身就没有被当成正常人看待，而且他们以天子为靠山操控清流之士、迫害良民百姓，这种做法对于依由正当途径进入官界的人士来说是无法容忍的。

当时的君主（中央政府）并不像后世那样拥有绝对的权威，中央要想确保自身势力，就需要将地方官掌控在自己手中。（赵翼在其《廿二史札记》中提到，唐朝的宦官毒害始于中央，流于地方；而东汉的宦官则首先祸害地方，其后波及中央。）原本宦官并无子嗣，官不过一代，但他们当中很多人认领养子，并将其任命为地方官，使其与浊流一党同流合污。地方官本是清流之士的职位，宦官一族的势力却如此这般直接侵占了清流之士的位置，这使得两派之间的正面冲突不可避免，一触即发。这样很快就爆发了两次党锢之祸。

权力斗争

两派之间的冲突不可避免，在这种气氛中，南阳郡功曹岑晊在其管辖地将二百多名与宦官有关系的人抓捕入狱，而太原太守刘瓆也因不执行赦令，将宦官党人杀害而入狱。发生了这一系列事件后，两派越来越相互厌恶。

当时，和陈蕃、王畅一起被誉为清流三君的司隶校尉（相当于今东京都警视总监？）李膺在宦官当中也颇具声望。宦官张成因擅长占候术深得天子宠信，而李膺逮捕并杀死了张成的儿子，于是，张成的党羽诬陷李膺等人"养太学游士，交结诸郡生徒，更相驱驰，共为部党，诽讪朝廷，疑乱风俗”。汉桓帝震怒，先将李膺等人抓捕，接着又派人到各地将李膺的同伙二百多人抓进监狱。时任宰相的陈蕃向汉桓帝劝谏，却落得被罢官的下场。而李膺等人在接受审判时，七嘴八舌地将宦官的罪行纷纷揭露。李膺等人在法庭上的这种战术，使得宦官们深感不妙，于是他们借外戚窦武（作为学者闻名关中，不关心政治，但其女入宫后他便开始仕宦，女儿成为皇后之后，他晋升为大将军，致力于扫清宦官）和霍谞上书求情之机，将李膺等人全部放归原籍，降为庶民，并禁锢终生。

然而，被免职的清流之士备受世人称赞。天下的士大夫都认为他们道德高尚，将他们分别冠以三君（所谓君，是指世人敬仰之人）、八俊（俊是指有才望之人）、八顾（顾，谓能以德行引导他人之意）、八及（及，谓能引导他人追随众所宗仰之贤人）、八厨（厨者，言能以财救人也）等称号，极力称赞。其中，甚至有人因为没有被党事牵连而自觉可耻，上书说自己攀附党人，此人便是皇甫规。

不久，汉桓帝驾崩，汉灵帝即位，窦太后开始摄政，外戚窦武又掌握大权。窦武与陈蕃齐心协力任用清流之士，逐渐将宦官势力压制下去。窦武谋划铲除宦官头目曹节和王甫，不巧他的上书奏折被宦官朱瑀偷看。朱瑀谎称“陈蕃、窦武奏白太后废帝，为大逆”，大声召集众兵士，歃血立誓要诛灭窦武等人；而曹节则控制了汉灵帝和禁军，逼迫窦武自杀。陈蕃被捕后亦被杀害。以此为开端，之前被禁锢的李膺等数百人被抓，并且全部在狱中遇害。据说这次事件中遇害的人多达五六百人，这就是第二次党锢之祸。

在这种不断争夺中央权力的过程中，黄巾叛乱爆发了。

第十八章　黄巾之乱

谶纬神学与民间宗教

汉朝将儒教定为国教，禁止其他一切学问——即使只是从形式上禁止这些学问——儒教就不得不替代其他学问发挥它们本该发挥的作用。为此，儒学必须包容本不应该存在于内的一些事物。换言之，就是要求儒学具有多样性。谶纬神学的产生就是其表现之一。

谶即图谶，也就是预言的意思；纬是相对于经而言的。这种学说认为，孔子思想的表层意思虽在"经书"中有所记载，但其深层含义却记录在"纬书"中，孔子的预言和他要表达的真实意思只有通过谶纬才能理解。也就是说，这是一种以儒教为幌子，实质上奉行五行思想和占卜术的学说。这种学说早在西汉宣帝时期就已开始兴起，王莽和光武帝也都是谶纬神学的信奉者。但预言或者占卜学，往往会与民间信仰（迷信传说）

结合起来，为其提供理论依据。

人常说"上有所好，下必甚焉"，东汉时期的情况可谓是：政治上清流、宦官、外戚三方夺权；经济上，随着庄园持续增加，普通百姓失去土地沦为佃户、农奴，或者奴隶，饥荒之时只能舍弃土地成为流浪灾民。于是，民间信仰传播开来，现世救赎的宗教自然而然开始流行，东汉末年可以说是新兴宗教风生水起的时期。在这种时候，佛教宣扬"否定现世，期待来世"，尽管刚刚传入不久，但却十分兴盛；而后世成为中国民间宗教主流的黄老教（道教），也正是在此时、此种社会背景下产生出来的。在这种新兴宗教层出不穷的时代背景下，当时在政治上有三个人最为活跃，这便是三张（即张陵、张角、张修），其中张角最为突出。

张角与太平道

张角是河北巨鹿人，他自称大贤良师，广泛宣传太平道。太平道源于黄老教，将用符水、咒文为人治病作为招牌。据说治病时，首先是由张角持九节杖念咒文，为病人画符，然后，病人深深垂首默默祈祷，如此一来如若疾病治愈，则是虔诚信仰的结果。

这种方法使张角获得了众多信徒。随后，他又派弟子到四面八方去宣传教义，在十几年间纳入了数十万信徒。在青州、徐州、幽州、冀州，以及黄河和淮河下游等中心地带，信徒们甚至弃卖家产，前往投奔张角。据说有些信徒不顾身体有病都要去加入教团，结果多达数万人死于途中。由此可见，太平道发展成为一个大规模教团已经是势所必然。而当地官员却还悠然自得地感慨："（张角）以善道教化，为民所归。"

当然，官员中并非没有对此状况心存担心之人。太尉杨赐就曾谏言道："张角等遭赦不悔，而稍益滋蔓，今若下州郡捕讨，恐更骚扰，速成其患。且欲切敕刺史、二千石，简别流人，各护归本郡，以孤弱其党，然后诛其渠帅，可不劳而定。"可是皇帝并没有听取其意见。另外，刘陶也和杨赐一样，上奏提醒皇帝："四方私言，云角等窃入京师，觇视朝政，鸟声兽心，私共鸣呼。"然而，天子不以为然。

而另一方面，张角已经开始涉足政治活动，并将教团组织军事化，把全国信徒分为三十六方，据说大方人数约一万，小方将近六七千人。就这样，张角顺势而起，提出了"苍天已死，黄天当立，岁在甲子，天下大吉"（意思是说崇尚青色木德的汉王朝即将灭亡，崇尚黄色土德的新王朝将要建立，甲子是万物之始，是为开创基业之年。也就是说此时正是革命创业的大好时期）的口号散布于天下，并在洛阳官厅和州郡衙门的大门和墙壁上用白土都写上了"甲子"的字样。

太平道大方马元义等人率领荆州、扬州等地徒众数万人，约定以邺城（位于今河北省南部，自战国时期至南北朝时期曾是华北地区最重要的城市之一）为中心举事，并秘密前往京师，诱引宦官封谞、徐奉等为内应。约定同时举事的时间为中平元年（公元184年）三月五日。

但是，没想到张角的弟子唐周向朝廷告密，致使马元义被捕，在洛阳惨遭车裂极刑。因串通太平道而被杀的宦官和官吏达千余人，甚至连张角也遭到搜捕。张角等人得知事情败露后，连夜四散撤退，同一天内，三十六方"一时俱起"。

张角自称"天公将军"，其弟张宝、张梁分别为"地公将军"和"人公将军"。他们焚烧官府，抢劫村邑，使得州郡失去依据，长吏多有逃亡。不到十天时间，各地纷纷响应，震动京师。由于他们都头裹黄巾，故称"黄巾军"。

讨伐黄巾军

朝廷派外戚何进为大将军，率左右羽林五营的禁兵屯兵于都亭（从京城通往四方大道的起点，类似于带有宾馆设施的东京车站），调集武器，镇守京师，另外还在函谷关、孟津等八处关口设置关都尉驻防；在加强首都防御的同时，又派北中郎将卢植、左中郎将皇甫嵩、右中郎将朱儁，以及其他部将积极讨伐黄巾军。

其中尤以皇甫嵩表现突出。他与朱儁的军队联合进入颍水，而朱儁大军被贼将波才所破，于是他与取得胜利的波才军队在保长社形成对峙。他的军队势单力薄，遭敌军围困后军心动摇，但他看到敌军在草原露宿，便计划利用火攻灭敌。他招募敢死队，命其持火把潜出包围圈，同时在城中也点燃火把，与之呼应，见敌军惊慌逃窜，他便鸣鼓冲出，大破敌军。随后他正好与率兵前来的曹操会合，并联合朱儁的兵力，在五月和六月连续作战两个月，打败黄巾军，平定了淮河（中国南北的分界线即为淮河和秦岭山脉，在中国南北朝、五代、宋金等南北对峙时期，各方势力也都是以此流域为中心展开交锋的）一带，并于八月在苍亭俘虏了黄巾军的渠帅卜己。接着，他率军和张角大军形成了面对面交锋，由于张角已死于阵中，他便与人公将军张梁在广宗展开了交战。

然而一经交手，他就发现张梁的军力相当强大，就连自己也很难轻易取胜。一天夜里，他本准备闭营休兵，转入持久战，静观敌变，但经过仔细观察，他发现敌军被胜利冲昏头脑，开始表现出放松警惕的征兆。他认为时机已到，便在鸡叫时分突袭敌营。双方交锋并无多时，刚到吃早饭时便已决出胜负，他顺利杀死张梁，并斩杀敌军三万人，另外又将约五万敌军追至淮河至其落水而亡。而且，他还将张角"剖棺戮尸，传首京师"，取得了全面胜利。接着他又于同年十一月，在下曲阳击败并杀死张宝，斩首及俘虏敌军达十万余人，可谓是战绩斐然。

这样一来，张角三兄弟全部被杀，"黄巾之乱"总算告一段落。此战过后，皇甫嵩功拜左车骑将军，领冀州牧，封槐里侯。据说他十分体恤士兵，每当行军休息整顿时，他总是先巡视将士的军营后，再回到自己的营帐，而且总是待士兵用餐过后，才开始就餐。

朱儁的功劳仅次于皇甫嵩。他只是在最开始的时候曾兵败于反将波才，但后来他率兵成功击破了固守在宛城（位于今河南省，曾是东汉刘氏的根据地）、拥兵十余万的反将赵弘。接着，朱儁又包围赵弘的残党韩忠，将其降服，攻陷了宛城。由于宛城沦陷，黄巾军四分五裂，逃窜至各地州郡，最终均被抓获。黄巾之乱最终于当年，即中平元年（公元184年）就被镇压下去了。

黄巾之乱的余波

中平二年（公元185年）以后，除黄巾军的余党不时挑起局部骚乱，其他还有诸如张牛角、褚飞燕、白波贼等不计其数的叛党，他们虽然与黄巾军同属一类，但其规模与黄巾军相比不值一提。然而，由于这些叛军开展的是游击战形式的斗争，所以要想完全消灭他们还是需要花费相当长时间的。在这些剿伐黄巾军（包括同类贼军）的战斗中，袁绍、公孙瓒、曹操、袁术等人表现突出，他们当中的大多数都是后来活跃在《三国志》中的人物。从这个意义上来看，可以说黄巾之乱为《三国志》中出现的英雄豪杰们提供了实战训练的机会。

秦末的陈胜吴广叛乱、唐末的黄巢叛乱、元末的红巾叛乱、明末的李自成叛乱，以及清末的长发贼（太平天国）叛乱等都是各朝代末期，普通百姓由于无法忍受统治者的横征暴敛而爆发的撼动王朝的农民大反抗。东汉末年爆发的此次黄巾叛乱，虽然带有强烈的宗教色彩，但它同样是人民大众对东汉王朝怨声载道的一种表现。从这一点上来看，它与其他王朝末年的叛乱并无二致。从这次叛乱正好出现在党锢之狱发生时这一点便可看出，外戚及其党羽、宦官及其地方官同伙的恶政是叛乱发生的主要原因。因此，皇甫嵩提出平定黄巾之乱的先决条件便是首先解除党锢之禁，将舆论引向有利于自己的一方。他从内部入手，得到宦官吕强的帮助，使得朝廷下达了解除党锢的命令。正因为如此，那些活跃在三国时期舞台上的众多人才才得到了拯救。

第二点就是权力的地域分散。中国自秦统一天下以来，形成了中央集权制度，地方自卫能力相对薄弱。地方最大的行政区划是州，各州的长官为刺史（始于西汉武帝将天下分为十三州，在各州设立刺史，用于监察太守以下的官员），其本来的主要职责是监察官员，通常并不过问军事。但是，自汉顺帝至汉桓帝时期，随着社会日益动荡不安，刺史开始手握兵权。黄巾之乱爆发后，郡太守和刺史掌管大军参与对黄巾军的讨伐，由此太守和刺史的实力进一步增强。但尽管如此，其兵力依然薄弱，很多人相继在战乱中丧生。为此，中央采纳刘焉"改置牧伯，镇安方夏，清选重臣，以居其任"之谏言，任命中央的要员兼任各地的州牧。（西汉成帝时，一度将刺史改名为"州牧"，但很快又恢复其旧称。东汉末期时，朝廷并非在所有州内设置州牧，而是仅限于重要地区。）举个例子，刘焉、太傅黄琬和刘虞就分别出任了益州牧、豫州牧和幽州牧。《后汉书》的作者范晔曾这样评价道："州任之重，自此而始。"东汉末年，各地群雄竞起，州牧等地方官的权力逐步加强，已经不在中央政府的管辖之内。

诛灭宦官

命途多舛的汉灵帝于中平六年（公元189年）驾崩后，皇太子刘辩即位，按照惯例由其母何太后摄政，而实权则由何太后的哥哥何进掌握。

据说，何太后原本生于屠户之家，由于贿赂同乡出身的宦官郭胜，才得以进入后宫。而汉灵帝对何氏却十分宠爱，并且因为她生下皇子刘辩，还封其为皇后。可是这个女人为人非常歹毒，后宫上下对她无不颤栗。王美人曾经生下一位皇子，可是何氏得知后大为气愤，将其子毒害致死。汉灵帝对此大发雷霆，欲废黜皇后，但是却遭到宦官们的一致反对，由此何氏才躲过一劫。但何氏的兄长何进极其讨厌宦官，一心想要诛灭宦官。何进在平定黄巾之乱时已经是掌握洛阳兵权的大将军，而此时由于京城内流言蜚语四起，人心不安，为了增强首都的兵力，何进又在西园设置了八校尉（"校尉"是汉朝守卫都城周边及宫城的各部队的首领，而地方各郡的部队长官则称为"都尉"）。在《三国志》中大放异彩的袁绍就是八校尉之一，他出身于天下名门，深得何进信任。

袁绍劝何进说："前窦武欲诛内宠而反为所害者，以其言语漏泄，而五营百官服畏中人故也。今将军既有元舅之重，而兄弟并领劲兵，部曲将吏皆英俊名士，乐尽力命，事在掌握，此天赞之时也。将军宜一为天下除患，名垂后世。"

于是，何进劝太后将中常侍以下的宦官全部罢免，但是太后并不听从。而且，太后的母亲舞阳君以及太后的弟弟何苗反而与宦官为伍，致使何进无法如愿。袁绍等人深感不安，经过商议最终决定了诛灭宦官的策略，即调集各方部队集聚京城，利用兵力威胁宫中。何进多次想说服太后，终于让宦官有所觉察。他们偷听何进与皇太后谈话，待何进退下时，埋伏在外的几十个人将其包围，说道："天下愦愦，亦非独我曹罪也。先帝尝与太后不快，几至成败，我曹涕泣救解，各出家财千万为礼，和悦上意，但欲托卿门户耳。今乃欲灭我曹种族，不亦太甚乎？"

说着，就举刀将何进的首级砍下，并掷与尚书。直到晚上，众人才得知这个消息，袁绍的堂弟袁术（虽为袁绍的堂弟，却与袁绍不和，三国时期曾取代汉朝而建国，号称仲家，不久即被曹操所破）以及何进的部下闯入宫中，袁术在夜幕下将宫中点燃。而另一方面，袁绍也率兵赶到，关闭禁门，部署兵力抓捕宦官，无论老小统统杀掉。据说丧命之人达两千多，其中不乏因为没有胡须而被误认为宦官的人。

宦官张让等人劫持皇帝及其弟陈留王刘协从洛阳正北门逃走，经由小平津，夜半时分到达黄河岸边，其随从不过数十人，而此时卢植和闵贡的追兵正好赶到。闵贡大声斥责张让，说道"今不速死，吾将杀汝"，转瞬就将数人砍倒在地。张让等人见状，说了一句"臣等死，陛下自爱"后便投河自尽。闵贡救驾成功，护送着皇帝和陈留王准备返回京师洛阳，一路上只能依靠微弱的荧光前进。行走数里之后，他们才终于找到了马车，乘车返回雒舍。次日，在返回洛阳途中，闵贡等人在洛阳北部的邙山脚下，遇到了正急行赶往洛阳的董卓大军。董卓洋洋得意地将皇帝和陈留王迎入军中，并带其回到洛阳城内。由此，董卓挟持天子，开始了他的专政。

董卓粉墨登场

董卓是甘肃省临洮人。（临洮自古就是战略要地，是秦始皇所修建的万里长城的最西端。）这一带居住着众多羌族人，据说有一次，羌族的首领过来游玩，董卓把自家的耕牛杀掉热情款待众人，羌人首领们非常感动，回去后凑了上千头各种牲畜赠送给董卓。可见董卓年轻时就行侠仗义，是个豪爽之人。汉桓帝末年，董卓因为武艺高强、力大无比，被选任禁军羽林郎。他负责西北边境地区的治安，主要对手是这一地区的羌族和匈奴等北方游牧民族，双方经常展开交锋。由此，董卓的部队很自然地被磨砺成一支精兵，让人闻风丧胆。朝廷征召董卓为少府赴中央为官，他却不肯接受，以"所将湟中义从及秦胡兵皆诣臣曰：'牢直不毕，禀赐断绝，妻子饥冻。'牵挽臣车，使不得行"为由拒绝了。这几句话虽然只是他上书内容中的只言片语，但从中可以看出他的威望以及部下对他的敬仰。后来，他担任河东（山西省西南部南下黄河的东侧，与东边的河内、南边的河南并称为三河地区，是文化、经济最为发达的地区之一）太守，参与平定了黄巾叛乱。另外，在凉州的韩遂造反时，有六支部队前往讨伐，而董卓是其中唯一保全兵将得胜归来之人，并因为战功卓著被任命为并州牧。

话说袁绍为了讨伐宦官，将四方将领召回京师，董卓也在其中。有人早就知道董卓的为人及其军队的勇猛善战，所以对召董卓回京表示反对。董卓还未赶到京城，何进就已经被杀，他没能赶上讨伐宦官的行动，但幸运的是，董卓大军却在邙山脚下遇到了行动不便的天子，并将天子一行护送至京城。携天子进京后，董卓立即吸纳了何进、何苗的残余势力，形成了力压洛阳城之势。

鲍信劝袁绍除掉董卓，说："卓拥强兵，有异志，今不早

拉弓武士（用于陪葬的土制人偶）

图，将为所制；及其初至疲劳，袭之可禽也。"可是，袁绍畏惧董卓，按兵不动，导致后续的悲剧一幕幕上演。

董卓在邙山脚下遇到天子时，曾打探过京城的形势，可是天子对此全然不知。于是，董卓又询问天子的弟弟陈留王，陈留王却自始至终对答如流，让董卓十分佩服。这件事应该也是董卓想要废黜天子的原因之一。他首先与强敌袁绍商议。

董卓："天下之主，宜得贤明，每念灵帝，令人愤毒。董侯似可，今当立之。"

袁绍："今上富于春秋，未有不善宣于天下。若公违礼任情，废嫡立庶，恐众议未安。"

董卓："竖子敢然！天下之事，岂不在我？我欲为之，谁敢不从！"

袁绍怒火中烧，对董卓说："天下健者，岂惟董公！"说完横握佩刀，向董卓拱手行了一礼，扬长而去。袁绍不敢久留洛阳，他把朝廷所颁司隶印绶挂在上东门上，然后逃亡冀州。

由此，各路军阀纷纷返回根据地，以袁绍为盟主，一齐举起了讨伐董卓的大旗。（袁绍出身名门，作为讨伐董卓的盟主居群雄之首，但后来在官渡之战中败于曹操。此战对曹操来说相当于日本的"关原合战"。）

董卓迁都长安

留在京城的董卓废少帝为弘农王，立陈留王刘协为帝，即汉献帝。接着，董卓毒死何太后，掘毁何苗墓，杀害何苗之母舞阳君，并弃尸于苑枳落中，不复收敛。当时洛阳城中皇亲国戚的宅院比比皆是，董卓纵容士兵烧毁他们的房舍，抢夺财物，抢夺妇女逼其为妾，洛阳百姓无不胆战心惊。然而，董卓并不满足，他最终闯入宫中，奸淫公主、宫女，可谓是无恶不作。

各地不断掀起反对董卓的浪潮，声势浩大，董卓开始担心地处中原的洛阳不利于防守。于是，他决定将都城迁往洛阳以西的长安，那里不仅是控制函谷关的要害之地，而且很早以前就是自己的势力范围。董卓不仅顺手牵羊掠走洛阳城内的金银财宝，将大批富豪定罪杀害，还鞭打洛阳数百万百姓将其驱赶到长安。为了彻底切断百姓对旧都洛阳的思念，他更是将宫城、房屋统统烧毁，放眼望去城内一片火海，甚至连鸡鸣狗吠声都听不到了。董卓还命令部下吕布挖开各个皇帝和公卿以下官员的坟墓，收取其中的珍宝。

抵达长安后，董卓命人在长安附近的郿城修筑与长安城墙同样高的坞（防御城堡，特指修筑在聚居地周围的夯土墙，有些规模较大的就相当于城墙一样），储藏了足够享用三十年的粮食和大量财宝。他自吹自擂说即便发生万一，只要守住郿城就能保证他度过余生。至于其他政事，他则全权交给了王允。

董卓之死

然而，王允也逐渐对董卓的过分行为产生了厌恶。他看准董卓的部下吕布虽然勇猛无双，但却是个缺少谋略的莽夫，于是他唆使吕布刺杀董卓。当时汉献帝大病初愈，群臣为了庆祝皆聚于未央宫。吕布也来参加宴会，他等到董卓到场后，大声喝道"有诏讨贼臣"，便用长矛刺穿了董卓的胸膛。董卓的整个宗族也全部被诛杀，据说长安城百姓欢歌起舞，都感到大快人心。

董卓历来十分肥胖，他死后从其体内流出了一地脂肪，染得草木皆变成红色。据说有人在董卓的肚脐上点燃火焰，结果亮了整个一晚上。

董卓死时，他的左膀右臂李傕和郭汜二人均出征在外。李傕军中的贾诩献策说："不如率众而西，所在收兵，以攻长安，为董公报仇，幸而事济，奉国家以征天下，若不济，走未后也。"李傕和郭汜的部下都是勇猛善战的西部兵卒，而吕布也是人尽皆知的勇武之人，经过激烈的巷战，吕布兵败，退出长安城。而李傕和郭汜进入长安城后又开始反复掠夺，致使小米涨价到五十万钱一石，豆、麦涨价到二十万钱一石，城内百姓互食人肉，惨不忍睹。

李傕和郭汜严密地监视汉献帝，但后来二人心生间隙，兵戎相见，汉献帝趁机逃往洛阳。李傕和郭汜二人意识到挟持天子的重要性，便急忙追赶汉献帝。汉献帝在白波贼（与黄巾军几乎同一时期出现的山西省白波谷的一支叛军，在汉献帝迁往许都之前，曾一度侍奉汉献帝迁至安邑）和南匈奴王的协助下，终于逃回了洛阳。然而，洛阳也已成为众将纷争之地，不得安宁。于是，天子又向势力与日俱增的曹操寻求援助。曹操认为洛阳已经荒废不堪，不宜作为都城，便劝说汉献帝迁都到了自己的根据地许县，那一年是建安元年（公元196年）。

汉献帝在许县安定下来，他于建安二十五年（公元220年）禅位于曹操的儿子曹丕。虽然名义上汉王朝又延续了二十六年，但实际上这一期间，实权完全掌握在曹操手中。曹操借天子之名向天下群雄发号施令，有人胆敢违抗便冠之以违君之罪讨伐。汉献帝已形同躯壳，如行尸走肉，这时候与其说是汉王朝的天下，不如说实质上是曹操的天下。

关系年表

			关系年表		
战国	公元前259年	周赧王	五十六年	秦始皇（秦王政）出生于赵国	公元前256年，罗马海军于西西里南海岸大败迦太基舰队
		秦昭王	四十八年		
	公元前256年		五十一年	秦灭周	
秦帝国前期	公元前250年	孝文王	一年	王猝死，子楚（秦始皇之父）继位	大夏王国独立
	公元前247年	庄襄王	三年	王去世，太子政继位	安息帝国国王阿萨息斯一世即位
	公元前246年	政王	一年		第三次叙利亚战争爆发
	公元前238年		九年	嫪毐因谋反被杀。秦王政亲政	公元前232年，印度阿育王逝世
	公元前235年		十二年	吕不韦自杀	
	公元前230年		十七年	灭韩	
	公元前228年		十九年	灭赵	
	公元前227年		二十年	荆轲刺秦王失败	
	公元前225年		二十二年	灭魏。于二十四年灭楚，二十五年灭燕、代	

续表

秦帝国	公元前221年	始皇帝	二十六年	灭齐，秦统一天下。定皇帝制，进行诸项制度改革	哈斯德鲁巴被杀，汉尼拔即位
	公元前220年		二十七年	开始巡游天下	公元前218年，第二次布匿战争爆发
	公元前214年		三十三年	平定南越，讨伐匈奴，修建万里长城	公元前215年，马其顿与迦太基结盟
	公元前213年		三十四年	下令焚书	
	公元前212年		三十五年	实施坑儒	汉尼拔在塔朗多攻破罗马军
	公元前210年		三十七年	巡游途中病故。胡亥继位	
	公元前209年	秦二世	一年	陈胜和吴广起兵。项梁和项羽、刘邦揭竿而起	罗马的西庇阿夺取西班牙
	公元前208年		二年	杀李斯	
	公元前207年		三年	赵高杀秦二世，拥子婴为帝。赵高被子婴所杀	罗马军于塞纳·伽利卡大破迦太基
楚汉争霸	公元前206年	汉高祖	一年	高祖（刘邦）入咸阳，鸿门宴。项羽杀子婴，自立为西楚霸王。高祖称汉王	

续表

楚汉争霸	公元前205年		二年	高祖从汉中北上。项羽讨伐，向东挺进	西庇阿成为罗马执政官
	公元前203年		四年	高祖与项羽平分天下，和解	
大汉王朝（前汉）	公元前202年		五年	垓下之战，项羽自杀。高祖即帝位	西庇阿于扎马大破汉尼拔
	公元前200年		七年	匈奴围困高祖于白登山（山西）。迁都长安	公元前201年，第二次布匿战争结束
	公元前196年		十一年	杀韩信。亲征英布	
	公元前195年		十二年	高祖死，惠帝立	
	公元前194年	惠帝	一年	卫满立朝鲜国	
	公元前188年		七年	惠帝死，皇太子刘恭继位。吕后掌权	
	公元前187年	吕后	一年	吕氏一族封王	
	公元前184年		四年	吕后杀少帝刘恭，立刘弘为帝	
	公元前180年		八年	吕后逝世，吕氏一族灭亡。代王刘恒继帝位	

续表

大汉王朝（前汉）	公元前179年	文帝	一年		公元前168年，马其顿王珀尔修斯惨败于罗马军。马其顿灭亡
	公元前178年		二年	废除诽谤妖言之罪	
	公元前174年		六年	淮南王谋反失败。匈奴冒顿单于逝世，老上单于即位	
	公元前167年		十三年	改肉刑为笞刑	
	公元前157年	后元	七年	文帝驾崩。皇太子刘启即位	
	公元前156年	景帝	一年		
	公元前154年		三年	平定吴楚七国之乱。诛晁错	
	公元前151年		六年	废皇后薄氏	
	公元前150年		七年	废皇太子刘荣，改立刘彻	
	公元前149年	中元	一年		第三次布匿战争爆发
	公元前141年	后元	三年	景帝逝世，立皇太子刘彻为帝	
	公元前140年	武帝建元	一年	定年号为建元（中国年号的开始）	

续表

大汉王朝（前汉）	公元前138年		三年	平闽越，救东瓯
	公元前136年		五年	采用董仲舒的对策，设五经博士
	公元前133年	元光	二年	与匈奴马邑一战失利
	公元前127年	元朔	二年	卫青等讨伐匈奴，于河南设立朔方郡
	公元前126年		三年	张骞从西域归来
	公元前122年	元狩	一年	淮南王刘安等谋反失败
	公元前121年		二年	霍去病讨伐匈奴。匈奴浑邪王投降
	公元前119年		四年	开始盐铁专卖。卫青、霍去病等横扫匈奴
	公元前115年	元鼎	二年	张骞出使乌孙国归来。施行均输法，禁止郡国铸钱
	公元前111年		六年	讨伐西羌、南越。平定西南夷
	公元前108年	元封	三年	讨伐楼兰和车师。平定朝鲜，设四郡

（右栏跨行）提比略·格拉古成为罗马护民官，被杀害

叙利亚国王安条克七世与帕提亚作战，阵亡

续表

大汉王朝（前汉）	公元前104年	太初	一年	制定太初历法。李广利征讨大宛	罗马的苏拉在喀罗尼亚大破米特拉达梯
	公元前102年		三年	再次讨伐大宛，大宛归降	
	公元前100年	天汉	一年	苏武被匈奴扣留	
	公元前99年		二年	李陵投降匈奴。司马迁为其辩护遭受宫刑	
	公元前96年	太始	一年		
	公元前91年	征和	二年	发生巫蛊之祸。皇太子刘据、卫皇后等自杀	
	公元前89年		四年	下旨停止轮台屯田	
	公元前87年	后元	二年	汉武帝驾崩，立皇太子刘弗陵。霍光掌权	
	公元前86年	昭帝始元	一年		
	公元前81年		六年	出现反对盐铁专卖的呼声	
	公元前77年	元凤	四年	傅介子杀死楼兰王	
	公元前74年	元平	一年	汉昭帝驾崩，霍光等人拥立昌邑王刘贺。废刘贺，拥立汉武帝曾孙	

大汉王朝（前汉）	公元前73年	宣帝本始	一年		罗马的庞培大破米特拉达梯，平定小亚细亚
	公元前66年	地节	四年	霍光（于二年逝世）一族叛乱被镇压，霍皇后被废	
	公元前65年	元康	一年		
	公元前61年	神爵	一年	赵充国平定西羌	
	公元前60年		二年	匈奴日逐王归降。郑吉担任西域都护	恺撒、庞培、克拉苏结成三头同盟
	公元前57年	五凤	一年	匈奴五单于并立，国力衰退	
	公元前51年	甘露	三年	匈奴呼韩邪单于前来朝拜	恺撒征服高卢
	公元前49年	黄龟	一年	汉宣帝驾崩，立皇太子刘奭为帝	公元前50年，恺撒渡过卢比孔河，进入罗马
	公元前43年	元帝永光	一年		公元前44年，恺撒遇害。贵霜帝国在这段时间建立
	公元前37年	建昭	二年	高句丽国诞生	
	公元前33年	竟宁	一年	王昭君远嫁呼韩邪单于。汉元帝驾崩，立皇太子刘骜。王凤担任大司马大将军	

	公元前32年	成帝建始	一年		公元前31年，阿克提姆海战。屋大维掌握罗马实权
	公元前27年	河平	二年	王氏五兄弟同日获封诸侯	
	公元前24年	阳朔	一年		
	公元前18年	鸿嘉	三年	百济国建立	
大汉王朝（前汉）	公元前16年	永始	一年	王莽获封新都侯	公元前15年，提比略平定多瑙河上游
	公元前12年	元延	一年	大将军王商离世，王根继任	
	公元前8年	绥和	一年	王莽成为大司马	
	公元前7年		二年	汉成帝猝死，立皇太子刘欣	
	公元前6年	哀帝建平	一年		传说公元前4年，耶稣基督出生
	公元前1年	元寿	二年	汉哀帝驾崩，中山王之子继位。太皇太后王氏临朝。王莽为大司马	
	公元1年	平帝元始	一年	王莽被封为太傅，号安汉公	

续表

孺子婴新国	公元 4 年		四年	王莽加公为宰衡，改革官制和地方制度	
	公元 5 年		五年	王莽加九锡。汉平帝驾崩，王莽成为摄皇帝	
	公元 6 年	居摄	一年	广戚侯之子刘婴成为皇太子，称孺子	
	公元 8 年		三年	王莽自立为天子，改国号为"新"	
		初始	一年		
	公元 9 年	王莽始建国	一年	封孺子婴为定安公。禁止王田（天下土地）、私属（奴婢）买卖	
	公元 11 年		三年	匈奴各部入侵北部边境	公元 14 年，罗马皇帝奥古斯都逝世，立提比略为帝
	公元 17 年	天凤	四年	琅琊的吕母、绿林山的王匡等起兵造反	
	公元 18 年		五年	赤眉军起义	
	公元 19 年		六年	对匈奴进行大规模讨伐	
	公元 22 年	地皇	三年	刘縯、刘秀两兄弟起兵，与绿林诸军汇合	

大汉王朝（后汉）	公元23年		四年	刘玄登基称帝，改年号为更始
		更始	一年	刘秀于昆阳破王莽大军。王莽被杀
	公元24年	更始	二年	刘玄定都长安。刘秀平定河北。梁王刘永独立
	公元25年	更始	三年	公孙述于成都称帝。刘秀即位（光武帝）。赤眉军入长安。光武帝定都洛阳
		光武帝建武	一年	
	公元27年		三年	大破赤眉军
	公元29年		五年	讨伐刘永残党，平定山东。兴办太学
	公元34年		十年	隗嚣之子隗纯投降，陇右被平定
	公元36年		十二年	公孙述死亡。四川被平定
	公元42年		十八年	马援讨伐交趾的徵侧姐妹（翌年平定）
	公元47年		二十三年	匈奴分裂为南北两部分
	公元57年	中元	二年	倭奴国使者来朝。光武帝驾崩，立皇太子刘庄为帝

公元 54 年，立尼禄为罗马皇帝

续表

大汉王朝（后汉）	公元58年	明帝永平	一年	辽东太守祭肜大破乌桓	
	公元65年		八年	蔡愔等人被派往西域求取佛经（永平十年回国）	
	公元73年		十六年	窦固派遣班超经营西域	
	公元75年		十八年	汉明帝驾崩，皇太子刘炟继位	
	公元79年	章帝建初	四年	班固等儒者齐会白虎，校订五经	罗马的维苏威火山爆发
	公元86年	元和	一年		
	公元88年	章和	二年	汉章帝驾崩，皇太子刘肇登基	
	公元89年	和帝永元	一年	窦宪讨伐北匈奴大获全胜	
	公元91年		三年	班超担任西域都护	
	公元92年		四年	窦宪自杀。班固死于狱中。宦官郑众专权	
	公元100年		十二年	许慎创作《说文解字》	
	公元105年	元兴	一年	汉和帝逝世，其子刘隆继位。皇太后邓氏临朝	

	公元106年	殇帝延平	一年	邓骘掌权。汉殇帝驾崩，清河王之子刘祜即位	
	公元107年	安帝永初	一年	倭国王帅升等使臣来朝	
	公元114年	元初	一年		罗马的图拉真大帝派兵占领亚美尼亚，帕提亚帝国解体，领土范围缩小
	公元120年	永宁	一年	掸国国王雍由调派遣使臣来朝	
大汉王朝（后汉）	公元121年	建光	一年	邓太后逝世，汉安帝亲政	
	公元124年	延光	三年	西域长史班勇讨伐北匈奴，恢复与西域通好	
	公元125年		四年	汉安帝驾崩，北乡侯刘懿即位。北乡侯逝世，众宦官拥立济阴王刘保为帝	
	公元126年	顺帝永建	一年		
	公元135年	阳嘉	四年	允许宦官的养子袭爵。梁商担任大将军	
	公元141年	永和	六年	梁商去世，其子梁冀任大将军	

续表

	公元142年	汉安	一年	
	公元144年	建康	一年	汉顺帝驾崩，立太子刘炳为帝
	公元145年	冲帝永嘉	一年	汉冲帝驾崩，立渤海王刘缵为帝
	公元146年	质帝本初	一年	太学生激增至三万。梁冀毒杀汉质帝，立蠡吾侯刘志为帝
大汉王朝（后汉）	公元147年	桓帝建和	一年	大月氏僧人支谶抵达洛阳（建和二年，安息僧人安世高抵达洛阳）
	公元150年	和平	一年	
	公元151年	元嘉	一年	
	公元153年	永兴	一年	
	公元156年	永寿	二年	鲜卑首领檀石槐夺取南匈奴之地，入侵中国
	公元159年	延熹	二年	梁冀自杀，遭满门抄斩。宦官单超等人获封诸侯

续表

大汉王朝（后汉）	公元166年		九年	大秦王安敦（即罗马皇帝马克·奥勒留·安东尼）遣使来朝。李膺等二百余人作为党人入狱	
	公元167年	永康	一年	宽恕党人，免除终身监禁。汉桓帝驾崩，立解渎亭侯刘宏为帝	
	公元168年	灵帝建宁	一年	陈蕃、窦武等人因设计铲除宦官而遇害	
	公元169年		二年	李膺等一百余名党人被杀	
	公元175年	熹平	四年	立石经于太学门外	
	公元180年	光和	三年	立何氏为皇后	罗马皇帝马克·奥勒留·安东尼逝世，康茂德即位
	公元184年	中平	一年	张角领导黄巾军起义。大赦党人。卢植、皇甫嵩等人讨伐黄巾军	
	公元189年		六年	汉灵帝驾崩，其子刘辩继位。宦官杀死大将军何进。袁绍诛杀所有宦官。董卓废新帝为弘农王，改立陈留王刘协	

续表

	公元190年	献帝初平	一年	董卓迁都长安。公孙度任辽东太守	
大汉王朝（后汉）	公元195年	兴平	二年	汉献帝逃出长安	
	公元196年	建安	一年	曹操前往洛阳迎接汉献帝，迁都许地	
	公元200年		五年	曹操于官渡大破袁绍军队。郑玄离世	
	公元207年		十二年	曹操讨伐乌桓，大获全胜。刘备拜见诸葛亮	
三国前期	公元208年		十三年	赤壁之战曹操大败。呈三分天下之势	
	公元214年		十九年	刘备破刘璋，占据蜀地	
	公元216年		二十一年	曹操获封魏王（建安十八年，曹操获封魏公，加九锡）	
	公元217年		二十二年	孙权将根据地移至建业	罗马皇帝卡拉卡拉被杀
	公元220年		二十五年	曹操离世。其子曹丕废献帝，建立魏国	

解　说

　　《秦汉帝国》一书出版于1966年，那年是中国"文化大革命"正式开始的第一年，《毛泽东语录》的红色小册子、毛泽东像章席卷了整个中国。"文化大革命"把红卫兵推为急先锋，将传统的思想、文化、风俗和习惯等彻底摧毁，学术文化也毫无疑问地处于停滞不前的境地。

　　"文化大革命"究竟是什么？ 它对于中华人民共和国有着怎样的意义？ 关于这些问题，就交给现代史的专家们去研究。可以说，二十世纪五十年代至六十年代是一个极其注重理论的年代。在这一点上，历史学界或者说古代史学界是一样的。

　　二十世纪五十年代，日本的历史学（包括日本史、东洋史）在战后言论自由，以及对战前、战中学术压制表示不满的环境中，基于理论史学，尤其是唯物史观，在探明时代划分、世界史基本法则等方面开展研究，涌现出众多论文成果。进入二十世纪六十年代后，日本史学界在继承初期一部分成果的基础上，取其精华去其糟粕，进一步深化了历史学理论的研究。纵观秦汉历史，历史学家们创造出诸如亚洲生产模式、家长奴隶制、个别人身支配、村落共同体等词语，用以表示国家结构、支配形态以及社会模式，试图从理论层面解读秦汉王朝的历史。

三十年后的今天[①]，在政治方面，中国仍然是社会主义国家，共产党领导的本质并没有改变，但在经济方面，中国却发生了巨大的转变，与自由主义、资本主义国家很是相似。甚至可以听到政府对"文化大革命"，乃至毛泽东思想的批评言论，这种变化着实令人震惊。

而与之相呼应的是，历史学界的理论史学研究也神奇般地偃旗息鼓。在二十世纪即将结束之际，要想在学术论文上找到诸如世界史的基本法则、历史的发展阶段学说之类的词语，就好比要在街头巷尾找到红色语录、毛泽东军帽、毛泽东像章一样，是十分困难的事情。

中国转变了政治方向，在经历了反对权力斗争（打倒"四人帮"）、反对"文革"等政治本身所具有的"钟摆现象"后，势必要迎来经济发展的现代化，走向自由经济的发展路线吧。这其中或许有二十世纪八十年代后期冷战结束这一世界史上的巨大变化所带来的影响。关于这个问题，我完全是个门外汉。

---

①　本书原著改版发行于2000年，本解说为改版发行之际添加的内容。——编者

不过总之，在中国古代史，诸如秦汉史的历史研究中，曾十分盛行的理论史学被当头泼下了一盆冷水，这主要是因为"文化大革命"后考古学重新复苏，而考古学所带来的惊天大发现毫无疑问是真实的存在。两千年前的考古文物从地下被发现，栩栩如生地展现在世人面前，这实在令人难以想象。正是这些考古发现才使得理论史学变得微不足道，缺乏存在感。

令人叹为观止的出土文物

在二十世纪七十年代出土的无数令人惊叹的文物中，首屈一指的当数陕西临潼出土的秦始皇兵马俑，它被称为二十世纪最大的发现。

1974年春，当地农民挖出了一个兵俑的头，随后，一共发现了三处俑坑。其中的一号坑，东西长200多米，南北宽62米，坑中有九条长廊状的通道，分布着六千多个兵俑和四十辆木制战车，以及一百六十匹俑马。所有兵马俑和战车的大小均与实物相当，一字排开，成对阵态势，士兵们表情各异，兵俑色彩逼真，令人叹为观止。

这三处兵马俑坑是位于其西面一公里处的秦始皇骊山陵墓的陪葬坑，是以现实中守卫首都咸阳的近卫兵团为模型制作的。

许多外国元首去西安访问时都曾参观过秦始皇兵马俑，日本也曾多次对其出土文物进行过展览。秦始皇兵马俑早已享誉世界，其知名度无须赘言。而与秦兵马俑齐名的，当属1973年在湖南长沙马王堆汉墓出土的文物，这些文物在日本也曾多次展出。长沙马王堆汉墓是在西汉惠帝二年（公元前193年）被封为长沙国丞相的轪侯利苍及其妻子、孩子的三座墓穴。仅其中一座墓穴就出土了一千四百多件殉葬品，其中一件出土文物是长达两米的T字形帛画。这幅画精妙绝伦，以天上、人间和地下三界为背景，描绘出墓主升仙昆仑山时的情景，让人一提起马王堆就会首先想到它。

此外，马王堆出土的较为名贵的文物还有书写在锦帛上的《老子》《周易》和《战国纵横家书》，以及一些如今已经失传的医学类书籍。提到出土的书籍或者文字资料，就不得不说说木简和竹简了。

在专业术语中，木简和竹简统称为简牍。秦汉时期，文字通常写在木札或竹片上。虽然其他诸如石板、瓦片、金属等物也可以用作书写材料，但仅限于某种特定目的，一般比较常用的还是简牍。这些简牍曾几何时已经在中国完全消失，不再使用，然而二十世纪初期，它的身影又再次出现在世人面前。简牍作为出土资料或许在展览会上显得并不起眼，但是，在古代史研究方面，它与考古文物同样珍贵，甚至比考古文物具有更重要的资料价值。

简牍资料最早进入现代人的视线是在1901年，那时塔里木盆地的楼兰、尼雅遗址中首次出土了简牍资料。经过了整整一个世纪，直到今天，人们发现的简牍数量已在二十万枚以上（这个数字也包括残片，以及所有尚未公之于众的长沙走马楼木简），可以说，简牍资料的分量已经与《史记》和《汉书》相匹敌，而且今后其数量一定还会继续增加。

要说这些打破了千年沉默而横空出世的木札、竹札上究竟写了些什么，其内容还真是种类繁多，既有书籍、账簿、律文，也有名录、陪葬品清单等，这些资料为我们提供了一些光凭文献无法获知的重要知识。例如，与秦始皇兵马俑相继出现的湖北省云梦县睡虎地秦墓中，就出土了一千一百多枚竹简，其内容是秦始皇统治时期的刑法条文以及条文的相关解说。

另外，1930年，在内蒙古额济纳河流域的汉代军事基地（烽燧）遗址中也发现了木简，相关情况在本书"纸的发明"一章中有所介绍。这个遗址在1973年被再次发掘，木简的数量达到三万枚以上。居延汉简的主要内容有上级传达命令的文书复本、账簿和名单等，这些可以让我们清楚地了解到每一天的边境守备情况和上级传达命令的实际情形。

1970年以后的这些考古学成果，不仅为人们进一步探究事实的细微之处提供了帮助，从而弥补文献史料的不足，而且还使古代史学者的兴趣向追求事实真相的考证史学方向倾斜。由此，理论史学变得黯然失色。

那么，这是否意味着考古文物的出现不仅使理论史学，而且使一直以来的文献记载都失去了意义，或者说都成了应该被修正的对象？ 随着出土文物不断发掘，以往的中国古代史是否必将遭到大幅度修正？ 更进一步地说，难道1966年出版的本书也就成了毫无意义的旧版历史书了吗？

出土文物及《史记》《汉书》的相关记载

下面我们来看看本书中所涉及的一些史实及考古发掘的

详细情况。

> 嬴政即位后不久，便命人开始为其建造陵墓。一统天下后，他更是将七十余万囚犯调至此地加紧建造骊山陵。据说，墓穴深至地下水层，内壁由铜建成，墓中建有宫殿……

> 不仅如此，墓室的地板上还凿刻着黄河、长江等河川江海，以水银为水，利用机械装置，使其自动环绕流淌，宛如将中国的版图模型放入墓穴中一般。（本书46、47页）

1981年至1982年，中国地质科学院对秦始皇陵墓的地下水银含量进行了调查和测量。其结果显示，在秦始皇陵12000平方米的范围内，水银的含量尤为突出，达到70ppb至15000ppb（平均205ppb），而且水银含量的多少是随着测量地点的不同而产生变化的。据说秦始皇陵封土堆的土取自鱼池地区，其土壤的水银含量在5ppb至65ppb范围内。将此数值与实际测量出的秦始皇陵水银含量相比较的话，我们可以认为陵墓封土中的异常水银含量并非源自封土原有土壤，而是堆积成封土堆后，地下那些人工埋藏的水银渐渐渗透至周围导致的。（常勇、李同，《秦始皇陵中埋藏汞的初步研究》，《考古》1983-7）

1976年，秦始皇陵兵马俑考古队在距离秦始皇陵外城东墙350米处，发掘出了十七座墓穴。墓穴是东西朝向，以2米至15米的间隔，朝南北一字形排列，十七座墓穴均为带有斜坡墓道的方圹墓，或者方圹洞室墓。

人们在其中的八座墓穴中，发现了二十岁至三十岁的男女遗骨（五名男子，两名女子）。这七具遗骨全部身首异处，没有一具完好地摆放在棺木中。而且，有一名男子的遗体其头部有被铜镞穿过的痕迹。很明显，他们都不是正常死亡，而是惨遭杀害，被斩断后放入墓穴中的。

①十七座墓葬整整齐齐地向南北排成一列，说明这些墓穴是同时被填埋的。②墓穴内全部放置着棺椁，而且有一定数量的殉葬品，其中还有一些陪葬器物上刻有"少府"（相当于日本宫内厅）二字。③在墓穴底部发现了修墓人烧火取暖的痕迹，说明是在冬季进行埋葬的。④这些二十至三十岁的年轻人均非正常死亡。

由以上①②③④四点可以推断，这些充满疑点的墓穴很有可能是秦始皇死后，被秦二世胡亥杀死的那些皇子、公主之墓。（袁仲一，《秦始皇陵兵马俑研究》，文物出版社，1990年）

> 由于秦二世不顾众位皇兄弟的态度擅自继承了皇位，因此招致诸多不满，大臣当中也弥漫着不稳定的情绪。巡游一结束，赵高首先考虑的就是要严肃法纪，并以此为由，将不满朝政之人定罪处刑。……最终，十二名皇子、十名皇女陆陆续续被处死，其财产也全部被朝廷没收，受牵连被处死的人更是不计其数。……公子高自知会连累族人，便选择了自行了断，道："先帝无恙时，臣入

则赐食，出则乘舆。御府之衣，臣得赐之；中厩之宝马，臣得赐之。臣当从死而不能，为人子不孝，为人臣不忠。不忠者无名以立于世，臣请从死，愿葬郦山之足。唯上幸哀怜之。"说完便自缢而亡。（本书，60、61页）

根据《史记》的《秦始皇本纪》和《李斯列传》的相关记载，可以认为这一事件发生在秦二世元年的春天。说到春天，一般是指一月至三月之间，所以这与之前提到的第③点，即冬季埋葬并无矛盾。

1973年，长沙马王堆三号汉墓出土了解释行星运行规律和占星术的帛书《五星占》。其中，有一处书写着"三八（年）张楚"四个字。所谓三八年，指的是秦始皇三十八年（公元前209年）；而张楚，无非就是指同年发动农民起义的首领陈胜自立为王后定的国号。（刘乃和，《帛书所记"张楚"国号与西汉法家政治》，《文物》，1975-5）

（起义风起云涌）大家意见一致，都认为应该称王。陈胜喜出望外，自立为王，国号为"张楚"，意为扩张楚国。（本书，71页）

1965年，陕西省咸阳市杨家湾发现了彩色陶俑，以此次发现为契机，有关部门从1970年至1976年对两座墓葬展开了正式发掘和调查。墓葬是由封土、墓道和墓室三部分组成的大型贵族宅邸式陵墓，其中封土高4米，长20米，宽15米；墓

道入口长6米，东西向一段长50米，南北向一段长44米，全
长100米，深15米，其规模相当巨大。此外，这两座墓葬中
还发现了11座陪葬坑，坑内出土了583座骑兵俑、1965座其
他陶俑、410块盾牌。陶俑排列成五列四行，前三列六坑为骑
兵俑。尽管这些兵俑没有秦始皇兵马俑那么写实，而且大小也
不足一米，但也可以说是一支守护墓主的地下守备部队。根据
一些文献记载可以推测，这座杨家湾汉墓的墓主很可能是周勃
及其子周亚夫。（《文物》，1977-10）

　　周亚夫……与梁王（景帝的弟弟）产生不和，这导致
他最后失宠倒台。（本书，124页）

　　本书谈到周亚夫倒台为止，未做后叙。而《史记》《汉书》
的《周亚夫传》中，均记载着他下台后很快就被冤枉定罪，以
致最后自杀身亡的情况。下面的内容就是他蒙冤的起因。
　　周亚夫要买五百甲盾作为父亲陵墓的陪葬品，但他并不
知晓甲盾乃国家禁止个人买卖的物品，所以遭到了司法官的
审问。①
　　"君侯欲反邪？"
　　"臣所买器，乃葬器也，何谓反邪？"
　　"君侯纵不反地上，即欲反地下耳。"
　　1983年，广州市象岗山地下20米处发现了一座全长10米

----

① 　实际上周亚夫获罪，是因为周亚夫的儿子偷偷买了五百甲盾，准备在他
　去世时用。此处乃知识性错误。——编者

多、宽12米的大型横穴墓，这是公元前二世纪前后广东地区颇有势力的南越王赵氏之墓。现在，这座墓穴的遗址已经成为西汉南越王墓博物馆。此墓出土的殉葬品数量达数千，其中既有青铜、玉石、金银、竹木等材料制成的乐器、礼器、镜子等器具，还有纤维以及数量众多的铁制武器等。这些出土文物一方面反映出汉代广州地区的文化，另一方面更是显示出南越国的繁荣昌盛，可以说是十分珍贵的考古资料。

> （南越赵佗）秦朝时从中国派遣去的地方官，秦末开始独立，自称武帝，自汉高祖后数次被招安，但从未屈服。（本书，122页）

墓主遗体的上面发现了八枚印章，其中最大的一枚为边长3.1厘米的正方形金印，上面刻有"文帝行玺"四个字。所谓"文帝"，指的就是南越王赵佗（武帝）的继承者赵胡。《汉书·西南夷两粤朝鲜传》中记载着赵胡僭称文帝，以及赵胡死后其子婴齐"藏其先武帝、文帝玺"的相关史实。而此次出土的金印无疑就是以独立国称帝的"文帝"的玺印。（《西汉南越王墓》，文物出版社，1991年）

"随着出土文物不断发掘，以往的中国古代史是否必将遭到大幅度修正？难道1966年出版的本书也就成了毫无意义的旧版历史书了吗？"针对这些问题，其实答案已经相当明了。实际上根本不存在考古文物的发现使本书必须更改所述内容的情况。不仅如此，本书所记载的内容，还因为新的考古文物发掘而得到了彻底的验证。正因为如此，本书才更令人惊叹。

本书的史料依据是《史记》和《汉书》，这也足以证明正史的记载内容是以史实为基础的。

前文已经列举了几个例子，不过，从出土文物可以促使人们重新考证文献史料的真实性这个角度出发，我还想再补充一个问题。

蔡伦纸的发明与此前的纸

中国最早制作的纸乃是后汉时期蔡伦发明的蔡侯纸，本书自然对此事也已做了说明。

> 东汉和帝元兴元年（公元105年），身为中常侍的宦官蔡伦创造出一种能够弥补绢帛和木简缺点的新材料呈献给了皇帝。这种材料是由从树皮、麻、破布、渔网等原料中提取的植物纤维制作而成，堪称世界历史上的一项重大发明，世人称之为"蔡侯纸"。

书中紧接着这样叙述道：

> 也有学者认为，在蔡伦发明纸之前，世上就已经出现了纸，而在西域探险队提交的报告中也曾提到他们发现了早于蔡侯纸的纸，但这些说法并未得到证实。（本书280页）

说到蔡伦之前纸是否已经存在这个问题，我不得不提到始于战前的那段历史。

之所以会产生纸是否在西汉时期就已经存在了的质疑，是因为1933年，在位于中亚塔克拉玛干沙漠以西罗布泊的汉代烽燧遗址中，黄文弼发现了古纸。古纸长10厘米，宽4厘米，为麻质薄片。由于此遗址为西汉宣帝时期的遗迹，所以发掘出的古纸自然被认为是蔡伦时期之前的物品。然而，在对这些罗布泊古纸的实物进行科学性分析之前，它们就已经在中日战争中被烧毁，只留下了相关照片。

二十四年后的1957年，陕西灞桥发现了西汉武帝时期（公元前140—前87年）的陵墓，从中出土了长宽各10厘米的碎纸残片和铜镜。1964年，人们使用显微镜对碎纸残片进行了分析，结果显示其主要原料是大麻，而并非生丝，其基本组成部分是分散的单纤维，因而没有形成有规则的纵横纹路。也就是说，这些纸是用旧麻的碎屑、破布加工成的植物纤维纸，即麻纸。著述本书的时候也正是对灞桥纸进行技术分析的时期。

之后又过了十几年，1973年至1974年，甘肃省居延地区的汉代关卡（肩水金关）遗址中，又出土了大小尺寸为12厘米×9厘米、11.5厘米×9厘米的麻纸。肩水金关遗址中出土了一万多枚汉简，即居延新简，这些汉简经判定是西汉后期的文物，因此该遗址中出土的麻纸无疑也是在蔡侯纸之前出现的古纸。

另外，其他地方也出土了一些古纸，例如1972年在武威旱滩坡东汉晚期陵墓、1986年在甘肃天水放马滩的汉代初期陵墓中均发现了纸质地图，1990年在河西走廊敦煌附近的西汉时期宿驿遗址（悬泉置）中也发现了纸。可以说在西汉时期，也就是蔡伦发明蔡侯纸之前，纸已经存在这一点是不能否认的事实。

那么，这一系列的考古发现是不是说明文献史料的记载不属实，失去了其作为历史资料的意义呢？对此，我个人并不这样认为。

关于蔡侯纸，《后汉书·宦官列传》中有如下记载："自古书契多编以竹简，其用缣帛者谓之为纸。缣贵而简重，并不便于人。伦乃造意，用树肤、麻头及敝布、鱼网以为纸。"

为了让表述内容不出现混乱，我们必须明确这里所说的"纸"，指的是像布那样薄而平的用于书写的材料，所以帛等也称为"纸"。而作为一种全新的、便于书写的材料，纸（paper）是蔡伦费尽心思才用破布等创造出来的，也就是说蔡伦的确发明了用作书写材料的纸（paper）。至于其他非书写材料，比如包装用的纸在蔡伦之前就已经出现了。这样的纸近年来接二连三地被挖掘出来，而实际上，灞桥纸是与铜镜同时出土的，也有可能是用来包装铜镜的。而且，必须指出的是，前面所列举的那些出土的纸上面均没有书写文字。（据报告显示，悬泉出土的纸共有五张，其中一张上面写有文字，但其余的均没有文字。由此可以看出，这张纸并不是用来写字的纸，只不过是有人在包装纸上写了一些字而已。因此，这并不能证明纸〔paper〕在蔡伦之前就已经普及开来。）

也就是说，文献的史料价值并没有因为纸的涌现而发生一丝动摇。

不可动摇的实证史学

我作为一名中国古代史的研究者，恰好是在兵马俑和睡虎地秦简出土的二十世纪七十年代中期开始踏出了研究的第一步。在研究取得进展的同时，那些新资料，尤其是简牍资料也在陆续出土。当时，有一句话频频在学会杂志或者报纸上闪现，即"研究人员对新发现的史料发出了欣喜的悲鸣"。然而，当时我真正的心情并不能说是"欣喜"，反而是"希望不要再有新的考古资料出现了"这样一种悲痛的感觉。我订阅的《文物》和《考古》杂志会定期从中国寄到我的手中，每次我几乎都是怀着祈祷的心情浏览目录部分，心中暗念："希望不要有什么新发现！"之所以会这样，就是担心一旦出现新的考古资料，那我就不得不对自己所发表的论文进行彻底修改或者部分订正，这一点着实令人恐惧。

不过，直到最近我才确信了一点，那就是，不可能因为考古资料的新发现就全盘否定《史记》和《汉书》所记载的内容。应该说，考古资料是用来补充文献史料，证明文献史料的真实性的。因此，基于确切的史料批判，正确地解释史料，并对史料进行反复严密考证的实证史学，才是不受任何事物影响，在任何时代都可以通用的历史学研究的王道。

《秦汉帝国》一书可以说是在《史记》和《汉书》的史料

基础上，结合作者多年的实证研究而完成的一部名著。日比野丈夫、米田贤次郎和大庭脩这三位学者，从一开始就与理论史学保持一定的距离，准确地解说史料，以透视史料字里行间的实证主义作为自身研究的宗旨。而且，三位作者都是二十世纪五十年代京都大学人文科学研究所举办的共同研究班，即"居延汉简研究"（1951—1956年）和"魏晋南北朝地方制度研究"（1957—1964年）的主要成员。在研究班里，他们集体阅读和讨论简牍资料及唐律疏议，通过对文献资料进行严密解读，以及将文献和出土文字资料相结合的所谓双重证据法，即运用实证研究的方法来推进研究。另外，本书的三位作者也都参与了京都大学人文科学研究所于1960年出版的《后汉书词汇大全》（《後漢書語彙集成》）一书的编撰工作。《后汉书词汇大全》是《后汉书》的词汇索引，可以说是一本帮助人们正确阅读文献、理清历史事件的基础性工具书。

三位作者在1970年之后出版的学术论著有日比野丈夫的《中国历史地理研究》（同朋舍，1977）、大庭脩的《秦汉法制史研究》（创文社，1982）、米田贤次郎的《中国古代农业史研究》（同朋舍，1989）等，其中收录的论文绝非只有空泛的理论，而是经过极其严密的考证提炼而成的实证性研究论文，这些研究成果时至今日仍不失其生命力。

在如此严谨的实证研究的基础上，于三十年前完成的本书至今仍让人有十分新鲜的感觉，完全没有因为新文物的发现而出现需要修改的部分，我想它今后仍然会保持这样一种状况。面对今后仍将不断出现的考古文物，我反而认为我们可以将此书作为一本启蒙教材，用以确认这些考古文物在历史上的价值和意义。我期待着新的出土文物不断出现。

（富古至　京都大学教授）

出版后记

　　《秦汉帝国》是日本京都学派的中国史学者编写的丛书《中国文明的历史》中的第三册，作者以《史记》《汉书》等史料为基础，结合考古发掘，佐以多年来的实证研究成果，深入浅出地为读者讲述了短命的秦王朝至稳定的汉王朝这一时期的中国历史，并论述称这一时期为之后两千年的古代中国奠定了领土和制度的基础。

　　虽然这是一本面向一般读者的偏通俗类的书籍，主要是对秦汉时期发生的历史事实进行平实的叙述和简明扼要的评论，但亦不乏亮点，可谓是融入了作者多年来的研究心得之作。我们认为，本书不仅可以令读者获取秦汉时期丰富有趣的历史知识，亦可以令读者从不同的角度对这一时期有更加深刻的理解。

　　由于本书中采用了大量古典文献为史料，加之内容的丰富多样，因此在本书的出版过程中，译者和编者都遇到了不同程度的挑战，尤其是古典文献的回译问题。由于日文原书中只有日语的译文，并没有古典文献原文，甚至没有标示出自哪本文献资料，因此回译时就只能凭借语句意思以及相关模糊信息，查找到文献出处并还原文献内容。在此过程中，我们付出了巨大的努力，也希望我们的工作能够给读者带来有益的收获。

由于编者水平有限，本书难免有各种疏漏，敬请广大读者批评指正。

服务热线：133-6631-2326 188-1142-1266

读者信息：reader@hinabook.com

后浪出版公司

2019年6月

图书在版编目（CIP）数据

秦汉帝国/（日）日比野丈夫编著；吴少华译. --
成都：四川人民出版社，2019.6
ISBN 978-7-220-11336-9

Ⅰ.①秦… Ⅱ.①日… ②吴… Ⅲ.①中国历史—研
究—秦汉时代 Ⅳ.①K232.07

中国版本图书馆CIP数据核字(2019)第059617号

四川省版权局
著作权合同登记号
图字：21-2019-109

CHUGOKU BUNMEI NO REKISHI (3) SHINKAN TEIKOKU
BY Takeo HIBINO
Copyright © 2000 CHUOKORON-SHINSHA, INC./Sakiko HIBINO
Original Japanese edition published by CHUOKORON-SHINSHA, INC.
ALL rights reserved
Chinese (in Simplified character only) translation copyright © 2019 by Ginkgo (Beijing)
Book Co., Ltd.
Chinese (in Simplified character only) translation rights arranged with
CHUOKORON-SHINSHA, INC. through Bardon-Chinese Media Agency, Taipei.
本书中文简体版权归属于银杏树下（北京）图书有限责任公司。

QINHAN DIGUO

秦汉帝国

编　　著	［日］日比野丈夫
译　　者	吴少华
选题策划	后浪出版公司
出版统筹	吴兴元
编辑统筹	张　鹏
特约编辑	段　然
责任编辑	梁　明
装帧制造	墨白空间·张　萌
营销推广	ONEBOOK
出版发行	四川人民出版社（成都槐树街2号）
网　　址	http://www.scpph.com
E - mail	scrmcbs@sina.com
印　　刷	北京天宇万达印刷有限公司
成品尺寸	143mm×210mm
印　　张	11.5
字　　数	238千
版　　次	2019年6月第1版
印　　次	2019年6月第1次
书　　号	978-7-220-11336-9
审 图 号	GS（2019）1537号
定　　价	46.00元